Dirk H. Medebach

Filmische Biographiearbeit im Bereich Demenz

DEMENZ

herausgegeben von

Reimer Gronemeyer
Gabriele Kreutzner
Verena Rothe

Band 2

LIT

Dirk H. Medebach

Filmische Biographiearbeit im Bereich Demenz

Eine soziologische Studie über
Interaktion, Medien, Biographie und Identität
in der stationären Pflege

Umschlagbild: Dominik Schmitz, Köln

Gedruckt auf alterungsbeständigem Werkdruckpapier entsprechend
ANSI Z3948   DIN ISO 9706

Bibliografische Information der Deutschen Nationalbibliothek
Die Deutsche Nationalbibliothek verzeichnet diese Publikation in der
Deutschen Nationalbibliografie; detaillierte bibliografische Daten sind
im Internet über http://dnb.d-nb.de abrufbar.

ISBN 978-3-643-11161-6

© **LIT** VERLAG Dr. W. Hopf Berlin 2011
Verlagskontakt:
Fresnostr. 2   D-48159 Münster
Tel. +49 (0) 2 51-620 320   Fax +49 (0) 2 51-922 60 99
e-Mail: lit@lit-verlag.de   http://www.lit-verlag.de

Auslieferung:
Deutschland: LIT Verlag Fresnostr. 2, D-48159 Münster
Tel. +49 (0) 2 51-620 32 22, Fax +49 (0) 2 51-922 60 99, e-Mail: vertrieb@lit-verlag.de
Österreich: Medienlogistik Pichler-ÖBZ, e-Mail: mlo@medien-logistik.at

Für meine Eltern

Danksagung

Dem vorliegenden Buch liegt die Ende 2009 zur Erlangung des wissenschaftlichen Grades eines Magister Artium (M.A.) an der Justus-Liebig Universität Gießen eingereichte Arbeit (mit geringfügigen Änderungen) zugrunde.

Sie entstand aus einem Projekt heraus, an dem ein Vielzahl tatkräftiger Menschen beteiligt war. Mein besonderer Dank gilt insofern den Projektpartnern, Tobias Pollmüller und Anne Kremer-Hartmann, sowie allen beteiligten Akteuren des Itzel-Sanatoriums, den Angehörigen und dem Fotografen Dominik Schmitz.

Im Mittelpunkt standen zwei Damen als Protagonistinnen, mit denen einige schöne Stunden mit wundervollen Erfahrungen und zeitlosen Erinnerungen verlebt werden konnten

Meinen beiden Gutachtern und Betreuern der Magisterarbeit, Prof. Dr. Dr. Reimer Gronemeyer und Prof. Dr. Herbert Willems, kann nur vielfach für die Unterstützung gedankt werden. Sie waren es wesentlich, die das Interesse an dem Themenbereich bei mir geweckt und aufrecht erhalten haben.

Für anregende Gespräche und wertvolle Tipps (zu jeder Zeit) schulde ich ebenfalls Herrn Dr. York Kautt als engem Begleiter meines wissenschaftlichen Werdegangs außerordentlichen Dank.

Ein herzlicher Dank geht auch an Verena Rothe (Aktion Demenz e.V.) für die Kontaktvermittlung und offene Ohren (und Türen). Mein Interesse an Demenz ist ebenfalls den besten Erfahrungen während eines Praktikums im ISG in Köln mit Dr. Dietrich Engels und dem gesamten Team geschuldet.

Herzlichst möchte ich mich auch für die weitreichende Rückendeckung aus dem Freundes- und Familienkreis bedanken. Insbesondere Iljana übte sich dabei in hingebungsvoller Geduld, wenn die Arbeitstage einige Male länger wurden.

Vorwort

Das Buch von Dirk Medebach schlägt eine neue Seite im Umgang mit der Demenzthematik auf. Zwar ist Biographiearbeit längst ein Teil der therapeutischen Konzepte in diesem Arbeitsfeld, aber der Verfasser berichtet hier über andere und neue Wege in der Biographiearbeit. Wissenschaftlich begleitet wurde von ihm das Vorhaben, sog. Lebensfilme zu erstellen. Aus Gesprächen mit Angehörigen und unter Zuhilfenahme von familialem Fotomaterial wurden diese Filme entwickelt. Die wissenschaftliche Begleitung hat den Einfluss von Interaktion, Kommunikation und Medien auf die Menschen mit Demenz zu eruieren versucht: Ist der Zugang über das Mittel des „Lebensfilms" eine Möglichkeit, den schwierigen Umgang mit Demenzbetroffenen zu verbessern? Es stellt sich heraus, dass für die Betroffenen selbst, für die Angehörigen und für die Pflegenden solche Filme einen wichtigen Schritt zum besseren Verständnis darstellen können.

Das Thema Demenz gehört zu den großen sozialpolitischen Herausforderungen, denen sich unsere Gesellschaft gegenüber sieht. Die „Aktion Demenz e.V.– Gemeinsam für ein besseres Leben mit Demenz", Gießen, hat es sich zur Aufgabe gemacht, die zivilgesellschaftliche Dimension des Themas Demenz herauszuarbeiten. Zum Beispiel dadurch, dass die Möglichkeiten, die in den Kommunen Deutschlands zu suchen wären, untersucht und gefördert werden (Stichwort: „Demenzfreundliche Kommune").

Die überaus lesenswerte Untersuchung von Dirk Medebach ruft in Erinnerung, dass die Möglichkeiten der Biographiearbeit im Alltag der Pflege, der Angehörigen und der Betroffenen noch lange nicht ausgeschöpft sind.

Das Buch kann für alle, die mit der Thematik befasst sind, wissenschaftlich und praktisch ein Anstoß sein, neue Wege im Umgang mit der Demenz zu gehen.

Gießen, 18.03.2011   Reimer Gronemeyer

Vorwort

Wie produziert man einen biografischen Film als Gemeinschaftsprojekt mit demenziell erkrankten Menschen, Ihren Angehörigen und dem Pflegeteam?

So lautet die erste Frage, die sich Anne Kremer-Hartmann, der Leiterin des Itzel-Sanatoriums in Bonn-Oberkassel, und ich uns am Anfang des Jahres 2008 stellten als die Idee für „Lebensfilme im Bereich Demenz" geboren wurde.

Bei „Lebensfilme im Bereich Demenz" („Lebensfilm und Demenz") war von Anfang an klar, dass das Erkrankungsstadium des betroffenen Menschen die konzeptionelle Herangehensweise maßgeblich beeinflussen würde. Wie aktiv kann die Hauptperson überhaupt noch an der Auswahl von Bildern, Geschichten und Erinnerungen aus dem eigenen Leben teilnehmen? Wieviel Unterstützung ist von Seiten der Angehörigen möglich aber auch nötig? Diese Fragen standen am Anfang einer Konzeption, die dazu führte, dass wir gemeinsam zwei Bewohnerinnen des Itzel-Sanatoriums ins Auge fassten, die auf Grund ihrer individuellen Situation zwei gänzlich unterschiedliche Herangehensweisen forderten.

Da war zum einen Frau T., die überaus sympathische zierliche Dame die lange Zeit Ihres Lebens in den Vereinigten Staaten gelebt hatte und bei der Produktion voller Witz und Temperament aktiv Ihre Lebensgeschichte erzählen konnte. Angehörige waren in diesem Fall auf Wunsch der Protagonistin nicht beteiligt, so dass wir mit ihr und Mitarbeitern des Itzel-Sanatoriums die Materialien ausgewählt haben.

Der zweite Film entstand mit Frau B. Die Erkrankung von Frau B. war deutlich weiter fortgeschritten, eine Partizipation in Form von Gesprächen nur noch sehr bedingt möglich. Dafür erhielten wir aber wunderbare Unterstützung von der Familie von Frau B. in Gestalt Ihrer Tochter samt Ehemann und deren Tochter. Sogar die Urenkel von Frau B. waren zeitweise anwesend. Der Fokus der Biografiearbeit verlagerte sich in diesem Fall deutlich auf die Seite der Angehörigen und nach meinem Dafürhalten war es eine für die Familie wertvolle Möglichkeit, das gemeinsame Leben mit der Mutter und Oma nochmals Revue passieren lassen und außerdem schwierige Momente verbalisieren zu können. Auch der eigene Umgang mit der Erkrankung des Familienmitgliedes wurde nachberichtet und so retrospektiv aufgearbeitet.

Es waren Tage voller bereichernder und berührender Momente für alle Beteiligten. Durch die Beschäftigung mit der Biografie des Erkrankten konnte Wissen weitergegeben werden, das auch den MitarbeiterInnen einer Pflegeeinrichtung helfen kann, den Patienten in seiner Gesamtheit noch besser wahrnehmen und ihm oder ihr so die bestmögliche Pflege und Betreuung angedeihen lassen zu können. Denn erst durch ein möglichst großes Wissen über einen Menschen ist es möglich, dessen Handeln in einen Kontext zu setzen, das Fehlinterpretationen und Mißverständnisse reduzieren hilft. Warum ein Mensch in seiner Erkrankung bestimmte Wünsche artikuliert, ist besser zu verstehen, wenn wir wissen was dieser Mensch erlebt, erfahren oder auch durchlitten hat. Es ist die Aufgabe einer Gesellschaft im Umgang mit an Demenz erkrankten Menschen diese wertzuschätzen und in ihrer Besonderheit anzunehmen. Biografiearbeit kann dazu einen Beitrag leisten.

Ich traf Frau T. vor wenigen Wochen wieder. Sie ist immer noch genauso agil und humorvoll, wie ich sie vor über zwei Jahren kennenlernen durfte. Sie erinnert sich noch gut an die Filmproduktion und freut sich, diesen ab und an zu sehen und anderen Menschen zu zeigen.

Frau B. ist vor wenigen Monaten verstorben und der Film wurde auch im Rahmen der Verabschiedung gezeigt. Unser Mitgefühl gilt den Angehörigen. Wir werden Frau B. nicht vergessen.

Köln, 17.02.2011   Tobias Pollmülller

Inhaltsverzeichnis

Vorwort (Reimer Gronemeyer) IX

Vorwort (Tobias Pollmüller) X

EINLEITUNG 1

THEORETISCHER TEIL 3

I. ÜBERBLICK 3

II. HANDLUNGS- UND KOMMUNIKATIONSTHEORIEN ALS RAHMEN 5
   1. Soziales Handeln – Interaktion – Interdependenz 5
   2. Kommunikation 10

III. ALTERN, DEMENZ UND DAMIT VERBUNDENE PROBLEME 17
   1. Alte – Alter – Altern 17
      a) Interdisziplinäre Aspekte von Alter/n 17
      b) Theoretische Konzepte des Alterns 20
      c) Altersbilder und soziokulturelle Konstruktion von Alter/n 23
   2. Probleme im Alter 27
      a) Körperliche Probleme 27
      b) Psychische, kognitive, emotionale und motivationale Probleme 29
      c) Soziale Probleme und Auswirkungen 31
   3. Demenz 37
      a) Demenz als Alterserscheinung 37

    b) Definition, Klassifizierung, Diagnostik und Typen.................37
    c) Demenz als Spiegel der Gesellschaft..................................40
    d) Interdisziplinärer Ausblick...41
  4. **Probleme bei Demenz**..42
    a) Körperliche Probleme..42
    b) Psychische, kognitive, emotionale und motivationale Probleme........43
    c) Soziale Probleme und Auswirkungen...................................45

IV. IDENTITÄT UND BIOGRAPHIE IM SOZIALEN KONTEXT.................47

  1. Von Individualisierung zu Individualität...............................47
  2. Selbst und soziale Rollen..50
  3. Identität des Subjektes..51
    a) Das Subjekt..52
    b) Identitätsentwicklung zwischen Wandel und Kontinuität...............53
    c) Subjekt und Identität im kommunikativen Diskurs......................54
    d) Sozialer Einfluss: alte, neue Identität zwischen „I" und „Me"............55
    e) (Post-)Moderner Identitätsdiskurs und kritischer Ausblick...............58
  4. **Biographie als Prozess**..60
    a) Biographieforschung – ein kurzer Überblick...........................60
    b) „Biographie"-Semantik..61
    c) Narration, biographische Kommunikation und Gedächtnis..............62
    d) Biographie und Lebenslauf...64
    e) Zeitlichkeit und Vergegenwärtigung von Biographie...................66
  5. **Identität und Biographie im Kontext von Demenz**.....................67
    a) Sozialer Kontext von Krankheit und Biographie........................67
    b) Stigmatisierung und (soziale) Bewältigung von Krankheit..............68
    c) Erinnern und Zeitlichkeit als biographische Faktoren..................70
    d) Identitätsverlust und -findung..71
    e) Identität zwischen Selbst- und Fremdbestimmung....................72
  6. **Mediale Identitätsgenerierung und Biographieinszenierung..73**

a) Medien – Gesellschaft – Sozialisation...73
b) Medien als Biographiegeneratoren und -vermittler........................75
c) Biographieinszenierung: Erinnern als multimediales Sinneserlebnis..76
d) Biographische Medien(-inszenierungen) als Spiegel des Selbst........77

V. Von sozialer Pflege bis zu medialer Biographiearbeit bei Demenz..81

1. Von Autonomie zu Hilfe- und Pflegebedarf...............................81
2. Soziale Aspekte von Psychotherapie und Pflege bei Demenz..83
3. Akteur, Identität und Kommunikation in Pflegeansätzen........88
   a) Ganzheitlichkeit...88
   b) Bindung als Basis von Interaktion..89
   c) Kontakt und Kommunikation in der Prä-Therapie.................90
   d) Humanismus und Personzentrierung bei Demenz.................92
   e) Personzentrierter Ansatz und System(-theorie)......................95
4. Biographiearbeit im Bereich Demenz..97
   a) Grundlagen der Biographiearbeit...97
   b) Psychobiographisches Pflegemodell..98
   c) Soziale und kommunikative Biographiearbeit......................104
   d) Kreative und (multi-)mediale Biographiearbeit....................111

VI. Trauern und Abschied nehmen..119

1. Trauer und Trauern im Überblick..119
2. Trauern und Abschied nehmen als phasenhafter Prozess.......122
3. Trauer als Ritual und soziales Konstrukt..................................126
4. Biographische Trauerarbeit..130
5. Biographisch-mediale Trauerbewältigung bei Demenz..........133

VII. Zusammenfassung...137

EMPIRISCHER TEIL 141

I. ÜBERBLICK 141

II. PROJEKT „LEBENSFILME IM BEREICH DEMENZ" 143

1. Hintergrund 143
2. Projektpartner 144
   a) LEBENSFILM Köln, Tobias Pollmüller 144
   b) Itzel-Sanatorium, Anne-Beate Kremer-Hartmann 145
3. Beteiligte Akteure 147
4. Projektverlauf: soziale Situation und Rahmung 149
   a) Vom ersten Kontakt bis zur Projektplanung 149
   b) Pretest 150
   c) „Geschichten beim Spargelessen" 150
   d) „Zwei Leben in zwei Tagen": Runde Tische, Fotografenstunden und Diskussionen 150
   e) „Ein Raum voller Erinnerungen" 152
   f) Filmproduktion und Auswertungsphase 152
   g) Ein Wiedersehen: Filmpräsentationen und Zwischenbericht 153
   h) Wissenschaftliche Vertiefung und „normaler" Pflegealltag 153

III. METHODIK 155

1. Wissenschaftstheoretischer, soziologischer Hintergrund 155
2. Forschungsdesign und Methodenüberblick 155
3. Schriftliche Befragung (Fragebögen) 159
4. (Nicht-)Teilnehmende Beobachtung, Gruppendiskussionen. 162
5. Datenauswertung 165

IV. HYPOTHESEN UND FORSCHUNGSANNAHMEN 167

V. EMPIRISCHE ERGEBNISSE 169
   1. Die Protagonistinnen: Leben, Persönlichkeit und Demenz ... 169
   2. Demenz und Pflege: Interaktion und Besonderheiten 173
   3. Biographien und Biographiearbeit in der Einrichtung 175
   4. Wissen über Protagonistinnen 182
   5. Kontakt- und interaktionsförderliche Aspekte 185
   6. Auswirkungen auf Protagonistinnen 189
   7. Projekt als Event im Pflegealltag 191
   8. Trauerarbeit: Erinnern, Trauern und Verabschieden 193
   9. Mediennutzung und (multi-)mediale Biographiearbeit 196
   10. Projektresümee: Erwartungen und Zufriedenheit 200

VI. ZUSAMMENFASSUNG 205

FAZIT UND AUSBLICK 207

Abbildungsverzeichnis 209

Literatur 211

EINLEITUNG

„An Demenz erkrankte BewohnerInnen leben oft in Szenen der Vergangenheit, die filmartig vor ihrem inneren Augen ablaufen."[1] Liegt es dann nicht nahe, zu Therapiezwecken in einem Film die (biographische) Vergangenheit Szene für Szene vor den Augen Demenzerkrankter und ihres sozialen Umfeldes ablaufen zu lassen.

Die exemplarisch beschriebene Situation von Menschen mit Demenz liefert aber nur einen kleinen Ausschnitt aus einem Leben mit verschiedenen psychischen, physischen und ebenfalls sozialen Beeinträchtigungen bis hin zur Orientierungslosigkeit, dem Versagen der Körperfunktionen und dem Identitätsverlust. Dieses „Schreckgespenst" einer sich immer weiter globalisierenden und medialisierenden Wissens-/ Informationsgesellschaft betreffe fast ausschließlich die älteren Akteure der Gesellschaft, so der irrtümliche Glaube. Alzheimer und das Vergessen werden als Tribut für eine höhere Lebenserwartung gesehen. Andere meinen in dem Phänomen Demenz spiegele sich die (post-)moderne Gesellschaft, das Denken und Handeln der Individuen, nieder.

Als handelnde soziale Wesen werden wir durch die Umwelt und Andere im Lebenslauf geprägt (sozialisiert), woraus individuelle Biographien und Identität entstehen. Hilfe und Pflege bei Demenz darf deshalb nicht mehr nur „Pflegen" bedeuten und „nur" dem Körper und Geist Aufmerksamkeit schenken. Soziale Ursachen und Folgen lassen sich von der sozialen Mikro- bis zur Makroebene überall entdecken.

In den vergangenen Jahren wurde das Thema Alter und Demenz vermehrt wissenschaftlich, öffentlich und politisch diskutiert; von der Renten- und Pflegeversicherung, über demographische Veränderungen bis hin zu „Verjüngungspillen" werden die Themen der Alten zunehmend Themen der gesamten Gesellschaft. An einer

---

[1] Dieses Zitat ist einem „Biografiebogen" des Itzel-Sanatoriums (hierzu weiter unten mehr) entnommen, den die Einrichtungsleiterin erstellt hat.

Aufbruchstimmung und dem Willen zum (sozialen) Wandel um Konflikten und Katastrophen vorzubeugen fehlt es aber weiterhin.

Die leitende Frage dieser Arbeit lautet:
Welches Potenzial bietet (multi-)mediale und speziell filmische Biographiearbeit in der Pflege und bei Demenz?

Im Verlauf der vorliegenden Arbeit sollen Interdependenzen zwischen Interaktion, Kommunikation, Identität, Biographie und Medien aufgezeigt werden. Den empirischen Hintergrund bildet das (Pilot-)Projekt „Lebensfilme im Bereich Demenz" von LEBENSFILM Köln und dem Itzel-Sanatorium in Bonn-Oberkassel.

Auf der Basis grundlegender (mikro-)soziologischer Erkenntnisse und interdisziplinärer Ansätze (z.b. Gerontologie, Pflegewissenschaft) entsteht ein exemplarisches Handlungskonzept bzw. eine besondere Methodik der Biographiearbeit (Biographisierung).

Für den stationären und häuslichen Pflegebereich konnten Erkenntnisse über soziale Faktoren gewonnen werden, die eine Hilfe für Menschen mit Demenz und ihr soziales Umfeld sein können. Die soziale Relevanz und das Potenzial von Medien, insbesondere in kombinierter bzw. multimedialer Form, ist groß. Der vorliegende Text soll vor allem dem Pflegemilieu die soziale Funktion von Medien – hier insbesondere des Films – durch die Verknüpfung von Theorie und Empirie näher bringen. Es bedarf dem Verständnis von Medien als „Transportmittel" von Identitäten und Biographien, sowie als Kommunikationsinstrument zur Interaktion in allen sozialen Feldern.

Wenn die Diskussion um Demenz und Pflege nicht mehr ausschließlich von Themen wie Ernährung, Hygiene, medikamentöse Behandlung und Bewegung geprägt ist, sondern die Betroffenen wieder als soziale Akteure mit Identität und Biographie, Persönlichkeit und Willen verstanden werden, haben die Sozialwissenschaften ihren Beitrag geleistet.

THEORETISCHER TEIL

I. ÜBERBLICK

Im folgenden Theorieteil der Arbeit wird aus primär sozialwissenschaftlicher Perspektive Schritt für Schritt auf den Themenkomplex „mediale Biographie- und Trauerarbeit" hin gearbeitet werden. Dadurch soll die theoretische Grundlage der empirischen Studie gebildet werden. Andererseits können die empirischen Erkenntnisse auch als *ein* Beispiel und Spezialfall zu den nun folgenden allgemeineren Herleitungen und Analysen verstanden werden.

Begonnen wird mit zentral relevanten soziologischen Interaktions-, Handlungs- und Kommunikationstheorien (Kapitel II). Die Mikrosoziologie zeigt in besonderem Maße die Relevanz von sozialer Interaktion und Kommunikation für Menschen als Teil von Gesellschaften auf.

Weshalb gerade im Bereich Alter und Demenz mit der Gerontologie eine interdisziplinäre Sicht nötig und sinnvoll ist, soll sich anschließend (Kapitel III) herauskristallisieren. Weiterhin wird auf die physiologischen, psychischen und sozialen Bedingungen und Probleme von Alter/n und Demenz eingegangen.

Im Kapitel IV zu Identität und Biographie wird neben verschiedenen theoretischen Ansätzen die Verbindung der Konstrukte zur Situation bei Demenz erläutert. Erinnern und Vergessen sind wesentliche Demenz beschreibende Kategorien. Mit dem Vergessen geht regelmäßig der Identitätsverlust einher, der durch Arbeit (im pädagogischen Sinne) mit und an der Biographie kompensierbar ist. In einem multimedialen Zeitalter kann es nur richtig sein, die Relation von Medien und biographischer Identität zu verdeutlichen.

Daran anschließend werden Ansätze der sozialen Hilfe und Pflege herausgearbeitet (Kapitel V), die Interaktion und Kommunikation beinhalten, in aller Regel auf einem humanistischen Menschenverständnis basieren und zur Biographiearbeit überleiten. Dort wird schließlich der (multi-)mediale Aspekt wieder aufgegriffen und eingearbeitet, um auf der Basis soziologischer und interdisziplinärer Ansätze dem praktischen Hilfe- und Pflegebereich neue Wege und Möglichkeiten aufzuzeigen.

Da im Rahmen der Demenzerkrankung nachlassende Fähigkeiten ihre negative Steigerung im Tod finden, der ein ständiger Begleiter des Älterwerdens und Krankseins ist, wird im letzten theoretischen Abschnitt Trauer/n thematisiert (Kapitel VI). Trauer/n und Abschied nehmen sind dabei auch für das soziale Umfeld des eigentlich Betroffenen ein Thema. Um der Trauer zu begegnen soll wiederum auf die Identität und Biographie, sowie soziale Interaktion und Kommunikation zurückgegriffen werden. Beim Durchlaufen der Trauerphasen kann (multi-)mediale Biographiearbeit bzw. Trauerarbeit eine unterstützende Hilfemaßnahme sein.

II. Handlungs- und Kommunikationstheorien als Rahmen

Die theoretischen Grundlagen und Wurzeln dieser Arbeit sind – zumindest in allgemein soziologischer Hinsicht – im Handeln, in Interaktion und Kommunikation zu sehen. Auf diese Begriffe soll im Folgenden im Rahmen einer Einbettung in die (mikro-)soziologische Theorienentwicklung eingegangen und ein erster Bezug zur konkreten Thematik der Arbeit – insbesondere der Demenz – skizzenhaft hergestellt werden. Wenn hierzu Theorien aus Nachbardisziplinen wie etwa die Kommunikationstheorie von Watzlawick herangezogen werden, kann als Ausdruck der für den empirischen Gegenstand zweckmäßigen Interdisziplinarität gelten.

1. Soziales Handeln – Interaktion – Interdependenz

Mit Hilfe von Grunderkenntnissen der Soziologie soll ein weiterer Versuch unternommen werden, das Thema Demenz „von den Fesseln einer rein medizinischen[1] Betrachtungsweise zu befreien". Die Basis dafür ist in den allgemeinen soziologischen Grundlagen Max Webers und großer Theoretiker der Folgezeit zu finden. Demenz und die Situation Erkrankter kann nur unzureichend analysiert werden, wenn soziales Handeln und kommunikatives Handeln (Kommunikation) außen vor gelassen werden. Ohne die Gesellschaft ist der Mensch nichts. Umgekehrt ist aber auch eine Soziologie unzureichend, die das „Bild von Menschen als Gesellschaften" untersucht, aber nicht das „Bild von Menschen als Individuen" (Elias 2004, 139). Gerade im praktischen Pflegebereich steht das soziale Handeln im Vordergrund. Dieses kann Weber zufolge als „menschliches Verhalten [...], welches seinem von dem oder den Handelnden gemeinten Sinn nach auf das Verhalten *anderer* bezogen wird und daran in seinem Ablauf orientiert ist" (1984, 19), definiert werden. Interaktion ist der „Mehrwert", den die Soziologie hier den Pflegern und Patienten (Akteuren) bereitstellt. Dies wird

---

[1] Ebenso erscheint eine rein psychologische oder physiologische, mit anderen Worten naturwissenschaftliche Perspektive nicht adäquat.

zum Beispiel in Pflegekonzepten wie dem personzentrierten Ansatz[2] aufgegriffen, so dass dem Pfleger-Patienten-Verhältnis seine soziale Dimension zurück gegeben wird. Die Person[3] soll wieder im Mittelpunkt des Interesses stehen.

Dieser Arbeit liegt demgemäß eine handlungstheoretische und akteurszentrierte Perspektive zugrunde, die sich in der empirischen Untersuchung wiederfindet. Jedem Analyseschritt liegen ebenso strukturelle bzw. systemische Überlegungen zugrunde.[4] Handeln, Interaktion und Interdependenzen[5] können nur unzureichend ohne die jeweilige soziale Einbettung analysiert und verstanden werden. Dies ist es auch, was Elias (2004, 144) mit Figuration(en) im Blick hat.[6] Als wesentlicher Hintergrund moderner (wissenschaftlicher) Beiträge zum Thema Pflege muss die Fokussierung auf das Subjekt verstanden werden, das durch synonyme Semantiken wie „Person" oder „Individuum" ersetzt werden kann. Eine systemtheoretische Fokussierung scheint eher problematisch, so dass der empirischen Realität[7] folgend dieser Arbeit eine „ganzheitliche"[8], weitgehend interdisziplinäre Perspektive zugrunde liegt. „Ganzheitlichkeit" ist

---

2 Auch „person-zentrierter" Ansatz, vgl. etwa Kitwood 2008, und Kapitel V dazu weiterführend.

3 Gemeint ist der Patient als Mensch, Individuum und „Ganzes"; dazu aber mehr in Kapitel V 3.

4 An dieser Stelle sei auf Parsons verwiesen, der von seinem frühen handlungstheoretischen Ansatz (insbesondere in „The Structure of Social Action", 1937) über den Strukturfunktionalismus zu systemtheoretischen Einsichten (insbesondere in „The Social System", 1951) gelangte. Durch den engen Bezug zum empirischen Gegenstand wird deshalb hier vom Verfasser ebenso die Analyse des Handelns mit strukturellen Überlegungen verknüpft.

5 Vgl. etwa Coleman (1991, 14 f.), der darunter die „Verflochtenheit" menschlicher Handlungen als externe Effekte des Handelns versteht. Denn der soziale Austausch beherrscht das gesamte soziale Leben (Coleman 1991, 46). Nach Hillmann (1994, 382 f.) ist eine Interdependenzbeziehung charakterisiert durch gegenseitige Abhängigkeit, so dass Handeln aufeinander angewiesen ist und bezogen wird.

6 Die „Menschenwissenschaft" und theoretischen Ansätze Norbert Elias' können helfen, eine „interdisziplinäre Flexibilität" aufzubauen und zu bewahren (Treibel 2000, 184).

7 Mit „empirischer Realität" sind die vielfältigen Forderungen nach ganzheitlicher Betrachtung in der Medizin, Sozialen Arbeit, Psychotherapie und dem Pflegebereich als gesellschaftlichen Teilbereichen gemeint.

8 Siehe dazu die Ausführungen zu Pflegekonzepten in Kapitel V (Theoretischer Teil).

hier auch als Äquivalent zu System und Strukturen zu begreifen. Kern der Betrachtung soll „das Ganze" sein, in dessen Zentrum sich jedoch das einzelne Subjekt bzw. Individuum befindet, eingebettet in soziale Strukturen, die unter anderem als Interaktion und Interdependenzen Berücksichtigung finden.

Grundlegende soziologische Einsichten lassen sich auch aus den allgemeinen Theorien von Schütz gewinnen. Sich auf Weber beziehend setzen seine Überlegungen an der Sinn-Semantik an.[9] Aus der phänomenologischen[10] Philosophie (Husserl) übernimmt er das Lebenswelt-Konzept, das letztlich zu einer konstruktivistischen[11] Weltanschauung führt, da Erfahrungen und der „Zugang zu diesen Wirklichkeiten [ist, D.H.M] nur über das Bewusstsein möglich" seien (Abels 2007, 65). Sinn ist ein Relationsbegriff nach Luckmann (1992, 31) und soziale Wirklichkeit findet in den „universalen Strukturen subjektiver Orientierung in der Welt" (ebd. 1979, 197), also der (alltäglichen) Lebenswelt statt. Akteure handeln danach im Rahmen von sozialen (und institutionellen) Strukturen (Schimank 2004, 294).[12] Dies kann ebenso als eine Antwort auf die sogenannte Mikro-Makro-Problematik verstanden werden.

Durch wechselseitiges bzw. -bezügliches soziales Handeln konstituieren sich soziale Beziehungen (Weber 1984, 47 ff.), die ebenfalls im Kontext des sozial-strukturellen Rahmens zu erforschen sind. Reziprozität gehört zum Menschsein,[13] denn das Zusammenleben ist elementar von (benötigten) Leistungen und (zu erbringen-

---

[9] Schütz war offensichtlich der Ansicht, dass hierzu nach Weber noch einiges an Theorienbildung nötig sei (Abels 2007, 62).

[10] Als wichtigste Vertreter der phänomenologischen Strömung sind neben dem „Gründer" Husserl als Philosophen aus dem Bereich der (Mikro-) Soziologie Schütz, Berger und Luckmann zu nennen.

[11] Zum Konstruktivismus sind die Arbeiten von Berger/Luckmann (1966) und Burr (1995) wesentlich. Als Beispiele sozialer Konstruktionen können aus dieser Arbeit Alter (siehe Kapitel III 1 c) und Identität (siehe Kapitel IV 3 d) angeführt werden.

[12] Nebenbei sei erwähnt, dass eine interessante theoretische Verknüpfung von Handeln und Strukturen auch im Konzept des „akteurszentrierten Institutionalismus" vorgenommen wird; weiterführend: Mayntz/Scharpf 1995; Mayntz 2000; Schimank 2000; 2004.

[13] So schon früh Howard Becker (1956, 94): „Man become human in reciprocity".

den) Gegenleistungen gekennzeichnet (Stegbauer 2002, 13). Grundlegend, insbesondere für die Dauerhaftigkeit von sozialen Beziehungen, ist die Kontinuität (im Interagieren) der Akteure. Es muss also ein kalkulierbar erwartbares Moment in der Rolle bzw. Identität der Akteure geben.[14] Der Sinngehalt (einer sozialen Beziehung) kann wechseln und durch Zusage ausdrücklich vereinbart werden (Weber 1984, 49 f.). Das Erwartbare und das Handeln wirken wiederum selbst (erst) identitätsstiftend und werden der Rolle und letztlich dem Individuum zugeschrieben. Wenn eine Diskrepanz zwischen Handeln und Selbst sowie dem Erwartbaren (aus Sicht des Anderen) besteht, sehen sich andere Akteure vor die Herausforderung gestellt, das „irrationale Verhalten" noch rational[15] erklären und den Sinn[16] ergründen zu wollen und zu müssen. Die Themen Identität und soziale Rollen (Rollentheorie) werden weiter unten (in Kapitel IV) ausführlicher thematisiert.

Über die Idee, dass die Welt und die soziale Wirklichkeit damit konstruiert zu sein scheint, kann man leicht zur Denkschule des Symbolischen Interaktionismus (Mead/Blumer) gelangen. Grund dafür ist allem voran die erste Prämisse des Ansatzes, nämlich dass Menschen gegenüber Dingen (inklusive Menschen) aufgrund der Bedeutung handeln, die diese für sie haben (Blumer 1973, 81). Weiterhin wird konstatiert, dass diese Bedeutung aus sozialen Interaktionen abgeleitet wird und in interpretativen Prozessen geändert wird (ebd.).[17] Es wird also der reziproke und konstruktive Charakter des Handelns und der Realität hervorgehoben. Mead steht auch für den sozialen Pragmatismus.[18] Für ihn waren Interaktionen zwi-

---

14 Hier ist ein Hinweis auf die Erwartungs-Erwartung (Dahrendorf 2006) angebracht, die im Konzept des homo sociologicus zumindest bei zutreffender Annahme über das Handeln Anderer soziale Beziehungen stabilisieren hilft.
15 Wenn man sich auf das Vokabular der Ratinal-Choice-Vertreter bezieht.
16 Etwa im Sinne Webers (1984, 19).
17 Der Symbolische Interaktionismus verweist im Gegensatz zum Behaviorismus zudem darauf, dass Interaktion neben reagierender Signalverarbeitung Reflexion, Antizipation, Erwartung und Kreativität beinhaltet, was das menschliche Sozialleben besser abbildet (Burkitt 1993, n. Kitwood 2008, 130 f.).
18 Zentral ist sein Werk „Mind, Self, and Society" (1934), in dem er auch auf Identität eingeht, die weiter unten relevant sein wird.

schen Selbst und Anderen (Ego und Alter)[19], die symbolische Verwendung von Sprache und die Genese von Sinn durch symbolhafte Bedeutungen wesentlich.[20] Eine zentrale Grundeinsicht Blumers deutet an, welche Bedeutung der Ansatz für die nachfolgende Analyse hat: „Man muß den Definitionsprozeß des Handelnden erschließen, um sein Handeln zu verstehen" (1973, 96). Angedeutet sei des Weiteren, dass die (sozial konstruierte) Bedeutung der „Dinge" für Identität und biographische Erzeugnisse relevant ist.[21]

Brüsemeister nennt in seiner Mikrosoziologie vier theoretische Ansätze, neben den schon genannten phänomenologischen und ethnomethodologischen[22] Theorien seien Sozialisationstheorien und biographische[23] Ansätze wichtig (Brüsemeister 2008a, 7)

Sozialisationstheorie setzt insbesondere bei den „Voraussetzungen" für Interaktion an und formt damit den Rahmen für Handlungsschemata. Durkheim (1972) verstand Sozialisation ursprünglich als Vergesellschaftung der menschlichen Natur. Sozialisation steht in engem Zusammenhang mit Fragen gesellschaftlicher Entwicklung (so z.B. Parsons), Kommunikation, Rolle und Identität (so z.B. Mead), von denen das Interaktionsgeschehen nicht getrennt werden kann.[24] Neuere Definitionen, wie die von Hurrelmann (2002, 15 f.), stellen die Persönlichkeitsentwicklung in den Fokus und inkludieren damit eine psychologische Aspekte. Lebenslauf und biographischer (Reife-)Prozess werden damit zu inhaltsträchtigen Aspekten, die Handeln beeinflussen.[25] „Handlungsmuster und

---

[19] Ego (Ich) und Alter (der Andere) ist lateinisch und wird z.B. in der Handlungs- und Kommunikationstheorie für den Akteur und den Partner (die andere Person), die mit ihm interagiert, verwendet; vgl. auch Klima 2007a, 150.

[20] Hier sei auch auf die semiotische Theorie von Peirce verwiesen. Die Semiotik hat sich im Laufe der Zeit einen sicheren Platz in der Bild- und Kommunikationsforschung, sowie im allgemeinen theoretischen Kontext – wenn auch oftmals kontrovers – gesichert.

[21] Hierzu wird weiter unten (Punkt 4) umfänglicher Stellung genommen.

[22] Als wichtige ethnomethodologische Vertreter können Garfinkel und Sacks genannt werden.

[23] Brüsemeister bevorzugt die Schreibweisen „biografisch" und „Biografie".

[24] Ähnlich sieht Hurrelmann (2002, 12 ff.) die Zusammenhänge.

[25] Auf den Themenkomplex Identität und Biographie wird in Kapitel IV weiterführend eingegangen.

Bezüge zur eigenen Identität [werden, D.H.M] in biografischer Kommunikation" aufgebaut und die Veränderungen im Lebensverlauf werden im Spannungsfeld von „Lernen und/ durch Leiden"[26] relevant (Brüsemeister 2008a, 7 ff.). Nach Brüsemeister (2008a) hat soziales Handeln insofern eine „konstruktive" Komponente, als es auf die eigene Identität und Biographie bezogen und adaptiert wird. Ein wechselbezüglicher Prozess zwischen Identität/Biographie und Handeln entsteht.[27]

2. Kommunikation

Kommunikation ist in den letzten Jahrzehnten zu einem der meist beachteten Aspekte der allgemeinen Soziologie avanciert.

Engere Kommunikationsbegriffe zentrieren symbolhafte Codes zwischen Sender (Adressanten) und Empfänger (Adressaten) als Austausch von (wechselseitigen) Informationen bzw. Mitteilungen (Reck 1996, 130; Rammstedt 2007, 343). Formen sind Massen-, Telekommunikation oder Kommunikation von Angesicht zu Angesicht (face-to-face) (Reck 1996, 129). Kommunikation kann gewissermaßen mit *einem* Verhalten und Interaktion gleichgesetzt oder aber als interner Prozess (Empfinden, Denken, Wahrnehmen etc.) verstanden werden. (ebd., 129 f.). Hillmann (1994, 426 f.) schreibt, dass Kommunikation „entweder menschl. Fähigkeit bzw. menschliches Grundbedürfnis; oder Grundelement jeder sozialen Beziehung zw. Menschen [ist, D.H.M]". Gegenseitig orientiertes Verhalten (reziproke Interaktion) habe immer auch den Sinn der Informationsübermittlung.

Wenngleich Luhmann davon spricht, dass nicht das Subjekt (psychisches System), sondern allein die Kommunikation kommuniziere (Luhmann 1995, 113 f.) und damit die Bedeutung des Sys-

---

[26] Die empirische Relevanz des Leidens offenbart sich in besonderem Maße in sozialen Modernisierungsprozessen, wenngleich eine Korrelation zwischen Leiden und Lernen nicht einfach zu beobachten ist (Brüsemeister 2008a, 14 f.).

[27] Dies spielt sich etwa in einem reflexiven Subjektivismus bzw. reflektierenden Subjekt ab; ebenso sind kritische Lebensereignisse und (neue) thematische Anschlüsse des Bewusstseins für Reziprozität und Wandel relevant (ebd.).

2. Kommunikation

tems gegenüber dem einzelnen Menschen prägnant verdeutlicht, so versteht er diese als „einzige genuin soziale Operation" (Göbel 2007, 343). „Gesellschaft ist nicht ohne Kommunikation zu denken" und umgekehrt (Luhmann 1998, 13). Schließt man sich dem konstruktivistischen Paradigma im Sinne von Berger und Luckmann an, dann wird die Wirklichkeit, in der wir leben, erst durch und in unsere/n Handlungen konstruiert (Knoblauch/Schnettler 2004, 122; Berger/Luckmann 1966). Dass Kommunikation bei dieser Realitätskonstruktion nicht wegzudenken ist, ergibt sich aus der „Natur der Sache"; denn die Fähigkeit zur Kommunikation, gerade zur sprachlichen,[28] ist gerade nicht nur konstruiert und sozialisiert, sondern ebenso genuin. Dies kann als Beweis für die Vergesellschaftung des homo sapiens verstanden werden.

Im Anschluss an Luckmann[29] und Schütz[30] wendet sich auch Habermas explizit dem Thema Kommunikation und dem „kommunikativen Handeln" zu. Habermas entwickelt die Theorie kommunikativen Handelns als eine Gesellschaftstheorie,[31] die zu einem Wesentlichen auf der Sprechakttheorie (Searle und Austin)[32] beruht und die Fokussierung Webers auf Rationalisierung[33] ergänzen und korrigieren soll. Habermas bezieht sich dabei auf verbale („Sprechhandlungen") und nicht-verbale Äußerungen (1981, 376).[34] Sprachliche Äußerungen sind immer in einen Handlungskontext eingebunden. Es werden weiterhin zwei Arten der Kommunikation unterschieden: Kommunikatives Handeln (Interaktion), bei dem die

---

[28] Kommunikation in einem weiten Sinne zu verstehen, heißt, dass auch Gestikulieren, Mimik einsetzen, körperlicher Kontakt wie Händedruck oder Streicheln etc. begrifflich erfasst sind. Gerade dieses weite Verständnis von Kommunikation zeigt, dass nahezu jedes soziale Handeln als Kommunizieren anerkannt werden kann.

[29] Z.B. Luckmann 1986; 1988 („kommunikative Gattungen").

[30] Z.B. Schütz 1971 und Schütz/Luckmann 1984.

[31] Die Kopplung von Kommunikation und Gesellschaft wird als Notwendigkeit für koordinierte Handlungen (zum Zwecke der Bedürfnisbefriedigung) gesehen (Kanngiesser 1976, n. Habermas 1981, 370).

[32] Siehe etwa Searle 1973; Austin 1972.

[33] Wie es Habermas (1981, 369) zutreffend beschreibt.

[34] Dem schließt Habermas noch eine dritte Kategorie, die „Erlebnisausdrücke" bzw. „leibgebundenen Expressionen", an (1971, 114).

Geltung von Sinnzusammenhängen vorausgesetzt wird und regelmäßig Informationsaustausch stattfindet, sowie Diskurs, bei dem problematisierte Geltungsansprüche thematisiert werden (ebd.). Habermas fokussiert stets Relationen respektive Beziehungen (Schäfer 2005, 47) und entwickelt auch die Begriffe Lebenswelt (Husserl) und System (Luhmann) in seine Theorie integrierend weiter. Habermas' Konzeption ist in diesem Sinne – vor allem auf Kommunikation bezogen – als universal zu begreifen. Er greift viele relevante Theoretiker[35] und Aspekte[36] (dieser Arbeit) auf und verbindet diese auf beeindruckende und sinnige Weise.

Eher aus psychotherapeutischer Perspektive entwickelten Watzlawick und Kollegen Theorien zur „menschlichen Kommunikation", ihren „Formen, Störungen und Paradoxien" (2007). Für die Soziologie sind in besonderer Weise die „Axiome" interessant, die die Interaktion im Blick haben und die „Unmöglichkeit, nicht zu kommunizieren" (Watzlawick/Beavin/Jackson 2007, 50 f.) postulieren, wonach jegliches Verhalten als Kommunikation zu werten ist (ebd., 51 f.). Die Reduktion von Kommunikation auf beobachtbares Verhalten ist dem Behaviorismus angelehnt (Schäfer 2005, 19). Aus soziologischer Sicht muss dies kritisch gesehen werden, da z.B. sozialisatorische und gesellschaftliche Hintergründe und Aspekte vernachlässigt werden. Hingegen ist positiv zu bewerten, dass gerade das Handeln (im Sinne der Akteurszentrierung) und etwa auch die Beziehungsebene[37] im Mittelpunkt der Betrachtung stehen.

Peirce, die Semiotik bzw. Semiologie begründend, vertrat die Meinung, dass alle Gedanken, Gefühle und Handlungen Zeichen seien (n. Schäfer 2005, 64). Nach Malsch (2005, 17) besteht Kommunikation immer auch aus Zeichen, also „Gesten, Bildern, Mitteilungen, Texten und so weiter". Dies setzt ein weites Verständnis

---

35 Neben den oben genannten Theorien, lobt Habermas auch die (Kommunikations-) Theorie Meads; vgl. Joas 2000, 301 f.
36 Wie Handeln, Interaktion, Kommunikation, Beziehungen, Sinn und Gesellschaft.
37 Die Inhalts- und Beziehungsebene ist das zweite Axiom von Watzlawick/Beavin/ Jackson (2007).

2. Kommunikation

von Sprache und Zeichen voraus. Wesentlich sei, dass alle Zeichen eine Bedeutung hätten.[38] Ein Medium (Zeichenmittel) präsentiert sich als Zeichen, repräsentiert etwas bzw. ein Objekt und interpretiert sich selbst bzw. liefert einen Interpretanten.[39] Ein Zeichen unterscheidet sich von seiner Bedeutung, weswegen es darauf verweisen kann (Malsch 2005, 125).[40] Kommunikationsprozesse sind Zeichenprozesse.[41]

In all diesen theoretischen Werken kommt die Bedeutung der Kommunikation zum Vorschein – die relativ neue Wissenschaftsdisziplin „Kommunikationswissenschaft" trägt ein Übriges dazu bei. Soziales Handeln und Interaktion muss mit Kommunikation verknüpfend gedacht werden. Gibt es Störungen[42] in der Kommunikation, so wirkt sich dies unmittelbar auf das gesamte Handeln und auch auf den (vermuteten) Sinn (hinter den Handlungen) aus. Der Akteur, dem Interaktionen und damit Kommunikation nur sehr eingeschränkt noch möglich ist, wurde eines Teils seines (sozialen) Handlungsrepertoires „beraubt" und damit letztlich eines Wesentlichen seines Selbst: seines Mensch- und Personseins als soziales Wesen. Kommunikationstheoretisch ist wichtig, dass die Nachricht bzw. das Signal von beiden verstanden wird;[43] Luhmann sagt, dass

---

[38] Es gibt drei Zeichendimensionen: syntaktisch, semantisch und pragmatisch. Charles S. Peirce ist neben Mead und Dewey ein wichtiger Vertreter des Pragmatismus (Joas 2000, 302; Schäfer 2005, 66). Deshalb kann auf die Gemeinsamkeiten des Symbolischen Interaktionismus und der Semiotik hingewiesen werden. Für beide Ansätze sind Beziehung, Subjekt, Objekt und deren Bedeutung zentral, die sich nicht zuletzt in interagierendem, kommunikativem Handeln manifestieren.

[39] Vgl. Schäfer 2005, 64; demgemäß geht es Peirce um die „triadische Relation" von Mittel, Objekt und Interpretant.

[40] Dies ist laut Malsch bei sprachlicher Kommunikation offensichtlich, erfährt seine maximale Ausprägung aber in der Textualität.

[41] So die semiotische Auffassung von Peirce.

[42] Dies können exemplarisch Störungen im Sinne Watzlawicks sein, ebenso solche in der Vermittlung und im Verstehen der Symbolik bzw. der Zeichen sein.

[43] Eine Information, die als Mitteilung übertragen wurde und beim Empfänger „physisch" angekommen ist, muss sodann von ihm durch intellektuelle und interpretative Leistungen verstanden werden. Dafür ist auch das Wissen um persönliche und soziale Faktoren wichtig. Dass der Adressat seine „verschickte" Nachricht ebenso versteht, kann vorausgesetzt werden. Es kommt letztlich jedoch auf einen möglichst großen

Kommunikation Einheit aus den gleich bedeutsamen Komponenten „Information, Mitteilung und Verstehen" ist (1998, 72). Malesch (2005, 19) entgegnet dem mit der Zerlegung in „ursprüngliche Bestandteile": „Inzeption und Rezeption als transiente Kommunikationsereignisse, deren Anschlüsse durch persistente Mitteilungszeichen vermittelt werden.[44] Der Akt des Verstehens ist als Differenz der Synthese von Information und Mitteilung zu begreifen (ebd., 120), der gerade auch in Bezug auf Demenz, Pflege und die diesem Text zugrunde liegende empirische Untersuchung besonders bedeutsam ist.

Kommunikation beobachtet Kommunikation auch (Beobachtungskommunikation) (Malsch 2005, 279). Nach Anschluss sucht Kommunikation also nicht nur, wenn sie sich selbst thematisiert; jedenfalls ist bzw. wird sie dadurch aber reflexiv (ebd. u. 284).

Neu belebt wurde die wissenschaftliche Forschung zum Thema Kommunikation durch die Arbeiten von Foucault zur Diskursforschung und -analyse und vielen sich darauf beziehenden Autoren in der Folgezeit.[45] Gleichsam bedeutend ist der soziologische Übergang in die Wissensgesellschaft[46] als relativ neue Definition und Beschreibung der Gegenwartsgesellschaft. Allgemeine Diskurse beziehen sich dabei auf die alltägliche Lebenswelt; „es ist die Welt des ‚sensus communis' – als eine Welt des Sprechens und ‚Thematisierens' [...]" (Willems 2008, 148). So kann der im Folgenden besonders interessierende Forschungsgegenstand „Biographie und Le-

---

Konsens über den Inhalt der Mitteilung bzw. die Information an, damit Kommunikation (sozial) gelingt.

44 Inzeption und Rezeption sind soziale Sinnoperationen, die komplementär aufeinander bezogen sind, also sozusagen Ego und Alter verbinden und damit normative Verbindlichkeiten erzeugen (Malsch 2005, 17).

45 Grundlegend Foucault (1977): Die Ordnung des Diskurses. Siehe außerdem Keller 2008 („Wissenssoziologische Diskursanalyse") für einen thematischen Gesamtüberblick, und zur neueren Forschung etwa Willems 2008, 147, Fn 1.

46 Der Begriff bzw. das Theoriegebäude „Wissensgesellschaft" hat insbesondere ab den 1970er Jahren mit dem Werk „Die nachindustrielle Gesellschaft" von Daniel Bells Einzug in den wissenschaftlichen Diskurs gehalten, während etwa der Begriff der „postindustriellen Gesellschaft" weiter koexistiert (Krücken 2006, 69).

2. Kommunikation

bensgeschichte" gerade diskursiv angegangen bzw. be- und ausgehandelt werden.[47]

Das umfangreiche Repertoire an Arbeiten mit wissenssoziologischem Bezug und Inhalt verdeutlicht, dass Kommunikation heute von noch größerer sozialer Relevanz ist als etwa zur Zeit der „höfischen Gesellschaft". Denn Wissen, Wissensvermittlung, Interaktion und Kommunikation sind eine tragende Säule der sich globalisierenden (postmodernen) Welt(-informations-)gesellschaft. Aus diesem Anlass wird im Anschluss an den folgenden (thematisch veranlassten) „Exkurs" zu Alter und Demenz der Kern des sozialen Akteurs – seine Identität – erörtert. Wissen wird in Form biographisches Wissens zusätzlich relevant sein, wenn Interaktionsbeziehungen im Rahmen biographischer Arbeit und Trauerarbeit (in Kapitel V und VI) thematisiert werden. Im empirischen Teil werden Akteurszentrierung, Interaktionen und kommunikatives Handeln ein weiteres Mal wesentlich sein.

---

[47] Wenngleich dies ein oftmals eher privater Diskurs mit wenigen Beteiligten ist.

III. ALTERN, DEMENZ UND DAMIT VERBUNDENE PROBLEME

Eine rein soziologische Sicht auf Alter und Demenz ist nach Ansicht des Autors unzureichend, insbesondere wenn eine ganzheitliche Betrachtung gewünscht ist. Im folgenden Abschnitt wird sich deshalb in den Bereich der Sozialen Gerontologie begeben, wo eine Abschottung anderer Disziplinen wenig sinnvoll ist und gerade den Mehrwert ausmacht. Eine „soziale Darstellung" soll deshalb zumindest auf einem medizinischen, psychologischen, biologischen Fundament aufbauen. Dem Leser soll ein interdisziplinärer Ein- und Überblick mit soziologischer Fokussierung in die Altersforschung und die Krankheit bzw. den sozialen Zustand Demenz verschafft werden.[1]

1. Alte – Alter – Altern

a) Interdisziplinäre Aspekte von Alter/n

Eine einheitliche Definition von Alter und Altern vorzugeben ist ein komplexes Unterfangen.[1] Dem biologischen Alter stehen das soziale Alter und Alterseinschätzungen gegenüber; im engeren Sinne bezeichnet Alter den Abschnitt bzw. die Lebensphase nach der Berufs- bzw. Erwerbsphase (Hillmann 1994, 20). „Lebensalter ist ebenso wie Geschlecht eine Grunddimension menschlichen Daseins." (Rosenmayr 1978, 11) Alter offenbart sich aus psychologischer Sicht unter anderem in einer Persönlichkeitsentwicklung.[2] Kalendarisches, biologisches, psychisch-intellektuelles[3] und sozia-

---

[1] Auf die Notwendigkeit zur interdisziplinären Behandlung (vor allem des Themas Demenz) verweisen viele Autoren, vgl. etwa Schröder 2008, 26; Witterstätter 2003, 9.

[1] So auch etwa Rosenmayr (1978, 11).

[2] Zahlreiche Studien führen zur empirischen Evidenz, dass bezogen auf die sogenannten Big Five Persönlichkeitseigenschaften Neurotizismus, Offenheit für neue Erfahrungen und soziale Vitalität im Alter abnehmen, während Umgänglichkeit, soziale Dominanz und Zuverlässigkeit zunehmen (Staudinger 2007, 87).

[3] Das „psychische-intellektuelle Alter ist das Resultat eines sehr unterschiedlichen komplexen Zusammenwirkens von Anlage und Umwelt", wobei in höherem Alter Soziali-

les Alter stimmen jedoch nur selten überein; das soziale Alter ist dabei in besonderem Maße Normierungen ausgesetzt (Reimann/Reimann 1983, 3). Alter bezeichnet einen „Lebensabschnitt, dem nach sozialen Wertvorstellungen u. sozialen Organisationsstrukturen einer Gesellschaft bestimmte Rollen u. Verhaltensweisen zugeordnet werden, oder in dem nach spezif. Einstellungen, Orientierungen u. nach Reifen u. Informationsstand bestimmte soziale Positionen erstrebt werden" (Hillmann 1994, 19 f.). Soziales Alter und Altern ist damit immer auch eine soziale Konstruktion, die in (symbolischen) Interaktionen transportiert wird. Im Verhältnis von Individuum und Gesellschaft sind Alter und Altern deshalb Spiegelbilder beider; es handelt sich um relative Komponenten des Zurechnens und Vergleichens in aktiver wie passiver Hinsicht (Rosemayr 1978, 12).

Während Alter einen Zustand definiert, ist Altern ein Prozess (Thieme 2008, 17). Wichtig ist es, Altern als Entwicklung – gleichwohl positive oder negative – und damit als lebenslangen Prozess zu begreifen, der nicht linear, sondern vielmehr spiralförmig abläuft (Pörtner 2005, 49).[4] „Das physische wie das psychische Alter unterliegen (letztlich) der Selbstgestaltung des Menschen." (Rosemayr 1978, 11)

Der demographische Wandel und die kontinuierlich gestiegene und weiter steigende Lebenserwartung der Menschen[5] haben das Thema Alter/n so relevant für Wissenschaft und Gesellschaft gemacht, dass sich etwa die Gerontologie als „interdisziplinäre Wissenschaft vom Altern" (Thomae 1991, 185) etabliert hat.[6] Der demographische und allgemeine soziale Wandel hat bezogen auf die Altenbevölkerung Tews (1993, 23 ff.) zufolge mehrere Aspekte: insbesondere Verjüngung, Entberuflichung, Feminisierung, Singu-

---

sations- und Personalisationsprozesse bedeutsamer werden (Reimann/Reimann 1983, 3).
4 Hierzu im Folgenden unter den „Theoretischen Konzepten des Alterns" mehr.
5 In Deutschland, aber auch in anderen Staaten.
6 Nunmehr gibt es zahlreiche Verbände und (Forschungs-)Gesellschaften im Bereich Gerontologie und Geriatrie und sogar einen Dachverband der Gerontologischen und Geriatrischen Wissenschaftlichen Gesellschaften Deutschlands e.V.

larisierung, Hochaltrigkeit.[7] Zunehmend ist vor allem Hochaltrigkeit[8] als begriffliche Steigerung des „Alter(n)s" bzw. „Altseins" Gegenstand der (gerontologischen) Forschung. Opaschowski (2004, 26) ergänzt diese fünf Entwicklungstendenzen noch mit Kinderlosigkeit und sozialer Ungleichheit.

Allzu lange wurde angenommen, die aufkommenden mannigfaltigen Fragestellungen könnten im medizinischen Bereich, durch die Geriatrie (alleine) gelöst werden, da es sich ja schließlich in erster Linie um einen biologischen Vorgang handele.[9] Vor einigen Jahrzehnten wurde jedoch schon erkannt, dass Disziplinen wie die Soziologie, Psychologie, Politologie, Theologie, Kunst- und Musikwissenschaft – um nur einige zu nennen – ihren Anteil zur Lösung von Problemen beitragen sollten und können.[10]

Altern muss aufgrund dessen nicht zuletzt als soziokulturelles Phänomen begriffen werden, das im jeweiligen historischen Kontext eingebettet ist.[11] Ein vielschichtiger Wandlungsprozess hat deshalb wohl zu jeder Zeit stattgefunden, und so auch in den vergange-

---

[7] Der Anteil über 65-jähriger (in Deutschland) ist in den vergangenen 100 Jahren von 5 auf 15% gestiegen (Theunissen 2000, 56). Zusätzlich steigt die Anzahl von sogenannten jungen Alten bzw. Jungsenioren (ab 60 Jahre) ebenso wie die Gruppe Hochbetagter unter den Alten (Witterstätter 2003, 54 f.). Entberuflichung meint, dass die überwiegende Mehrheit alter Menschen nicht mehr berufstätig ist. So waren in den 1990er Jahren nur 35% der Männer und 17% der Frauen im Alter von 60 bis 65 Jahren noch erwerbstätig (ebd., 57). Unter der über 65-jährigen Bevölkerung von etwa 12 Mio. Menschen liegt der Anteil der Frauen schon bei etwa 2/3, was die Feminisierung verdeutlicht (ebd., 60). Zumeist wenn der Ehepartner bzw. die Ehepartnerin (vor-)verstirbt, beginnt regelmäßig die Phase des Alleinlebens (Singularisierung) (ebd., 61). Regionale Unterschiede gibt es freilich: Während in ländlichen Gegenden das intergenerative Familienzusammenleben noch gelebt wird, ist das Städteleben verstärkt vom Singledasein – auch im Alter – geprägt.

[8] „Hochaltrigkeit ist ein unscharfer Begriff [...]" (Vierter Altenbericht 2002, 53). Die Unterscheidung in drittes und viertes Lebensalter kann zielführend sein. Zumeist wird ein Alter von 80 bis 85 Jahren als Grenze bzw. Beginn angesetzt (teilweise auch erst 90 Jahre) (Wahl/Rott 2001, n. ebd.).

[9] Kunow (2005, 24) schreibt einleitend bezogen auf die Konstruktion von Alter/n: „[...] wie im Falle von Alter(n) das oben erwähnte Spannungsfeld zwischen Biologie und Humanwissenschaft mit besonderer Schärfe aufbricht [...]".

[10] Ähnlich etwa Schubert 1969, 1970, n. Thomae 1991, 185 f.

[11] Ähnlich Olbrich 1991, 11.

nen Jahrzehnten. „Es sind nicht nur die Rahmenbedingungen [...] oder Voraussetzungen des Alterns, die sich gewandelt haben, auch der Alternsprozeß selbst [...]." (Olbrich 1991, 11) Veränderungen unterworfen ist ebenfalls das oftmals propagierte Spannungsverhältnis von Jung und Alt,[12] das zumal einen sozialen „Konfliktstatus" erlangt, der gelöst werden muss.[13] Das Verhältnis der Altersgruppen und Generationen strukturiert Gesellschaft ebenso wie etwa die Beziehung der Geschlechter (Rosenmayr 1978, 11).

b) Theoretische Konzepte des Alterns

Im vergangenen Jahrhundert haben verschiedene Paradigmen und theoretische Ansätze die wissenschaftliche Diskussion zum Alter bzw. Alterungsprozess bereichert. Nach Thimm (2000, 40) gibt es „zwei Deutungstraditionen": zum einen wird Altern im Kontext von „auf- und absteigenden Lebensphasen" (Lebensstufen)[14] gesehen; zum anderen wird von der „Erschöpfung der Lebenskraft im Alter" im Sinne von Altersschwäche ausgegangen.[15] Nach Wahl

---

[12] Das Lebensalter sollte jedoch eher als Dimension und Skala begriffen werden, auf der „jung" und „alt" Ausprägungen neben anderen sind. Jung und Alt sind ambivalente Kategorien, während nur Junge oder nur Alte gesamtgesellschaftlich keine Möglichkeit sind. Es kann auch nochmal auf die Kategorie „Hochaltrigkeit" verwiesen werden. Menschen ab der zweiten Lebenshälfte lassen sich etwa in „älter, alt und hochaltrig" einteilen. Andernorts ist etwa von „jungen und alten Senioren" die Rede: das dritte und vierte Lebensalter. Hinzu muss beachtet werden, dass einer (reinen) Orientierung am formellen bzw. kalendarischen Lebensalter (fehlerbehaftete) Pauschalisierungen immanent sind. Die biologischen und sozialen Merkmale innerhalb einer Alterskohorte differieren schließlich massiv.

[13] So findet etwa Gronemeyer (2004) warnende Worte, wenn er die Vision resp. Theorie vom „Kampf der Generationen" skizziert. Der „Altersklassenkampf" sei nicht mehr fern und müsse verhindert werden. Mit diesen Thesen hat er immer auch den demographischen Wandel im Blick. Außerdem birgt in Deutschland eine niedrige Geburtenrate und damit eine sinkende Zahl jüngerer Menschen soziales Problempotenzial.

[14] „Darstellungen der Lebensalter basieren auf einer Einteilung des menschlichen Lebens in Abschnitte, deren gewählte Anzahl sich nach dem zugrunde liegenden allegorischen Sinn richtet. Theorien zur Stufung der Lebensalter wurden bereits in der Antike entwickelt." (Bake 2005, 116)

[15] Nach Lehr (2003, 46) gibt es aufgrund der Vielzahl an Alternstheorien diverse Ordnungsmöglichkeiten: Weinert (1994) etwa teilt nach zugrunde liegendem Menschenbild in mechanistische, organismische und humanistische Theorien ein; Schroots (1996) unterteilt in klassische, moderne und neue Theorien.

1. Alte – Alter – Altern

und Heyl (2004, 136 ff.) ist eine Klassifizierung in Veränderungs- und Kontinuitätstheorien adäquat, bei denen jeweils universelle und differentielle Momente unterschiedlich stark betont werden (können).

Zunächst entstanden (biologisch-medizinische) Defizitmodelle in den frühen Dekaden des 20. Jahrhunderts (als psychosoziale Theorien des Alterns),[16] die in das Defekt- und das Disusemodell aufgespalten werden können.[17] Zu Beginn der 1960er Jahre tritt jedoch bereits der Begriff des „erfolgreichen Alterns" („successful aging")[18] in Erscheinung. Von dem in den 1960er Jahren relevanten Defektmodell[19] wurde hingegen die nachlassende Funktionsfähigkeit des alternden Organismus hervorgehoben. Defekte müssten demnach verhindert oder „repariert" werden. Unter dem Einfluss der Soziologie und Psychologie tritt andererseits das Aktivitätsmodell (Disusemodell)[20] in Erscheinung, das die Aktivierungsmöglichkeit von Funktionen beispielsweise durch Übung und soziale Teilhabe betont, die der Isolation entgegen wirke. Zu den bekanntesten Theorien (der Zeit) gehört ebenfalls die Disengagement-Theorie[21], die den Rückzug aus sozialen Kontakten und Rollen fokussiert, der ein unvermeidlicher Prozess im Rahmen des Alterns und auf das Verhältnis Individuum-Gesellschaft[22] bezogen sei (Wahl/Heyl 2004,

---

[16] Siehe Lehr 2003, 47 f.
[17] Siehe Thimm 2000, 40; weiterführend Lehr 1989, 2 ff.
[18] Siehe dazu grundlegend Havighurst 1963, n. Lehr 2003, 56.
[19] Thimm (2000, 40) nennt hier den Begriff „Defizitmodell" unter Verweis auf Lehr.
[20] Von Olbrich (1991) werden Disuse- und Aktivitätsmodell(e) zusammen genannt. Wird von Disusemodell gesprochen, liegt dem eine scheinbar negativere Konnotation zugrunde. Es wird eher herausgestellt, dass Fertig- und Fähigkeiten nachlassen (können) und von Alten nicht ausreichend trainiert werden. Während bei der Rede von Aktivitätsmodell der Kompensationsaspekt betont wird, also die Fähigkeit und der Wille dem (natürlichen) biologischen Prozess entgegen zu wirken.
[21] Grundlegend dazu: Cumming/Henry 1961, n. Wahl/Heyl 2004, 128 ff. Ausgangspunkt war die Kansas-City-Studie ab 1955. Eine Modifikation in Hinsicht der Betonung des Rollenaspekts und teilweiser Abkehr von der Interdependenz zwischen Individuum und Gesellschaft fand mit Henry (1964, n. Lehr 2003, 60) statt.
[22] Es ist damit auch als Verknüpfung von Mikro-Makro-Ebene zu begreifen – ein wesentlicher Anspruch des Modells (Wahl/Heyl 2004, 131).

128 ff.). Die Verminderung von Sozialkontakten bewirke jedoch qualitative Verbesserungen und mehr Freiheit bei weniger Normzwängen für Ältere (Lehr 2003, 59). Aus Sicht der Disengagement-Theorie(n) sei die Aktivitätstheorie zu kritisieren, da sie sich am mittleren Lebensalter orientiere und empirisch im hohen Alter kaum belegen lasse (ebd.). In den 1980er und 1990er Jahren tritt das Kompetenzmodell in den Vordergrund, nach welchem in Abhängigkeit der Umwelt-Person-Relation in jeder Lebensphase andere Kompetenzen zentral sind.[23] Durch vielfältige Interaktionen („Transaktionen") ist der Mensch ein „entwicklungsoffenes System", so dass im Alter nicht „verhindert" oder „korrigiert" werden muss, sondern nur andere Fähigkeiten gewichtig sind, wodurch er sich in die Lage versetzt, sich wohl zu fühlen (Olbrich 1991, 11 ff.).

Das Individuum soll selbst Verantwortung für seine Lebensgestaltung haben und (neuen) Herausforderungen begegnen können. Auch und gerade als natürlicher[24] Prozess besteht Altern ebenfalls aus Leistungsminderung sowie körperlichem und psychischem Abbau zu interindividuell unterschiedlichen Zeitpunkten. Aus dem Repertoire an biographischen Erfahrungen erworbene soziale Kompetenz ist eine wesentliche Kompetenz, die jedoch weiter trainiert werden kann. Deshalb gibt das Kompetenzmodell zwar aus soziologischer und therapeutischer Perspektive eine gute und humanistische Stoßrichtung vor, ist aber alleine zu naiv optimistisch gedacht. Über viele Jahrhunderte und Kulturen hinweg wurden Alte und Altern weniger stigmatisiert als in den vergangenen Dekaden in der Bundesrepublik Deutschland. Im Sinne des „weisen Alten", in dem der Erfahrungsschatz eines „langen" Lebens in einer weniger medialisierten Gesellschaft wertvoll erschien, war Altern durchaus positiv besetzt.

Jedes Modell basiert auf richtigen Beobachtungen (zumindest in Bezug auf Teilaspekte). Durch eine undogmatische Verknüpfung vor dem Hintergrund eines positiv-humanistischen Menschenbildes

---

23 Das Kompetenzmodell basiert unter anderem auf der „kognitiven Alternstheorie" von Thomae (Backes/Clemens 2003, 98; Lehr 2003).
24 Im wahrsten Sinne des Wortes verstanden, also als dem Menschen immanent.

kann eine Bestandsaufnahme wesentlicher „Defizite", die das individuelle Leben und soziale Zusammenleben erschweren, mit entsprechenden Aktivierungsvorschlägen zur Erweiterung der (Alters-) Kompetenzen im Verhältnis Mensch-Gesellschaft-Mensch, das etwa von der Disengagement-Theorie betont wird, beitragen – eine Theoriensymbiose. Die empirische Realität ist dabei scheinbar zwischen Aktivität und Rückzug angesiedelt.[25] In Anlehnung an empirische Erkenntnisse stellt Lehr (2003, 72 ff.) ebenfalls ein „interaktionistisches Modell" („der Bedingungen von Langlebigkeit und Altwerden bei psychophysischem Wohlbefinden") dar. Es gäbe eine Vielzahl von Variablen und Korrelaten, die das Wohlbefinden und die Langlebigkeit mit beeinflussten und interagierten.[26]

c) Altersbilder und soziokulturelle Konstruktion von Alter/n

Nunmehr sollen Altersbilder bzw. Bilder vom Alter/n in einem Überblick erläutert werden.[27] Im Bereich der (Sozial-)Psychologie ist dabei das Thema Stereotypen relevant. Außerdem soll ein Exkurs in den Bereich der Soziologie und Kultur der Werbung exemplarisch und anschaulich die Relevanz und den Einfluss von Altersbildern verdeutlichen.

Die Einstellung gegenüber Älteren, das Fremdbild, verhält sich reziprok zur Selbstwahrnehmung, dem Selbstbild (Thimm 2000, 41). Wann man als „alt" gilt, divergiert je nach soziokultureller Praxis, so dass Alter/n als soziale Konstruktion oder kulturelle Reprä-

---

[25] Dies ist durchaus als (dimensionale) Ambivalenz zwischen (Re-)Sozialisation und Desozialisation im Alter zu verstehen, wie es etwa von Prahl/Schroeter (1996, 119 ff.) zur Diskussion gestellt wird.

[26] Beschrieben werden als Variablen beispielsweise: Genetische Faktoren, Sozialisation und soziale Umwelt, Persönlichkeit, Intelligenz, Schulbildung, Sport, Gesundheitsvorsorge, die direkt oder vermittelt mit Langlebigkeit und psychophysisches Wohlbefinden (als in erster Linie subjektivem Faktor) korrelieren.

[27] Grund dafür ist zum einen der Umfang an Studien und Forschung gerade – auch in letzter Zeit –, der ausführlich dargestellt werden müsste, um ihm gerecht zu werden. Ferner haben Altersbilder und Altersstereotypen nur eine untergeordnete Relevanz für den in dieser Arbeit verfolgten theoretischen und empirischen Forschungsansatz, weshalb eine Erörterung wesentlicher Forschungsrichtungen zu Alter und Demenz genügen kann, da hier vielmehr die Interdependenz beider Aspekte Relevanz haben soll.

sentation zu verstehen ist.[28] Amrhein (2008) zufolge beeinflussen die soziale Konstruktion und (selektierte angeeignete) Deutungs- und Handlungsmodelle des Alter(n)s den Alltag im Alter. Der Status der älteren Generation wird – vom Selbstverständnis abgesehen – vor allem von der jüngeren und mittleren Generation bestimmt (Reimann/Reimann 1994, 7). Altsein ist etwa in Deutschland als nicht (mehr) präferiertes Attribut, mit dem negative Konnotationen assoziiert werden, verbreitet. Alter (im engeren Sinne) wird zudem noch häufig synonym zu Pflege- und Hilfebedürftigkeit verstanden (Wahl/Schneekloth 2006, 19). Jedoch nur sofern es um andere geht; denn bezogen auf die eigene Lage wird dem Älterwerden im Kontrast zur sozial-medialen Vermittlung durchaus Positives abgewonnen.[29] Ambivalente Altersbilder (positive wie negative) gab es zu allen Zeiten, die „weisen Alten" beispielsweise waren niemals (alleiniges) Leitbild, sondern sind eher Klischee, so Hermann-Otto (2004, 4).[30] Ebenso gelten „Ausnahmealte" und „Exoten" als (klischeehafte) Vorbilder, die mit „Bewunderung und Neid" von den Medien inszeniert werden, meint auch Thieme (2008, 163). Alter/n geht dementsprechend einher mit Stereotypenkonstruktionen im Rahmen der allgemeinen symbolischen Ordnung, woran nicht zuletzt die Massenmedien im Sinne ihrer „eigenen Realität"[31] beteiligt sind.

Die neuere gerontologische Forschung verweist auch auf Foucault und damit auf Strukturen, die „Alter(n)sidentitäten" konstituieren, welche die Selbstbestimmung älterer Menschen einschränkt und sie „zu Objekten wirtschaftlicher und auch politischer Macht

---

[28] Siehe auch Kunow 2005, 24; Fangerau et al. (Hrsg.) 2007 bzgl. kultureller Repräsentation, und Ferring (Hrsg.) 2008; Amrhein 2008; Sahner 2005 hinsichtlich sozialer Konstruktion des Alter(n)s.

[29] Vgl. weiterführend Thimm 2000, 42 und Lehr/Niederfranke 1991, 39 ff. zum generalisierten und selbstbezogenen (personalisierten) Altersbild.

[30] Eine Ausnahme bildet vielleicht die altertümliche chinesische shou-Kultur, in der die Weisheit und Lebenserfahrung im Alter hervorgehoben wurde, und in der Langlebigkeit ein zentrales Gut war. Weshalb sich fast ausschließlich positive Ansichten über das Alter/n dokumentarisch belegen lassen. Siehe dazu Liang 2004.

[31] Realität im Sinne Luhmanns. Wobei diese Realität mit der anderen Realität rückgekoppelt ist und interdependiert.

werden lässt" (Kunow 2005, 38).[32] Des Weiteren wird in der Alterssemantik oftmals ein „Risiko" transportiert; ein Risiko, das Vieles meinen kann, zumindest aber, dass „bestimmte Unsicherheiten und Gefahren zunehmen" (ebd., 28). „Alt(sein)" wird zu einem Etikett (Label), das oftmals „über die Semantisierung und Semiotisierung physiologischer Prozesse zumeist an der Oberfläche des Menschen alt macht"; es werden also erste biologische (An-) Zeichen[33] mit soziokultureller Sprache übersetzt, um z.b. „Seniorinnen und Senioren" zu kreieren (ebd., 22 f.).

Von Altersstereotypen können (negative) Auswirkungen und Gefahren ausgehen: so z.b. dass durch selektive Wahrnehmung Vorurteile gefestigt werden, worauf betroffene alte Menschen ihr Selbstbild und ihre Identität ausrichten oder anpassen (Lehr/Niederfranke 1991, 42) und sich einem negativen Selbstbild letztlich Unwohlsein und soziale Folgen anschließen. Altersrollen, die das gesellschaftlich akzeptierte Verhalten der Rollenträger beschreiben, sind dennoch dem Wandel unterlegen (Thieme 2008, 32).

Ein kurzer Exkurs in die Werbung mit dortigen Bildern von Alter/n soll an dieser Stelle unternommen werden.

Die soziale Konstruktion von Alter/n ist oftmals medial vermittelt; der Teilbereich Werbung ist dabei interessant, da dort in besonderem Maße Images und Identitäten (zunehmend mit theatralen Inszenierungen) erzeugt werden.[34] Während zu Beginn des 20. Jahrhundert oftmals erfolgreiche Repräsentanten der Oberschicht, die regelmäßig älter waren, als Werbemittel dienten, offerierte in den 1950er und 1960er Jahren die „Großmutter" als Identitätsfigur Produkte (Meißner 2005, 155 ff.). Als Folge von sozialen Modernisierungsprozessen hin zu individuelleren Lebensstilen und einem neuen Schönheitsideal wurden ältere Menschen als Quelle zusätzli-

---

[32] Diese Ansätze sind eingebettet in eine „postkoloniale Perspektive auf Alter(n)" (Kunow 2005, 38) im kulturwissenschaftlichen Diskurs.
[33] Wie z.B. das „graue Haar" – aus dem Bereich des Körperlichen.
[34] Siehe beispielhaft Willems/Kautt (2003): Theatralität der Werbung.

cher Kaufkraft bzw. als spezifische Zielgruppe[35] von der Wirtschaft in den 1960er Jahre neu entdeckt (ebd., 160 u. 169).[36] In den letzten Dekaden ist Werbung mit symbolischer Betonung von Aspekten wie Fitness bzw. Aktivität, Schönheit, Modebewusstsein etc. vorrangig, die als Gegenpol zum ansonsten weiterhin tendenziell negativen generalisierten Altersbild fungieren könnte,[37] wenn sie nicht „zu" positive und unrealistische Altersbilder generierte und deshalb gestiegene Erwartungen an die eigene Person (der Alten) suggerierte, wodurch innere Konflikte ausgelöst werden können. Die „Altenkrise" gibt auch neoliberalen Kräften Auftrieb, die (nur) nach der Nützlichkeit der Gesellschaftsmitglieder, also Produkte und Leistungen, fragen (Gronemeyer 2004, 71).[38] Die „Variabilität der Werbeimages von Alter und Altern" (über die Zeit hinweg) wird also deutlich in einem Spannungsfeld von Körper (Korporalität) und Psyche (psychische Leistungsfähigkeit u.ä.) (Willems/Kautt 2002, 97).[39]

Diese Erkenntnisse aus dem sozialen Teilbereich Werbung sollten exemplarisch die verschiedenen Ansichten über und Dimensionen von Alter/n verdeutlicht haben.

---

35 Im Sinne von „aktiven Seniorinnen und Senioren in einer Übergangsphase", vgl. ähnlich beschreibend Meißner 2005, 157.

36 Zunächst wurden zu einem Großteil medizinisch-therapeutische Produkte umworben (ebd., 163).

37 Das negative generalisierte Altersbild wird ebenfalls durch die Medien transportiert, zum Beispiel dadurch, dass junge, körperlich attraktive Menschen bevorzugt inszeniert werden.

38 Gronemeyer geht von einer Vermarkt(-wirtschaft-)lichung der Lebenswelt aus, so dass der Mensch, also auch der ältere, über seine Eigenschaft als Konsument tätig zu werden, definiert werde. Auch bezogen auf die Alten werde „dereguliert, privatisiert und liberalisiert" (Gronemeyer 2004, 80). Sogar der Generationenkonflikt werde ökonomisiert (z.B. Renten- und Pflegekasse bzw. -finanzierung) (ebd., 32).

39 Willems/Kautt (2002, 99 ff.) stellen Inszenierungen von „Alter als Glück" (Partnerschaftsidyllen, Genuss, Gemütlich, Muße, Wohlstand im Ruhestand) solche von „Alter(n) als Problem und Stigma" (Krankheit, Beschädigung, ästhetischer Verfall) anbei bzw. gegenüber, aus denen eine Werbeambivalenz sichtbar wird.

2. Probleme im Alter

Aus (negativer) Stereotypisierung und Stigmatisierung resultieren Schwierigkeiten im Leben älterer Menschen, die jedoch nur Teil eines großen Komplexes an Beeinträchtigungen sind und ebenfalls Ursache weiterer Probleme sein können.

Altersrelevante Probleme können in körperliche, psychische und soziale, sowie emotionale und motivationale[40] unterteilt werden. Zudem können sie kombiniert auftreten, so dass von Ko- und Multimorbidität gesprochen werden kann (Forstmeier/Maercker 2008, 28 f.). „Während normales Altern[41] ‚alterstypische' Einbußen auf somatischer und psychischer Ebene beinhaltet, ist pathologisches Altern durch Auftreten von Krankheiten, erheblichen Funktionseinschränkungen und Verkürzung der Lebensspanne charakterisiert." (Forstmeier/Maercker 2008, 1)[42]

a) Körperliche Probleme

Eine grundsätzliche Frage von Alterungsprozessen ist, ob und inwieweit sie von genetischen Determinanten hervorgerufen werden (festgelegte Prozesse), während auch stochastische (zufällige) Prozesse Altern mitbeeinflussen (Backes/Clemens 2003, 93 f.). Bei vielen Menschen treten im Alter häufiger Krankheiten auf – das Krankheitsrisiko nimmt zu (Kanowski 1991, 232; Theunissen 2000, 56; Thieme 2008, 183). Gesundheit und Krankheit müssen nicht als einander „scharf ausschließende Kategorien" verstanden werden, sondern überschneiden sich (Kanowski 1991, 227). Einige körperliche Folgen des (pathologischen) Alterns werden womöglich nicht

---

[40] Emotionale und motivationale „Probleme" können Ursache für oder Folge/Auswirkung von anderen Problemen sein. Deshalb erscheinen sie so relevant und nehmen eine Sonderrolle ein, die im Folgenden (mit der Gliederung und Unterteilung) abgebildet werden soll.

[41] „Normales Altern" wird etwa von Thieme (2008, 193) als „physiologisches Altern" bezeichnet.

[42] So zumindest einer psychologisch-medizinischen Sichtweise folgend. Ob es ein pauschalisiertes „optimales Altern" (ebd.) wirklich geben kann und wie dies auszusehen hat, bleibt (zumindest soziologisch, aber auch ethisch betrachtet) fraglich.

als Beeinträchtigung, sondern vielmehr als Normalität eines kontinuierlichen Abbauprozesses angesehen und akzeptiert. Organfunktionsstörungen sind dabei in aller Regel durch krankhafte Prozesse verursacht (Reimann/Reimann 1994, 284), altersbedingte Organveränderungen sind hingegen normal. Nach dem Vierten Altenbericht[43] (2002, 147) sind die häufigsten Erkrankungen bei Menschen ab 65 Jahren: Gelenk-, Herzerkrankungen, Krankheiten der Blutgefäße, Sehbehinderungen, Hirngefäßkrankheiten, Stoffwechselerkrankungen und Krankheiten des Nervensystems. Auf physischer Ebene stellen Sinnesbeeinträchtigungen (Seh- und Hörfähigkeit) Alltagsprobleme dar. Am häufigsten sind (bei den über 70-Jährigen) Erkrankungen des kardio- und zerebrovaskulären Systems[44] und des Bewegungsapparates (Forstmeier/Maercker 2008, 3). Als „Altersschwächen" können weiterhin Immobilität und Instabilität bezeichnet werden, da die Bewegungseinschränkung zumindest teilweise Konsequenz des natürlichen Abbauprozesses des Körpers im Alter ist. Diese können auch Konsequenz eines Sturzes oder Bruches,[45] psychischer Veränderungen oder von Sinnesbeeinträchtigungen sein, die wiederum aus dem „natürlichen" Nachlassen von Körperfunktionen resultieren. Von „alternden" Krankheiten (z.B. chronische Bronchitis) ist die Rede, wenn sie in früheren Lebensphasen erworben wurden, lange latent bleiben und mit höherem Alter gravierender werden (Thieme 2008, 188 f.).

Funktionelle Konsequenzen und Einschränkungen alter Menschen werden in basale Aktivitäten des täglichen Lebens (wie z.B. Körperpflege, Spazierengehen, WC-Benutzung, Essen) und fortgeschrittene/instrumentelle (z.B. Telefonieren, Medikamenteneinnahme, Einkaufen) eingeteilt (Forstmeier/Maercker 2008, 5).[46] Mit zunehmendem Alter steigt oftmals die Hilfsbedürftigkeit (ebd.).

---

43 Vierter Bericht zur Lage der älteren Generation.
44 Verschiedene Durchblutungsprobleme des Geirns, Herzens und der Gefäße (Kreislauf).
45 „Alte Menschen sind durch Stürze (und Unfälle) besonders gefährdet." (Thieme 2008, 198)
46 Diese werden auch als „Activities of Daily Living" (ADLs) und instrumentelle ADLs (iADLs) bezeichnet (ebd.).

Aus den physischen Problemen (etwa Behinderungen und Abhängigkeit) ergeben sich (sekundäre) psychische Konsequenzen wie Angst und Depressionen (Forstmeier/Maercker 2008, 6). Erschöpfung bzw. Müdigkeit und ein Durcheinandersein gehören zu den häufigsten negativen Gefühlen bzw. Wahrnehmungen im Alter (Thieme 2008, 185).[47] Wie der objektive Gesundheitszustand und das subjektive Empfinden genau korrelieren, ist mit dem aktuellen Forschungsstand nicht eindeutig zu beantworten (ebd.).

Multimorbidität, also mindestens Schwerhörigkeit, Seh- und/oder Mobilitätsbeeinträchtigungen, ist ein häufiges (Folge-)Problem schwerer Demenzerkrankungen (Schäufele et al. 2006, 115), kann ebenso eine gewöhnliche Alterserscheinung sein.

b) Psychische, kognitive, emotionale und motivationale Probleme

Pörtner (2005, 41) benennt z.B. als alterstypische Erscheinungen das Nachlassen des Erinnerungs- und Orientierungsvermögen, zeitweise Verwirrtheit und andere psychische Beeinträchtigungen. Im Alter wird in der Regel das Gedächtnis schlechter (verminderte kognitive Leistungsfähigkeit). Mit zunehmendem Lebensalter steigt das Erkrankungsrisiko im psychischen Bereich jedoch allgemein nicht – Demenzen ausgenommen (Thieme 2008, 193).

Bei den psychischen Beeinträchtigungen sind neben der Demenz (und allgemeinen kognitiven Beeinträchtigungen) auch Depressionen zu nennen. Bei Älteren treten Depressionen häufig durch „larvierte" (versteckte, maskierte) Ausprägungen in Erscheinung, seltener als „Jammerdepressionen" (Reimann/Reimann 1994, 258). Die Alzheimer-Krankheit „schleicht sich ins Leben der Menschen", der eine leichte kognitive Beeinträchtigung (MCI) im Sinne einer Grauzone[48] voraus geht (Förstl 2001, 11). Nach Schäufele et al. (2006, 111) treten im Zusammenhang mit (sogar nur leichter) Demenz oftmals tiefgreifende Veränderungen des Gefühlslebens und Verhaltens auf, die nicht selten auch pathologisch werden: beispielsweise

---

[47] Weiterführend: Vierter Altenbericht 2002, 145.
[48] Kognitive Beeinträchtigungen bezeichnet Reischies (1997, n. Förstl 2001, 11) als „Grauzone".

als depressive Störung oder Schlafstörung. Vergesslichkeit und Gedächtnisstörungen, Sprach- und Erkennungsstörungen sowie Desorientierung und Unruhe können mit dem Altern ebenso einhergehen, sind jedoch vielmehr Indikatoren einer Demenzerkrankung.

„Alt werden ist eine seltsame Erfahrung" (Pörtner 2005, 13). Viele Menschen haben inzwischen jedoch eine grundsätzlich negative Einstellung zum Altern respektive Alterungsprozess, wodurch ihr Wohlbefinden zusätzlich beeinträchtigt wird (ebd., 129). Die motivationale Lage verändert sich im Alter nicht grundsätzlich. Es kann jedoch ein Gefühl des Überflüssigseins entstehen. Dies ist vor allem dann wahrscheinlich, wenn die enge Einbindung in familiale Beziehungen[49] oder die Berufsaktivität der Vergangenheit angehört. Wenngleich Lebensfreude als „Rezept für ein gelungenes Leben" (Thieme 2008, 165)[50] gelten kann, ist vor dem Hintergrund des Schwindens von Alltagskompetenz der Rückzug (im Sinne von „Alterspessimismus") oftmals Realität des Altseins (ebd., 166 f.). Damit zusammen hängt auch die Lebensqualität als „multidimensionales Konstrukt", die primär von der Unabhängigkeit (Selbstbestimmung) und dem Wohlbefinden beeinflusst wird (Wojnar 2003, 149 ff.).[51] Aus internalen oder externalen Gründen sinkt dann oftmals zugleich die Motivation der Betroffenen. Ergeben sie sich sozusagen ihrem Schicksal, steigert dies zumeist noch die Probleme der unterschiedlichen Bereiche. Im Alter wird der „emotionale Ausdruck negativer Gefühle" grundsätzlich seltener (Forstmeier/ Maercker 2008, 20).

---

[49] Eine Lockerung familialer Beziehungen bzw. Bindungen kann beispielsweise durch Aus- oder Umzug der Kinder oder durch Tod (älterer) Angehöriger geschehen. Kompensiert werden kann dies z.B. durch soziale Kontakte mit alten oder neuen Freunden, sowie bürgerschaftliches Engagement.

[50] Die überwiegende Mehrheit der Älteren bejaht glücklich zu sein. Mit ca. 15% „Unglücklichen" (bei den über 70-Jährigen) ist die Quote etwas höher als in anderen Alterskohorten, dennoch ziemlich gering. Vgl. Vierter Altenbericht 2002, 120.

[51] Dies kann und sollte in subjektiver wie objektivierender Hinsicht erfasst werden. Gerade bei schwer demenziell Erkrankten muss etwa durch Beobachten der „objektive" Zustand an Lebensqualität erfasst werden, der (ebenfalls bei gesunden Menschen) vom subjektiven abweichen kann.

2. Probleme im Alter

Ältere Menschen legen sehr viel Wert auf die emotionsregulierende Funktion von sozialer Interaktion; das heißt: Kontinuität in Beziehungen und Bindungen erhöhen die Wahrscheinlichkeit das Selbstkonzept und emotionale Gleichgewicht wiederherzustellen bzw. aufrecht zu erhalten (Berk 2005, 829 u. 857).[52] Negative Emotionen müssen nicht Abbild oder Folge von pathologischen psychischen und körperlichen Problemen sein, wenngleich sie es oftmals sind und deshalb nicht isoliert betrachtet werden können, treten sie ebenso als Reaktion auf gewöhnliche (biologisch- und altersbedingte) Schwächen, Schwierigkeiten und nachlassende Fähigkeiten auf. Es wird vermehrt angestrebt „emotionale Bedeutung im Leben zu finden", während „neue Lebenserfahrungen zu machen" von geringerer Bedeutung ist; das Leistungs- und das Machtmotiv nehmen (tendenziell) ab (Forstmeier/Maercker 2008, 20).[53] Emotionale und motivationale Probleme sind oftmals Resultat von psychischen und physischen Schwierigkeiten und Erkrankungen.

c) Soziale Probleme und Auswirkungen

Im Folgenden sollen Alter(n)sschwierigkeiten, insbesondere aus dem mikrosoziologischen Bereich Interaktion und Partizipation, thematisiert werden.

Der zunehmend schneller werdende (soziale und technische) Wandel kann bei älteren Menschen zu einer Art Orientierungslosigkeit führen, mit der sie nicht mehr umzugehen wissen. Wohl deshalb bezeichnen Helga und Horst Reimann die Abnahme der Anpassungsfähigkeit als eigentliches Phänomen (und Problem) des Alterns (1994, 283). „Auch soziale Kontakte haben sich empirisch immer wieder als Risiko (bei Fehlen) bzw. (bei Vorhandensein) als Schutzfaktor für die Aufrechterhaltung von Alltagsselbständigkeit erwiesen […]." (Wahl/Schneekloth 2006, 42) Veränderungen im Bereich sozialer Kontakte (Integration und Isolation) entstehen ei-

---

[52] Berk bezieht sich dabei vor allem auf die „sozioemotionale Selektivitätstheorie".
[53] Dabei sinkt genau genommen die Motivation zu Leistung bei Männern und Frauen, während die auf Macht gerichtete Motivation sich bei Männern abschwächt, bei Frauen jedoch gleich bleibt.

nerseits regelmäßig durch das Ende der Erwerbsarbeit und andererseits, wenn innerfamiliäre Veränderungen (z.B. Auszug der Kinder) eintreten. Viele soziale Probleme können ebenso ihren Ursprung oder zumindest ihre Lösung im sozialen Nahraum und damit in der Familie haben. Im Sinne der Gerontoökologie sollte der Akteur („räumlich")[54] im Kontext seiner Umwelt analysiert werden. Familienmitglieder sind in der Regel die Pflegenden, wenn es nötig wird; das gesamte Interdependenzgeflecht ist damit häufig von Belastungen geprägt.[55] Witterstätter nennt als typische Probleme von „Familie und Alter" solche im Bereich Gattenpflege, intergenerationeller Pflege,[56] Partnerschaft (neue Formen) und Sexualität (2003, 98 ff.). Zum Beispiel zeigten Studien zu Beginn des Jahrtausends, dass nur wenige 15- bis 20-Jährige Kontakt mit Menschen über 60, also eher jüngeren Alten, haben (Staudinger 2003, 41).[57] Freiwilliges (soziales) bzw. „bürgerschaftliches" Engagement kann dies kompensieren helfen.[58]

---

[54] Räumlich muss dabei eher abstrakt-metaphorisch verstanden werden, so dass die Umwelt zur Person noch – wie von Backes und Clemens (2003, 99) dargestellt – in soziale, institutionelle und räumliche (im engeren Sinne) dividiert werden kann.

[55] Zum Thema „Pflege in Privathaushalten" – Hilfe- und Pflegebedarf sowie Selbstständigkeit – empfiehlt sich die Literatur zur Studie MuG III (Möglichkeit und Grenzen selbstständiger Lebensführung), siehe Schneekloth/Wahl (Hrsg.) 2006.

[56] Die Bedeutung von Familien- und Generationenbeziehungen (in der Pflege) wird etwa dadurch deutlich, dass häusliche Pflege regelmäßig als PartnerInnenpflege beginnt und später auf die jüngere Generation übertragen werden muss. Die Bereitschaft zur Pflegeübernahme (von Verwandten) ist hoch. Zu alldem Vierter Altenbericht 2002, 21.

[57] Z.B. „Zeitzeugen-Initiativen" führen dazu, dass Ältere mit jungen Menschen in Schulen in Kontakt treten (Staudinger 2003, 41). Auch das Freiwillige Soziale Jahr bzw. der Zivildienst stärkt den Kontakt zwischen Jungen und Älteren in sozialen Einrichtungen.

[58] „Parteien, Gewerkschaften und Firmen bieten vor allem auf lokaler Ebene einen organisatorischen Rahmen zur Kontaktförderung, Geselligkeit und Freiwilligenarbeit. [...] Neben gesellschaftlichen Veranstaltungen, kulturellen Angeboten und Hobbygruppen (Seniorentanz, Wandern, Sport usw.), bilden Besuchsdienste den Schwerpunkt der Arbeit. [...] Von besonderer Bedeutung sind ehrenamtlich geleistete Besuchsdienste. Das Ausscheiden aus dem Arbeitsprozess bei Berentung, der Tod des Ehepartners oder der Freunde und das Leben im Einzelhaushalt können mit einer zunehmenden sozialen Isolation verbunden sein und die Erreichbarkeit durch informelle außerfamiliale Hilfsangebote erschweren." (Vierter Altenbericht 2002, 215)

2. Probleme im Alter

„Die Einsamkeit scheint heute für immer mehr Menschen eine sie schreckende Vorstellung oder eine schwer zu ertragende Wirklichkeit geworden zu sein" (Riemann/Kleespies 2005, 145). Der Verlust nahe stehender Menschen, insbesondere durch Tod, ist ein Grund neben anderen für veränderungsbedingte Einsamkeit. Der erste Einschnitt findet jedoch regelmäßig schon mit Eintritt in den Rentnerstatus und dem Wegfallen der entsprechenden sozialen Beziehungen statt.[59] Veränderung von Zeitstrukturen und Aktivitätsmustern müssen sodann zusätzlich bewältigt werden (Heuser/ Maier 2006, 296). Somit strukturiert sich das soziale Leben und der Tagesablauf völlig neu.

Gravierende Veränderungen im Leben des Menschen stellen sich im Weiteren und spätestens mit der Unterbringung in einem Altenbzw. Pflegeheim ein.[60] Ein neuer Lebensabschnitt beginnt. Dabei muss die gewohnte Wohnumgebung gegen eine neue inklusive einem anderen sozialen Umfeld eingetauscht werden. Oftmals stellt dies zudem eine Zäsur (in) der Privatsphäre der Person dar. Ebenso ist die Verwitwung ein Einschnitt und kann zu einem großen sozialen Problem werden (Vierter Altenbericht 2002, 126 ff.).[61]

Für viele alte Menschen stellen Alltagsaufgaben wie das Einkaufen von Lebensmitteln, die Wohnungsreinigung, das Telefonieren und Regeln finanzieller Angelegenheiten, sich außer Haus zurecht zu finden oder nur mehrere Stunden alleine zu verweilen eine große bis unüberwindbare Herausforderung dar (Schäufele et al. 2006, 117). Ein Übermaß an Behinderung und vor allem (daraus resultierende) Abhängigkeit ist ein häufiges Problem (Forstmeier/ Maercker 2008, 6). Auch im Freizeitbereich avanciert dann die

---

[59] Vgl. auch Narr 1976, 27.

[60] In Bezug auf das Altenheim sind jedoch nicht nur die „wirklichen" Veränderungen relevant. Das Image und die Symbolik, die mit der Heimunterbringung verbunden ist, leitet das Denken und Handeln vieler. Es kann dabei also auch als Stigma verstanden werden, dass man nicht mehr „alleine" für sich sorgen kann oder nun wirklich „alt" ist. Ähnlich hat schon Narr (1976, 99 ff.) vor Jahrzehnten die Rolle des Altenheims herausgearbeitet.

[61] Vgl. Vierter Altenbericht 2002, 126 ff.

Selbstbestimmung des Erkrankten oftmals zur Wunschvorstellung.[62] Die „Funktionsfähigkeit"[63] von Seniorinnen und Senioren kann in erster Linie in Körperfunktion, Aktivitäten und Teilhabe untergliedert werden. Während erste oben schon behandelt wurde, sind die Aspekte Aktivität/Aktivierung und Teilhabe/Partizipation soziologisch aufschlussreicher. Erschwernisse im Kontext sozialer Partizipation können internalen (personenbezogene Faktoren) und externalen Kausalitäten (Umweltfaktoren) zugeschrieben werden und können schlimmstenfalls in sozialer Isolation münden (ebd., 7). Die Situation (aktivitätseingeschränkter) Alleinlebender führt oftmals dazu, dass zu einem Pflegedienst der häufigste soziale Kontakt besteht (ebd., 8). Ehrenamtliches bzw. „bürgerschaftliches" Engagement wird in Deutschland nicht unwesentlich von den Älteren getragen und ausgeübt. Es bietet die Möglichkeit, in jeder Hinsicht aktiv zu bleiben, seinen Interessen nachzugehen (z.B. politisch, sozial) bzw. neue zu entdecken und eine Vielzahl von Kontakten zu unterhalten.[64] Schließlich lassen sich viele Schwierigkeiten resp. Probleme unter den Bereich Interaktion (insbesondere mit neuen und fremden Akteuren) subsumieren. Moderne Kommunikationstechnologien ermöglichen es zu weit entfernten Personen Kontakt aufzunehmen, ohne dass „mühsam" eine Face-to-Face-Situation hergestellt werden muss. Die objektive Kontakthäufigkeit beein-

---

62 Weiterführend zu Freiheitaktivitäten und Selbstbestimmung im Alter: Haveman 2000, 164 ff. Dabei wird auch auf das Forschungsprojekt „Selbstbestimmtes Altern von Personen mit einer geistigen Behinderung" verwiesen. An dieser Stelle sei nochmals auf die Ergebnisse der MuG-Projekte zum Thema Selbstständigkeit und Selbstbestimmung, z.B. Schneekloth/Wahl (Hrsg.) 2006, verwiesen.

63 Die Funktionsfähigkeit wird bzw. kann nach ICF (zusätzlich zu ICD nach WHO) klassifiziert werden (Forstmeier/Maercker 2008, 7).

64 Dem Freiwilligensurvey von 2004 (n. Bremer-Roth et al. 2006, 433) zufolge sind über ein Drittel der über 14-jährigen aktiv engagiert und fast ein weiteres Drittel zu Engagement bereit. „Das politische Interesse älterer Menschen und die Bereitschaft zur Gemeinschaftsaktivität sind deutlich gestiegen." Der Anstieg bezieht sich auf einen Vergleich zum ersten Survey 1999. Das Thema freiwilliges Engagement wird auch von der Politik in den letzten Jahren verstärkt durch Forschung, Projekte, Netzwerke und Initiativen forciert. Freiwilliges Engagement wird zudem von den Kirchen und ihren sozialen Trägern (z.B. Caritas, Diakonie) organisiert.

2. Probleme im Alter

flusst jedoch nur selten das subjektive Gefühl der Einsamkeit (Reimann/Reimann 1994, 221).

„Konflikte aus Kindheit und Jugendzeit können im Alter nach einer Latenzzeit wieder aktualisiert werden" oder sich erneut zeigen (Reimann/Reimann 1983, 194). Der biographische Zyklus[65] im Sinne des Lebenslaufes manifestiert sich dementsprechend in den Problemen und Verhaltensweisen des Alltags und hohen Alters.

Vor allem die generalisierenden Altersbilder und Stereotypen, mit denen Alten begegnet wird, stellen ein Problem dar, weil sie etwa die eigene, „individuelle" Sichtweise beeinflussen können.

Die Werbepraxis demonstriert anschaulich eine ungleiche Alterung der Geschlechter, wenn Frauen (zumindest seit einigen Jahrzehnten) schon früh bemüht sein sollen ihre korporale Schönheit mit Cremes und Styling, Fitness und Ernährung zu erhalten, während der Mann sich beim Fußball schauen durchaus ein Bier genehmigen darf und fast von alleine „gut gebaut" ist.[66] Die Spannung zwischen Jungen und Alten wird jedoch dadurch aufgebrochen, dass die Alten (zunehmend) jung und frisch bleiben wollen (Gronemeyer 2004, 42).[67] Wenn über 80-Jährige zum Großteil weiblich sind, und Frauen statistisch eine höhere Lebenserwartung haben, zeigt dies nicht zuletzt quantitativ, warum Genderaspekte bedeutsam sind.[68]

---

[65] Im Sinne eines identitätsbildenden Lebenslaufes, in dem Interdependenzen zwischen den verschiedensten Ereignissen und Erfahrungen früher und späterer Lebenszeiten manifestiert sind.

[66] Wenngleich dies sehr stereotypisierend sein mag und Marketing seit einiger Zeit auch Schönheits- und Anti-Aging-Produkte an den Mann bringen will, sind die Unterschiede zwischen den Geschlechtern und dazugehörende soziokulturelle Konstruktionen und Repräsentationen weiterhin deutlich zu erkennen. So konstatiert etwa Kunow (2008, 23): „Diese Semantisierung und Semiotisierung erfolgt nicht gleichmäßig: Sie verläuft anders und pointierter für Frauen."

[67] Dieser (alte) Generationenkonflikt aus der (scheinbaren) Dichotomie von Jung und Alt wird durch diese Annäherung zumindest scheinbar und teilweise gelöst, wenngleich auf eine relativ oberflächliche Weise.

[68] Backes und Clemens (2003, 88) sprechen daher von einer „vorwiegend von Frauen geprägten Welt". So finden sich in vielen Alten-/Pflegeeinrichtungen (hochbetagte) Männer als sprichwörtlicher „Hahn im Käfig (unter vielen Hühnern)" beobachten.

Frauen pflegen zudem häufiger ihren Partner als umgekehrt,[69] mit allen Problemen die dies mit sich bringen kann. Ungleichheit ergibt sich etwa in Bezug auf die Einkommensverteilung. Frauen der bisherigen Alterskohorten waren zumeist von den Renten ihrer Männer abhängig, die aufgrund überwiegender Ein-Verdiener-Ehen und -Haushalten und höhere finanzielle Kapazitäten bzw. Reserven aufgebaut hatten.[70]

Soziostrukturelle Differenzen im Alter resultieren zudem aus klassischen Merkmalen (des Lebenslaufs) wie Herkunft, Beruf und Sozialprestige, anderseits treten neue Merkmale im Rahmen des Altersdaseins wie unterschiedliche Umweltbedingungen, Partizipation, Kontakt- und Unterstützungschancen hinzu (Backes/Clemens 2003, 84). Obgleich Ältere einerseits von der Wirtschaft wegen ihrer materiellen Ressourcen umworben werden, ist anderseits Altersarmut (auch als Fortsetzung einer Armutskarriere)[71] weiterhin ein Thema und führt durchaus zu Isolation sowie einem Leben mit staatlicher Grundsicherung. Auf makrosoziologischer Ebene beeinflussen auch die jüngste Pflegereform, Rentenreform(en) und andere politische Weichenstellungen die Situation Älterer und sorgen für gesamtgesellschaftliche Unterschiede.

Abschließend sei darauf hingewiesen, dass viele Probleme und Ursachen interagieren bzw. interdependieren, was die (soziale) Situation und die Analyse zusätzlich erschweren.

---

[69] Ein wesentlicher Grund dafür ist das lange Zeit vorherrschende Modell der Einverdienerehe. Dies bedeutete überwiegend, dass der Mann der Erwerbstätigkeit nach ging und die Frau für den Haushalt und die (Erziehung der) Kinder zuständig war, woraus sich auch die „Zuständigkeit" für die Pflege der Angehörigen ergab.

[70] Vgl. auch ebd., 88 f. Das mit der sozialen Schichtung verbundene Thema soziale Ungleichheit soll ebenso wie Genderaspekte nicht vertiefend erläutert werden, da dies den Rahmen sprengen würde, wenngleich die Bedeutung dieser soziologischen Variablen – auch und gerade bezogen auf die Gerontologie – nicht geleugnet werden kann.

[71] Zu „Armutskarrieren" siehe auch Erster Altenbericht 1993, 227.

3. Demenz

a) Demenz als Alterserscheinung

Alter und Demenz werden hier im gemeinsamen Kontext behandelt, da sie häufig in Form der Altersdemenz gemeinsam auftreten. Die Häufigkeit des Auftretens einer (Alzheimer-)Demenzerkrankung steigt schließlich mit dem Alter/n exponentiell an (Schröder 2008, 26). Demenz ist auch die wohl bedeutendste psychische Störung alter Menschen mit geistiger Behinderung (Theunissen 2000, 58).

Als „Altersproblem" nimmt Demenz inzwischen eine besondere Rolle ein, so dass an dieser Stelle einige Vorbemerkungen zu der Krankheit sinnvoll und nötig sind.

Demenz im Sinne der vorherigen Darstellung in den Terminus „Problem" mit einzubeziehen, kann wie eine Positivierung oder Verniedlichung für das wirken, was eine Demenzerkrankung mit Menschen und deren sozialem Umwelt anzurichten vermag. „Problem" ist deshalb im Sinne von Hemmnis, Barriere und Belastung zu begreifen und nicht etwa als Abschwächung von Krankheit.

b) Definition, Klassifizierung, Diagnostik und Typen

Demenz[72] ist ein Sammelbegriff. Die Alzheimerdemenz hat in Deutschland einen Anteil von etwa drei Viertel an allen demenziellen Erkrankungen; daneben gibt es vaskuläre Demenzen[73] und Mischformen zur Demenz vom Alzheimer Typ bzw. sonstige Demenzen.[74]

---

[72] Der Wortursprung von „Demenz" ist im lateinischen Wort „dementia" zu sehen, das soviel wie „ohne Geist" bedeutet (Uhlmann/Uhlmann 2007, 9) und dem englischen Wort gleich ist.

[73] In diesem Zusammenhang wird auch von Multi-Infarkt-Demenz als Unterkategorie von vaskulären Demenzen gesprochen. Oftmals steht diese Art von Demenz mit einer zerebrovaskulären Krankheit, also mit einer Gefäßproblematik und damit einhergehender reduzierten Blutzufuhr bzw. -zirkulation des Gehirns einher (Kitwood 2008, 45). Subkortikale vaskuläre Demenzen bilden neben Mischformen eine weitere Untergruppe nach ICD-10 (Forstmeier/Maercker 2008, 13).

Die Alzheimer Krankheit kann nur durch Gewebeuntersuchung des Gehirns nach dem Tod mit Sicherheit diagnostiziert werden (Förstl 2001, 9); die allgemeine Diagnostik ist selten leicht und völlig eindeutig. Maßnahmen zur Demenzdiagnostik sind: (Fremd-)Anamnese, körperliche, neurologische und psychologische Untersuchung, Laborparameter, EKG, EEG, CT und MRT (Deutsche Gesellschaft für Psychiatrie, Psychotherapie und Nervenheilkunde 2000, n. Vierter Altenbericht 2002, 288).

Nach dem Diagnoseglossar der amerikanischen Psychiatervereinigung DSM-IV gilt Demenz als komplexe neuropsychologische Störung, die eine Gedächtnisstörung einschließt und zusätzlich Beeinträchtigungen im Bereich Handlungs- und Planungskompetenz (Aktivitäten des alltäglichen Lebens) nach sich zieht (Forstmeier/Maercker 2008, 24). Neben kognitiven Defiziten sind emotionale, motivationale oder soziale Beeinträchtigungen ebenso Indizien für eine Demenz wie Bewusstseinseintrübung (wie im Delir[75]) und eine lange Dauer (mindestens 6 Monate) der Gedächtnisproblematiken (Forstmeier/Maercker 2008, 12).

Nach der ICD 10 (WHO 1993) Definition müssen für eine Demenz folgende Merkmale vorliegen: Abnahme des Gedächtnisses und anderer geistiger Fähigkeiten (z.B. Urteilsfähigkeit, Denkvermögen) für mehr als sechs Monate, kein Hinweis auf vorübergehende Verwirrtheit und Beeinträchtigung der Gefühlskontrolle, des Antriebs und Sozialverhaltens (Förstl 2001, 9 f.). Demenz ist damit zunächst einmal ein klinisch definiertes Phänomen.

Die Ursachen für die Alzheimerkrankheiten sind überwiegend noch unklar und wirksame Behandlungsmöglichkeiten fehlen, so

---

[74] Vgl. Schröder 2008, 25; Reimann/Reimann 1994, 26. Die Verteilung der unterschiedlichen Demenzerkrankungen bezieht sich dabei auf „unsere Breitengrade". Denn in Japan etwa treten vaskuläre Demenzen am häufigsten auf (Jorm 1990, n. Schröder 2008, 24). An sonstigen Demenzerkrankungen („andernorts klassifizierte(n) Erkrankungen") können nach ICD-10 Demenz bei Pick-Krankheit, Creutzfeld-Jakob-Krankheit, Huntington-Krankheit, Parkinson-Krankheit, HIV-Krankheit und weiteren genannt werden (Forstmeier/Maercker 2008, 13).

[75] Delir bzw. Delirium geht außerdem mit Kognitions- und Gedächtnisproblemen einher. Diese „Verwirrtheitszustände" können in Halluzinationen und Wahnvorstellungen übergehen, die weitere Begleitsymptome wahrscheinlich werden lassen.

Thieme (2008, 194). Insbesondere bezogen auf die Alzheimerdemenz sind jedoch vor allem neurodegenerative Prozesse ursächlich, so Kurz (2001, 21).[76] Es kann auch als „sehr langsam fortschreitender Untergang von Nervenzellen und Nervenzellenkontakten" umschrieben werden (Kurz 2007, 4). Eine genetische Disposition zur Alzheimererkrankung kann zumindest nach neueren Forschungsergebnissen vermutet werden.[77] Die genetischen und biologischen Gegebenheiten und Ursachen stehen trotz steigendem Forschungsaufwand noch keinesfalls wissenschaftlich gesichert fest.

Frühzeichen sind Vergesslichkeit, sozialer Rückzug, Interessenverlust, Schwierigkeiten bei komplexen Tätigkeiten, Depressivität, Verlegen und Suchen von Dingen, sowie Verlaufen in fremden Umgebungen (Forstmeier/Maercker 2008, 16). Demenz verursacht vor allem zwei Arten von Veränderungen bei den Betroffenen: erstens das zunehmende Versagen geistiger Kräfte (Gedächtnis, Denken, Verstehen) und zweitens Veränderungen im sozialpsychologischen Umfeld, also in den Mustern von Beziehung und Interaktion (Kitwood 2008, 41). Multimorbidität tritt sodann regelmäßig im fortgeschrittenen Stadium auf (Schäufele et al. 2006, 115). Dies alles ist relevant um die eigentlichen Ursachen hinter zutage tretenden Symptomatiken, Krankheiten und Problemen voneinander abzugrenzen und eindeutig zu bestimmen sowie eine akkurate (Be-)Handlung – auch über das rein psychisch-medizinische hinaus – durchführen zu können. Mit medikamentösen und sozialen Maßnahmen können Symptome der Krankheit zumindest hinausgezögert oder gemildert werden .

Vereinfacht beschrieben liegt eine leichte Demenz vor, wenn eine Person immer noch alleine zurechtkommt und höchstens bei anspruchsvollen Aufgaben Unterstützung nötig ist.[78] Ein mittleres Demenzstadium geht mit Hilfebedarf bei der Bewältigung der ge-

---

[76] Der neurodegenerative Prozess, der von Alois Alzheimer 1905 an der Königlichen Psychiatrischen Klinik in München entdeckt wurde, hat durchschnittlich 20 Jahre Gesamtdauer (Kurz 2001, 22).

[77] Es wird Kitwood (2008, 57) zufolge angenommen, dass es zwei Hauptkategorien gibt, bei denen eine relativ häufig ist und die Vererblichkeit der Krankheit wegen „fehlerhaften" Gens möglich und wahrscheinlich ist.

wöhnlichen Lebensführung einher.[79] Das Erfordernis dauerhafter Hilfe und Unterstützung indiziert eine schwere Demenz.[80] Reisberg et al. (1982, n. Kitwood 2008, 43) teilen die Demenzerkrankung hingegen in sieben Stadien (allgemeiner Verschlechterung) ein.[81]

c) Demenz als Spiegel der Gesellschaft

Demenz bzw. Alzheimer wird (ähnlich) wie Alter/n auch als Spiegelbild der ihr zugrunde liegenden Gesellschaft begriffen. „Jede Zeit brütet die für sie typischen Krankheiten aus", meint Gronemeyer (2004, 16), sich auf Egon Friedell[82] beziehend. Petra und Michael Uhlmann (2007, 14) schreiben dies so: „Seit jeher sind Menschen ein Spiegel ihre Zeit und Gesellschaft, in der sie leben." „Zum 21. Jahrhundert gehören Aids und Alzheimer, die Immunschwäche und die Hirnschwäche.[...] Eine der Erinnerung feindliche Gesellschaft spuckt massenhaft Individuen aus, die sich nicht erinnern können." (Gronemeyer 2004, 17) Die Informationsgesellschaft verdränge alles Alte in die Erinnerungslosigkeit enormer Datenfluten (ebd., 17 ff.). Wenn „Information, Verstand, Gesundheit, Jugend und äußere Makellosigkeit über allem stehen", steigt ganz natürlich die Angst vor (dem Thema) Demenz, während Randgruppen, Krankheit und Alter ausgeblendet werden (Uhlmann/ Uhlmann 2007, 14).[83] Diese „provokanten" Thesen müssen zumindest als Be-

---

[78] Theunissen (2000, 66) zufolge kann auch vom „Stadium der Vergeßlichkeit" gesprochen werden.

[79] Auch als „Stadium der Verwirrtheit" bezeichnet von Theunissen (ebd.). Im Sinne Erwin Böhms wird die Forderung „Verwirrt nicht die Verwirrten" (Titel seines Buches) im mittleren Demenzstadium besonders relevant; denn hier hinterlässt die Krankheit schon deutliche Spuren. Der „Verstand" ist jedoch großteils noch aktiv – die Wahrnehmung der eigenen Situation damit möglich.

[80] Zu den Demenzstadien bzw. -stufen vgl. insgesamt Kitwood 2008, 43; Kurz 2007, 9 f.

[81] Ebenso gibt es die „Differenzierte Schweregradeinteilung (SG) bei der Alzheimerkrankheit" mit 7 Stufen bzw. Schweregraden, vgl. Deutsche Gesellschaft für Psychiatrie, Psychotherapie und Nervenheilkunde 2000, n. Vierter Altenbericht 2002, 289.

[82] Friedells Werk „Kulturgeschichte der Neuzeit" (2008, erstmals 1927) ist bestimmt durch die Metapher von Krankheit und Psychose: die „Krisis der europäischen Seele".

[83] Deshalb stellen Petra und Michael Uhlmann zusammenfassend in und mit ihrem biographischen Bildband die Frage: „Was bleibt?"

leg dafür verstanden werden, dass Demenz und die (post-)moderne Gesellschaft miteinander verwoben sind und ein „Miteinander" erlernt werden muss. Es kann nachdenklich stimmen, warum in einer Gesellschaft und Zeit, in der Wissen und Informationen mehr als je zuvor Macht bedeuten, der „pathologische Antagonismus" in Form der (Alzheimer-)Demenz ebenfalls an Bedeutung gewinnt.

d) Interdisziplinärer Ausblick

Es muss Expertenmeinungen zufolge damit gerechnet werden, dass die Anzahl demenzkranker Menschen in Deutschland bis 2030 von 1,4 Millionen[84] um 50% auf 2,1 Millionen ansteigt (Schröder 2008, 26). Bei solch alarmierenden Prognosen sollten Ursachen und Lösungsstrategien nicht nur von Seiten der Naturwissenschaften erarbeitet werden: „Das Demenz-Problem ist nur interdisziplinär zu lösen […]." (ebd., 36) Und: „Demenz wird vielleicht *das* sozialpolitische Thema der nächsten zehn, fünfzehn Jahre." (Gronemeyer, zit. n. Siegert/Wolf 2008, 35) Demenz muss jedoch nicht nur als Bedrohung verstanden werden, sondern kann Chance (für sozialen und individuellen Wandel) zum Aufbruch in eine „neue Kultur des Helfens" sein, meint Gronemeyer (ebd.). In Zeiten des Neoliberalismus und der Individualisierung werden dazu noch viele Schritte notwendig sein.

---

[84] In der Literatur lassen sich durchaus abweichende Zahlen zum momentanen Stand demenziell Erkrankter finden. Kurz (2007, 4) schreibt von 1 Millionen Alzheimer-Demenz-Patienten; Schmidtke (2006, 15) nennt die gleiche Prävalenz jedoch bezogen auf alle Demenzerkrankungen. Die Erkranktenzahl dürfte also zwischen 1 und 1,4 Millionen liegen. Eine Steigerung der Anzahl Erkrankter in den nächsten Jahren und Jahrzehnten gilt als ziemlich gewiss, egal wie hoch diese genau ausfallen wird. Die grundsätzlichen Probleme werden sich auch keinesfalls mit ein- oder zwei-hunderttausend Betroffenen mehr oder weniger verändern.

4. Probleme bei Demenz

Im Folgenden sollen die Symptomatik der Demenzerkrankungen bzw. sämtliche Problemkategorien erläutert und dabei auf Gemeinsamkeiten und Divergenzen zu den Problemen im Alter (Kapitel III 2) hingewiesen werden.

Demenz führt wie andere Grunderkrankungen (z.B. Schlaganfall) zu „Alltagsfolgen", die wiederum oftmals Hilfe- und Pflegebedürftigkeit hervorrufen, wofür es aber noch weitere Gründe („Ursachenbündel") gibt; zwei Ursachenbündel erhöhen das Risiko: die Beeinträchtigung der Motorik und der allgemeinen Beweglichkeit sowie kognitive Einschränkungen (Wahl/Schneekloth 2006, 41 f.).

Die Betonung der Probleme und Symptome soll jedoch nicht die Augen vor atypischen, positiven Fällen und Verläufen verschließen. Die verbleibende Lebenszeit wird vielleicht gerade in früheren Stadien der Demenzerkrankung intensiver er- und gelebt. Die Zukunft kann weitestgehend geplant, und soziale Beziehungen können gestärkt werden. Es kann also ebenfalls eine Chance (für positive Veränderungen) für Akteure, Strukturen und Gesellschaft sein.

a) Körperliche Probleme

Wenngleich psychische Probleme die Hauptfolgeerscheinung der Demenzerkrankung sind, treten insbesondere im späteren Stadium zusätzlich körperliche Einschränkungen ein.[85]

Der allgemeine (neurodegenerative) Abbauprozess im Rahmen der Demenzerkrankung hat, ähnlich der Pathologien des Alter(n)s, Sinnesbeeinträchtigungen und Erkrankungen des kardio- und zerebrovaskulären Systems zur Folge.[86] Im Frühstadium ist am ehesten der Geruchssinn beeinträchtigt (Peters et al. 2003; Hawkes 2003; n. Schmidtke 2006, 115). Als „Altersschwächen" können weiterhin Immobilität und Instabilität bezeichnet werden, da die Bewegungseinschränkung zumindest teilweise eine Konsequenz des natürlichen Abbauprozesses des Körpers (im Alter) ist. Die „Unfähigkeit

---

85 Bis in das mittlere Krankheitsstadium bleiben, zumindest bei der Alzheimerdemenz, in der Regel physische Probleme aus (Schmidtke 2006, 115).
86 Vgl. weiterhin auch Forstmeier/Maercker 2008, 3.

zur Wahrnehmung und Interpretation der Signale des autonomen Nervensystems (volle Blase/Mastdarm, Hunger, Durst, Schmerzen usw.) sowie Beeinträchtigung der Sehfähigkeit und des Riechvermögens" (Vierter Altenbericht 2002, 172) können ebenfalls unter die körperlich-neurologischen Auswirkungen in Folge des Befalls „motorischer und sensorischer Rindenareale" subsumiert werden (Schmidtke 2006, 116).

Es können zudem „körperliche Zustände" konstatiert werden, die eine primäre Demenz und deren Symptome verstärken können: z.b. toxische Verwirrtheitszustände als Folge von chronischen Defekten mit dem Extrembeispiel Delirium (Kitwood 2008, 58 f.). Jede Beeinträchtigung der Sinne (auch z.B. Taubheit) führt wahrscheinlich zur Verstärkung der Demenz, ebenso physische Schmerzen oder Medikamentenüberdosierungen (ebd., 60). Aufgrund der primären körperlichen und psychischen Probleme der Demenz, sowie deren Konsequenzen wie Antriebslosigkeit, allgemeine Schwäche, Abmagerung und Bettlägerigkeit,[87] werden Immunschwäche und andere Pathologien begünstigt. Harnwegsinfekt, Lungenembolie und ähnliches sind sodann typische Todesursachen (Schmidtke 2006, 116).

b) Psychische, kognitive, emotionale und motivationale Probleme

„Demenz bedeutet die anwachsende Inkontinenz des Geistes und der Seele", schreibt Müller-Hergl (2008, 249). Dies ist eine durchaus angemessene Beschreibung respektive Metapher für das Schwinden von Fähigkeiten und Funktionen, sowie dafür, dass man nicht mehr seiner selbst mächtig ist. Insgesamt treten viele der oben erläuterten psychischen und kognitiven Probleme und Beeinträchtigungen des Alter(n)s im Kontext einer Demenzerkrankung gehäuft, kombiniert und extremer auf. Sich nicht mehr erinnern zu können, einhergehend mit zunehmender Orientierungslosigkeit, kann als Kern der Demenzproblematik gesehen werden.

Demenz bedeutet neben kognitiven Verschlechterungen auch tiefgreifende Veränderungen des Gefühlslebens und Verhaltens

---

[87] Vgl. zu diesen Symptomen (im Endstadium) auch Schmidtke 2006, 116.

(Schäufele et al. 2006, 111). Die in der Kindheit erworbenen inneren und äußeren Strukturen der Psyche, die (erwachsene) Kommunikation und Interaktion ermöglichen, sind zunehmend weniger verfügbar (Müller-Hergl 2008, 248). Vergesslichkeit (Gedächtnisstörungen), Seh- und Hörschwäche, Sprachstörungen, Erkennungsstörungen, gesteigerte Unruhe, Desorientierung sowie Wahnvorstellungen sind für Demenz ebenso symptomatisch, wodurch auch Kommunikation und Interaktion erschwert wird (Freter 2008, 11 f.). Größere Schwankungen der kognitiven Leistungsfähigkeit demenziell Erkrankter (als bei Gesunden) im Tagesverlauf scheinen empirisch nicht nachweisbar zu sein.[88] Ratlosigkeit kann Grund für Angst und Anhänglichkeit sein, Aggressivität und Wut aus Überforderung und Frustration resultieren, während Depression und sozialer Rückzug Folgen von Aktivitätsmangel sein können (Kurz 2007, 23; Forstmeier/Maercker 2008, 16). Die Beziehung zwischen Depression und Demenz ist jedoch genau genommen viel komplexer.[89] Merkwürdiges Verhalten und plötzliche Veränderungen sollten vertiefend sozialpsychologisch analysiert werden (Kitwood 2008, 56).[90]

Apathie und Angst stellen sich häufig als Nebenerscheinungen ein (Schäufele et al. 2006, 112). Anderseits ziehen Demenzen oftmals somatische Krankheiten nach sich, insbesondere die Kontrolle über körperliche Abläufe wie beispielsweise Durst- und Schmerzwahrnehmung (Thieme 2008, 194). „Menschen mit Demenz im fortgeschrittenen Zustand können ihren Schmerz nicht mehr adäquat äußern." (Kostrzewa 2008, 26) Neben dem Schmerz können Betroffene oftmals auch andere Beschwerden und Bedürfnisse nicht

---

[88] Darauf deutet zumindest eine Studie mit 94 gerontopsychiatrischen Patienten mit Demenz im Alter von 54 bis 96 Jahren hin. Ausgehend von Erkenntnissen der chronobiologischen Forschung zu Leistungsschwankungen im Tagesverlauf (Gesunder), sollten Besonderheiten bei demenzieller Erkrankungen herausgefunden werden. Ein „leichter Trend" zu besseren Leistungen am Vormittag zeigte sich; statistisch signifikante Unterschiede ergaben sich aber nicht (Gürtler et al. 2003, 67 ff.).

[89] Kitwood (2008, 52 ff.) verweist hier auf den aktuellen Forschungsstand.

[90] Kitwood meint damit wohl, dass eine (rein) medizinisch-neuropsychologische Korrelation von Verhaltensänderungen und Demenz unzureichend ist und fehl leiten kann.

mehr mitteilen (Wißmann 2008, 40). Im Ergebnis führt all dies zu einer „zweiten Phase schlechthinniger und schicksalhafter Abhängigkeit im Lebenskreislauf" (Müller-Hergl 2008, 248).

Soweit physisch und psychisch noch möglich, dürfte gerade im fortgeschritteneren Krankheitsstadium der allgemeine Zustand, die Verwirrung und Desorientierung zu ambivalenten Gefühlen führen. Böhm nennt als Probleme, die aus biologischen Veränderungen resultierend im Alter und bei Demenzpatienten in der Pflege auftreten exemplarisch: Stimmungslabilität (unangemessene emotionale Reaktionen), fehlendes Motiv (kein Antrieb) und Gleichgültigkeit (2004a, 121). Die Motivation kann aufgrund der Interaktionseinschränkungen noch stärker sinken, als zuvor bei den Problemen der „normalen" Alten erläutert. Hoffnungslosigkeit – bis hin zu schweren Depressionen – kann zum großen Problem werden. Im Endstadium der Krankheit wird es schwer fallen, noch Motivation und (verständliche) emotionale Reaktionen festzustellen oder dem bzw. der Kranken zuzuschreiben.

c) Soziale Probleme und Auswirkungen

Veränderungen in bzw. von Beziehungen und Interaktionen im sozialpsychologischen Umfeld des Demenzkranken sind nichts Ungewöhnliches (Kitwood 2008, 41). Wichtig ist es, in Interaktion mit demenziell erkrankten Menschen mit „problematischen Verhaltensweisen" zurechtzukommen, die genauer betrachtet „verständliche Reaktionen" sind, meint Kurz (2007, 23), dem nur zugestimmt werden kann. Insgesamt kann bei erkrankten Akteuren von Veränderungen bzw. einem Mangel im Bereich sozialer Kompetenz ausgegangen werden (Schröder 2008, 25). Analog zu den Problemen im Alter stellt Demenz einen erheblich Wandel bzw. Einschnitt im (sozialen) Leben des Akteurs dar. Interaktionen und Kommunikation muss von Ego und Alter entsprechend angepasst werden, wobei Ego (der/dem Kranken) in späterer Krankheitsphase dies nicht mehr möglich ist.[91] Es liegt also regelmäßig in den Händen des so-

---

[91] Lärm und Schillhuber (2008, 59) sprechen von „Regeln für die Kommunikation", die immer wieder an die Situation der/des Kranken angepasst werden müssen.; ab dem

zialen Umfeldes, Situationen und Interaktionen zu ermöglichen, die das Leben möglichst angenehm werden lassen.

Mit eingeschränkter Funktionsfähigkeit in jedem Bereich sind der Alltag und Aufgaben wie Einkaufen, Reinigen, Kochen nur noch schwer alleine zu bewältigen. Hilfe und Pflege werden zum Alltag und möglicherweise zu Problemen differenter Couleur für Angehörige, Freunde und Professionelle. Alte (soziale) Konflikte können wieder aufbrechen und neue hinzutreten. Mit der Hilfe- und Pflegebedürftigkeit geht häufig die Unterbringung in eine Pflege- oder ähnliche (unterstützende) Einrichtung einher. Dies stellt wiederum einen Wandel in verschiedener sozialer (interaktionistischer wie systemisch-struktureller) Hinsicht dar. Familienangehörige und Freunde sind dann der letzte „ausgesuchte" (selbst bestimmte, natürliche) Bezug zur Lebensgeschichte – der Rest des neuen sozialen Umfeldes ist „Zwangsgemeinschaft" (Lärm/Schillhuber 2008, 61).

---

mittlerem Krankheitsstadium wird die emotionale Ebene und die nonverbale Kontaktaufnahme mit Basaler Stimulation wichtiger.

IV. Identität und Biographie im sozialen Kontext

Im folgenden Abschnitt soll das durchaus komplexe Unterfangen unternommen werden, die theoretischen Aspekte und Ansätze, welche letztlich in den Bereich der Biographiearbeit leiten sollen, in ihre einzelnen Bestandteile aufzuspalten. Von den bisher behandelten Themen „soziales Handeln und Interaktion" und den Überlegungen zur „Kommunikation" wird nun über die Grundlagen zur Entstehung eines „Individualismus", zum Komplex „soziale Rollen" und „Identität" übergegangen, um schließlich im Feld der „Biographie" zu münden. Das Auseinanderdividieren kann jedoch nicht verhindern, dass sich Überschneidungen aus der Natur der Sache ergeben, die jedoch wiederum die wechselbezügliche Verzahnung offenbaren. Der wissenschaftlichen Diskurs zu Identität hat an Breite und Tiefe dazu gewonnen. Im „Spannungsfeld" von Individuum und Gesellschaft gilt es ein integratives Konzept aus Subjekt, Selbst, Rolle und Identität(en) zu finden, welches auf Grundlage der Individualisierungsprozesse der Moderne (u.a. funktionale Differenzierung) zu erklären vermag, warum Menschen einzigartig (Individuen) und ebenfalls ähnlich bzw. gleich (Kollektiv, Gesellschaft) sind.[1]

1. Von Individualisierung zu Individualität

Die Historie der Soziologie ist eine des Diskurses, des Verhältnisses von Gesellschaft und Akteur bzw. Individuum. Je nach soziologischem Klassiker wurde mal der eine, mal der andere Aspekt für bedeutender gehalten. Fast immer sind jedoch die Differenzen zwischen einzigartigen Akteuren (Individuen) gemeinsames Minimum der Vorstellung einer (modernen) pluralistischen Gesellschaft gewesen. „Die Geschichte des Individuums in der Moderne ist die Geschichte einer doppelten Freiheit.[...] Es war eine zweifache In-

---

[1] Eine künstlichen Aufteilung in Akteure und Gesellschaft (als „Spannungsfeld") hat nicht zuletzt Norbert Elias mit seiner Figurationstheorie zu lösen versucht, die vielfältige Interdependenzen aufzeigen und ein Mehr gegenüber den Einzelteilen sein sollte.

dividualisierung, die das Individuum durchmachte und durchmacht." (Abels 2006, 241 f.) Zum einen soll es Einzigartigkeit leben – zum anderen sieht es sich mit sich auflösenden sozialen Bindungen und Orientierungsmustern konfrontiert.

Dieses Denken des Individualismus, welches das Individuum im Mittelpunkt sieht, entstand ursprünglich in der Renaissance mit dem Humanismus.[2] Die Humanisten[3] beschäftigten sich mit der klassischen griechischen und römischen Kultur und infolgedessen mit dem Menschenbild, geprägt von geistiger Bildung, individueller Lebensführung und politischem Handeln (Abels 2006, 82). Für Kant waren Freiheit, Autonomie und Natur zentrale Aspekte seiner Denkansätze, wobei im Menschen selbst, also seiner inneren Natur, die reine Vernunft zu suchen und zu finden sei. Dem entgegen stellte sich etwa für Rousseau auch die Frage, ob das Individuum (durch Andere oder Gesellschaft) seiner Natur entfremdet werden kann.

Das „idealtypische Menschenbild" prägt bis heute humanistisches Denken in Strömungen der Psychologie, Soziologie, Sozialen Arbeit und Philosophie.[4] Zum Menschen gehören das „Menschliche", in Form von Würde, Persönlichkeit, Freiheit (z.B. Gewalt- und Gewissensfreiheit) und Toleranz.[5]

„Individualisierung" als die Gesellschaft und ihre Akteure beschreibende Kategorie wurde vornehmlich durch Simmel (1900: Die Philosophie des Geldes), Elias (1929: Über den Prozeß der Zivilsation) und Durkheim (1893: Über die Teilung der sozialen Arbeit) im Kontext der Industrialisierung und damit einhergehender Differenzierungsprozesse in die soziologische Diskussion eingebracht. Spätere Arbeiten etwa von Beck (1983: Risikogesellschaft),

---

2 Hiermit ist die Epoche 14. bis 16. Jahrhundert bezeichnet (Abels 2006, 81 f.).

3 Als große Denker dieser Zeit und Strömung können exemplarisch Erasmus von Rotterdam und Leonardo da Vinci genannt werden, denen Neuhumanisten wie Herder und Schiller folgten, und die allesamt auf die antike Philosophie – stellvertretend die Werke von Plato und Cicero – Bezug nehmen.

4 Zu den Humanisten der (Post-)Moderne zählen etwa Fromm, Maslow, Rogers, Sartre.

5 Die idealtypischste Meinung vertrat dazu wohl Pico della Mirandola, wenn er den Menschen als „Schöpfer seiner selbst" sieht; weiterführend Abels 2006, 83.

1. Von Individualisierung zu Individualität

Elias (2001: Die Gesellschaft der Individuen) und Schroer (2001: Das Individuum der Gesellschaft) verweisen zum Teil bereits im Titel auf das omnipräsente (Spannungs-)Verhältnis von Individuen und Gesellschaft, das hierbei durch Individualisierungsthesen und theoretischer Verortung von Identität Ausdruck findet.

Für Hillmann (1994, 359), der mit dieser Ansicht bei weitem nicht alleine dasteht, ist Individualismus für die moderne Gesellschaft zur „prägenden Kraft ersten Ranges geworden".[6] Der Modernisierung wurde zum Beispiel von Marx, Durkheim und Weber ein „Zwangscharakter" zugeschrieben, nämlich, dass „Differenzierung, Marktgesetz und Ideologie individuelle Subjektivität im modernen Sinne überhaupt erst ermöglichen." (Zima 2000, 295) Nach der frühen Meinung Simmels droht das Individuum jedoch auch zunehmend in der Masse unterzugehen (Simmel 1900; Abels 2006, 249). Die individualisierende Differenzierung[7] bedrohe auch Subjektivität in fortgeschrittenen Stadien und führe nicht (nur) zu Emanzipation (Zima 2000, 296).[8] Rudolf zur Lippe fasst die Dialektik der modernen Subjektivität mit „Autonomie als Selbstzerstörung" zusammen.[9] Individualität kann nach Habermas als natürliche Identität plus Kommunikation verstanden werden; dadurch wird der

---

[6] Hierfür seien interdependente Phänomene wie steigendes Bildungsniveau, individuelle Autonomieansprüche, Abschwächung überkommener sozialer Lebensformen und Strukturen, Pluralisierungstendenzen etwa hinsichtlich Weltanschauungen und Wertvorstellungen, sowie erhöhte Mobilität ursächlich.

[7] Durkheim spricht in diesem Kontext von der Ab- bzw. Herauslösung aus „mechanischer Solidarität" archaischer/ feudaler Gesellschaften; vgl. Zima 2000, 296. Spezialisierung führe ebenso zu Vereinzelung und Atomisierung, wie Simmel schon früh in der Studie „Über sociale Differenzierung" (1890) prognostiziert; vgl. ebd., 299. Sozialkritisch fasst Zima dies so zusammen: „Mehr als je zuvor erscheint das individuelle Subjekt an der Schwelle zum 2. Jahrhundert als ein Spielball von multinationaler Konzernwirtschaft und Partei- oder Gewerkschaftsbürokratie." (2000, 309)

[8] Es geht dabei um die Ambivalenz der „Prinzipien" Differenzierung, Marktgesetz und Ideologie, die in der Moderne einerseits für den „Niedergang individueller Subjektivität" verantwortlich sein sollen, andererseits diese aber auch erst ermöglichen (Zima 2000, 295).

[9] Siehe weiterführend Zima 2000, 296 ff. Die Dialektik von Emanzipation und Unterwerfung/ Zerfall kann als Niedergang der kollektiven und individuellen Subjektivität aufgefasst werden – wie etwa Bourdieu, Anders und Baudrillard zusammengefasst werden können (ebd., 321).

kommunikativ auszuhandelnde und vermittelte *soziale* Aspekt des Individuellen deutlich.[10]

2. Selbst und soziale Rollen

Als soziale Wesen, die durch Sozialisation in eine Kultur eingebettet sind, sind wir Erwartungen Anderer unterworfen, so dass wir soziale Rollen einnehmen (Abels 2006, 248). Eine „Rolle" ist bezogen auf „gewisse Verhaltensweisen, die man von dem Träger dieser Position erwartet" (Dahrendorf 2006, 37). Im Anschluss an die Rollentheorie von Dahrendorf muss es sich nicht nur um *eine* Rolle pro Akteur handeln. Vielmehr ist jede soziale Position mit einer Rolle verbunden (Schimank 2000, 47).

Goffman entwickelt in und mit seinem Werk[11] die These, dass Menschen (bzw. Personen als physische Träger) ein Selbst besitzen. Dieses Selbst kann als die wahre Persönlichkeit respektive der Kern des Wesens gedeutet werden. Goffman verknüpft soziale Rollen und Identität, indem er das Präsentieren des Selbstes und damit einer von vielen Rollen als Identität (im weiteren Sinne) begreift, während die wahre Identität ein inneres Geheimnis bleibe. Das Selbst tritt jedoch in sozialen Interaktionen und der sozialen Welt gewöhnlich nur durch Inszenierungen, also in Form von dargestellten Rollen in Erscheinung. „In unserer Gesellschaft werden die Rolle, die man spielt, und das Selbst, das man ist, in einer gewissen Weise gleichgesetzt, und diese Selbst-als-Rolle wird meist als etwas gesehen, das im Körper seines Besitzers zu Hause ist [...]." (Goffman 2007, 230) In Wirklichkeit entfremde diese Vorstellung die Menschen jedoch von sich selbst, meint Goffman. Das im sozialen Kontext dem inszenierten Selbst (Rolle) von Anderen zugeschriebene Selbst „entspringt [...] der Gesamtszene seiner Handlungen und wird von den Merkmalen lokaler Ereignisse erzeugt, die sie für Beobachter interpretierbar machen." (ebd., 231) Identität

---

10 Hierzu mehr im nachfolgenden Themenbereich zur (sozialen) Identität.
11 „Wir alle spielen Theater" (5. Aufl.: 2007) – deutscher Titel (zuerst 1969), englische Ausgabe („The presentation of self in everyday life") zuerst 1959.

von Individuen, sofern von außen zugeschrieben, kann somit als soziales Konstrukt gelten.

Der Begriff Individuum muss demnach in „Individuum als Rolle" und „Individuum als Darsteller der Rolle" aufgespalten werden (ebd., 232). Das Selbst bleibt teilweise verborgen, während die Rolle als Selbst verstanden und akzeptiert wird, zumindest solange sie ausreichend konstant und gut gespielt wird. „Der Einzelne neigt dazu, die anderen Anwesenden auf Grund des Eindrucks ihrer Vergangenheit und Zukunft zu behandeln." (ebd., 228) Nichts desto weniger wird in sozialen Interaktionen ständig versucht, „die tatsächliche Situation" zu entdecken (ebd., 227), wofür jedoch kurz gesagt Allwissenheit nötig wäre.

Der sozial vermittelte Selbstbezug ist ein qualitativ gedachtes Phänomen, vermittelt über soziale Werte, Rollen etc., die wiederum an Symbole gebunden sind; der objektiv reflektierte Selbstbezug ist durch die symbolische Vermittlung damit prinzipiell der subjektiven Reflexion zugänglich (Jörissen 2000, 55).

Sich auf Helga Bilden beziehend meint Abels (ebd.), dass durch alle sozialen Rollen ein Muster zu erkennen sein muss, „das Sinn macht und möglichst nicht im Widerspruch zu unserem aktuellen Bild von uns selbst steht." Es ist nicht die „Kohärenz sozialer AkteurInnen mit sich selbst oder mit kollektiven Zusammenhängen", sondern die „Herstellung einer kohärenten Darstellung", die Teilnahme am sozialem Leben ermöglicht (Jungwirth 2007, 312).

Offenkundig werdende Brüche in der Selbstdarstellung irritieren andere Akteure mindestens oder sie verursachen sogar einen Vertrauensverlust, typischerweise: „Er/Sie spielt mir nur etwas vor..."

3. Identität des Subjektes

Identität ist ein vielschichtiges (theoretisches) Konstrukt. Wichtige Einsichten zum Themenkomplex Identität stammen von George Herbert Mead. Identität als Zustand, aber auch überdauerndes Merkmal, des Subjektes soll sodann in das Themenfeld Biographie überleiten.

a) Das Subjekt

Im Subjekt bzw. der Person vereinen sich Individualität und Gesellschaft oder besser gesagt: Individualität ist die Brücke vom Individuum zur Gesellschaft (Sozialem).[12] Soziale Rollen(-bildungen) verdeutlichen diese Synthese, und zugleich den Konflikt zwischen dem Subjekt und den Anderen.

Im philosophischen, erkenntnistheoretischen Sinne ist das Subjekt „Träger des Bewusstseins, seiner Inhalte und Funktionen" (Klima 2007c, 642). Das agierende Individuum (Subjekt) tritt den Objekten seiner Umwelt gegenüber, woraus eine wechselseitige Beeinflussung (Prägung, Einwirkung) entsteht (ebd.). Zima (2000, 20 f.) versteht Individualität als soziale Physis (Potenzialität) und Subjektivität als soziale Psyche (Verwirklichung dieser Potenzialität).[13]

Zima (2000, 24 f.) bezieht sich für eine definitorische Annäherung an Identität und Subjektivität auf Keupp, Stuart Hall und Ricœur: Subjektivität könne als Synthese von Individualität und Identität aufgefasst werden. Menschen werden durch die Subjekt-Semantik zunächst von den Objekten der Umwelt unterschieden und erhalten dadurch ihr (soziales) Handlungspotential. Identitätskonstruktion sei Arbeit der Subjekte an ihrer Identität. Oftmals entstehe ein Identitätspatchwork. Erst wer „eine psychische, soziale und sprachliche Identität erworben hat, [wird, D.H.M.] als fühlendes, sprechendes und handelndes *Subjekt* erkannt" (Zima 2000, 25). Das individuelle Subjekt ist Diskurssubjekt in sozio-linguistischen Situationen (Zima 2000, 70). Erst im interaktiven Verhaltensprozess bzw. sozialen Akt konstituiert sich das Subjekt – entgegen dem traditionellen Subjekt-Objekt-Modell (Wagner 1993, 46).[14]

---

[12] Vgl. etwa Friedrich 2008, 64 ff., weiterhin Mead und andere Theoretiker, die den Einfluss des Sozialen (und der Interaktionen) auf Identitätsbildung und -entwicklung hervorheben.

[13] Weiterführend ist nach diesem Verständnis Zimas die Relation von Potenzialität und Aktualität interessant, die etwa Husserl in anderem Kontext beschreibt.

[14] Wagner bezieht sich hierbei insbesondere auf Mead und dessen Theorie zu (Self) Selbst, I (Ich) und Me (Mich).

3. Identität des Subjektes

b) Identitätsentwicklung zwischen Wandel und Kontinuität

Der Ursprung des Wortes „Identität" ist im lateinischen Wort „idem" zu sehen, was übersetzt „derselbe" oder „dasselbe" bedeutet (Abels 2006, 244).

Die Soziologie ist jedoch skeptisch, ob es eine derartige gleiche und konstante Identität überhaupt gibt respektive geben kann.[15] „In Hinsicht auf die Entwicklung des Individuums heißt Identität, die Vergangenheit mit der Gegenwart in einer sinnvollen Ordnung zu halten und die Zukunft planvoll anzugehen." (ebd., 247) Wenn davon auszugehen ist, dass sich Akteure im Lebenslauf ständig (weiter-)entwickeln, kann auch Identität kein starres Konstrukt sein. In Anlehnung an Kohlberg und Piaget (Stufentheorie der Moralentwicklung) konzipiert Habermas drei Stufen der Identitätsentwicklung: natürliche Identität (Säugling), Rollenidentität (Kind, Jugendliche/r) sowie Ich-Identität (Erwachsene/r) (Habermas 1976, 68; Hurrelmann 2002, 111 f.).[16] „Soziale Anerkennung, Zugehörigkeit und Bindungsmöglichkeiten sind für die Identitätsentwicklung und Identitätsarbeit ebenfalls bedeutsam." (Jeltsch-Schudel 2008, 230) Desgleichen beschreibt Erikson Identität als einen lebenslangen (Entwicklungs-)Prozess (Abels 2006, 250). Wenngleich eine Variabilität von (sozialer) Identität plausibel ist, stellt dies den „natürlichen Konstanzanspruch"[17] in Frage.

Tritt man in sozialer Interaktion einem Akteur gegenüber, wird – wie schon angedeutet – eine (gewisse) Kontinuität in seiner Persönlichkeit und seinem Handeln unterstellt, wenngleich (divergierende) soziale Rollen diese Konstanz „aufzuweichen" vermögen, was den Akteuren regelmäßig jedoch bewusst ist.[18] Seit Kant wurde Identi-

---

[15] Vgl. ebenso Abels 2006, 242.

[16] Hierbei kann auch auf die beiden Stufen der Interaktionsentwicklung bei Mead hingewiesen werden: Rollenspielen des Kindes (play) und Wettkämpfe von Jugendlichen (game) (Habermas 1981, 53). Weiterführend ebd., 54 ff.

[17] Mit „natürlichem Konstanzanspruch" soll der Umstand gemeint sein, dass insbesondere in der alltagsweltlichen Anschauung der Identität eine konstantes Moment zugeschrieben wird und damit auch dem Subjekt als Identitätsträger.

[18] Wenn in der empirischen Wirklichkeit z.B. die Trennung von Beruflichem und Privatem propagiert wird, so ist dies ein Indiz.

tät als „Einheit der Person" und damit als Prozess über Lebensphasen hinweg, der immer wieder die Integration in eine „Ich-Synthese" versucht (Friedrich 2008, 59). Es ist ein Ausgleich von Variabilität/Wandel und Kontinuität/Konstanz zu finden, der Identität empirisch adäquat erklären kann und zugleich möglichst wenig in Widerspruch zur Alltagsvorstellung und -semantik steht. Keupp, Ahbe und Gmür (1999) halten im Rahmen der Arbeit an der Identität (Identitätsarbeit) Kohärenz[19] für wichtig. Identität kann demgemäß als Zustand bzw. „Momentaufnahme" begriffen werden, wenngleich sie über Lebensphasen hinweg in der Biographie veränderbar und einem geänderten sozialen Rahmen anpassbar ist. Hahn (1974, 116) spricht in diesem Kontext von diachroner Identität als Zusammenfügen unterschiedlicher Lebensphasen zu einer sinnstiftenden (biographischen) Einheit.

c) Subjekt und Identität im kommunikativen Diskurs

Mit Beginn der Kommunikation(-sfähigkeit) werden Subjekte („wirkliche") gesellschaftliche Elemente; also ist Kommunikation (und damit soziale Interaktion) treibende Kraft der Identitätsentwicklung.[20] Das Selbst hat eine kognitive und emotionale Seite, die untrennbar sind (Lohauß 1995, 28). Nur die Ich-Identität „besitzt Geist" (Bewusstsein), ist also zu kognitiven Leistungen fähig (Mead 1980a, 311). Ebenso fokussieren Meads Überlegungen zu Identität die Kommunikation (aus der sie hervorgeht) (Abels 2006, 250). Dies alles erscheint sinnvoll, da Kommunikation als Hauptvermittler des Sozialen angesehen werden kann. Sozialisation geschieht jedoch ebenfalls durch sonstiges soziales Handeln und durch bloßes Beobachten sozialer Interaktion bzw. der empirischen

---

19 Kohärenz meint dabei die Produktion eines inneren Zusammenhangs, um sich als Ganzheit (Einheit) erfahren zu können. Narration (Erzählen von sich selbst) und Reflexion der Biographie ist ein Mittel zur Herstellung von Kohärenz (Keupp/Ahbe/Gmür 1999, insb. 56 ff.).

20 Kommunikation ist damit auch der Träger von bzw. Mittler zwischen Individuum (Individualität) und Gesellschaft (Sozialität) mit dem Ergebnis „Identität". Der Beginn der Sprachentwicklung bzw. Kommunikationsfähigkeit wird nach Überschreiten des Kleinkind-/Babystadiums verortet. Siehe dazu auch Berk 2005, 222 ff.

3. Identität des Subjektes

Wirklichkeit. Die „Identität als sprechendes und handelndes Subjekt kommt im Diskurs als *narrativem Programm* zustande." (Zima 2000, 15) In sozialen Situationen positioniert sich das Subjekt, indem es sich kommunikativ für oder gegen „bestimmte semantische Relevanzkriterien" entscheidet (Zima 2000, 15). Hiernach sind auch für Zima die diskursiven, sprachlich-kommunikativen Aspekte von Identität und Subjektivität von besonderer Bedeutung.

d) Sozialer Einfluss: alte, neue Identität zwischen „I" und „Me"

Die Selbst- bzw. Identitätstheorie geht auf William James[21] und sein Werk „Principles of Psychology" (1890) zurück, wodurch „die Unterscheidung zwischen dem empirischen Selbst oder ‚Me' als dem Objekt, das erkannt wird und dem ‚reinen Ich' oder ‚I' als dem Subjekt, das erkennt," eingeführt wurde (Lohauß 1995, 27).[22] Freud, Mead und Erikson vertreten, dass die Synthese bzw. Zusammenfassung eine der wesentlichen Fähigkeiten des Ichs ist (Lohauß 1995, 30). Identität kann auch als „Aufgabe des Subjektes" begriffen werden, so dass im Ergebnis das Ich, Subjekt bzw. Selbst die Interaktion von Individuum und Gesellschaft steuert (Jeltsch-Schnudel 2008, 21 ff.).

Die Dialektik von Me und I ist folgende: das I ist entscheidendes Charakteristikum des Psychischen bzw. der Subjektivität; das Me erfährt in „Mind, Self, and Society" eine interaktionistische Ausformulierung als „organisierte Gruppe von Haltungen anderer, die man selbst einnimmt"(Mead 1968, n. Wagner 1993, 76; Wagner 1993, 76 f.) Identität ist also nach der Mead'schen Philosophie ein „durch symbolisch-biographische Rekonstruktion" und „bildhaften Selbstentwurf" konstituiertes Gebilde, welches aber den Entwurf hinaus „keine Festigkeit" beanspruchen kann (Jörissen 2000, 96).

Parsons zufolge muss Identität als individuelle Integration des sozialen Rollenpluralismus verstanden werden (Abels 2006, 251). Aus der Summe divergierender Rollen, die Menschen in der Regel wie selbstverständlich einnehmen bzw. spielen, wird sodann Identi-

---

[21] Genau genommen: Die angelsächsische wissenschaftliche Tradition dieser Theorien.
[22] Freud hingegen bezog sich auf die Begriffe: Ich, Es und Über-Ich.

tät gebildet, wie (soziologische) Theorien zur sozialen Rolle und Interaktion[23] lehren. Identität bedeutet also hinsichtlich der sozialen Einbettung (von Interaktion): sich der eigenen Einzigartigkeit und Normalität zugleich bewusst zu sein und dies zu demonstrieren (Abels 2006, 249). Deshalb lässt sich nicht von „*der* Identität, sondern immer nur von einer Identität sprechen" (Abels 2006, 249). „Manchmal haben wir auch den Verdacht, dass jemand seine wahre Identität verbirgt oder dass ein anderer heute so und morgen so ist." (Abels 2006, 244) „Das »Ich« der Introspektion ist die Identität, die in soziale Beziehungen mit der Identität der anderen tritt."[24] (Mead 1980b, 243) Die Ich-Identität handelt in sozialen Situationen und ist sich der Objekte ihrer Umgebung bewusst, während die reflexive Ich-Identität „ein anderes »Mich«" ist, welches das Handeln und die Reaktion (Anderer) reflektiert, kritisiert etc. (ebd., 244). Menschen haben die Fähigkeit, sozusagen „aus sich heraus zu treten" und dadurch zum eigenen Objekt zu werden.[25]

Individualität findet im sozialen Raum bzw. Kontext statt, so dass eine Dialektik von Individuum und Gesellschaft entsteht, wie oben beschrieben. Diese Interdependenzen sind im Kern Spannungen unterworfen; insbesondere muss das Individuum ständig überprüfen, ob seine Individualität ausreichend ist,[26] anderseits aber auch keine Grenzen bricht(mit unangenehmen Folgen). Krappmann (2005, 75) spricht in diesem Kontext von „Balance des Individuums zwischen Akzeptierung angesonnener sozialer Identität und gleichzeitigem Widerstand gegen sie [...]". Mit dem Begriff der „balancierenden Ich-Identität" umschreibt er den Kampf und die Ambivalenz Normalität zu demonstrieren, ohne auf Einzigartigkeit

---

23 Inklusive dem Theatermodell und ähnlichen (performativen) Ansätzen.

24 Das „Mich" der Introspektion bzw. Selbstbeobachtungen ist hingegen dasselbe, das das Objekt des sozialen Verhaltens der Anderen ist, wenn man sich „als handelnd gegenüber anderen vorstellt". (Mead 1980b, 243)

25 Vgl. weiterführend Wagner 1993, 46.

26 Ausreichende Individualität bezieht sich hier auf die Abgrenzung zu anderen sozialen Akteuren; d.h. um sich nicht nur als Teil eines Kollektivs zu verstehen, sondern als jemand Besonderes, der differiert (sich unterscheidet).

3. Identität des Subjektes

zu verzichten.[27] Für die soziale Identität wird vom Subjekt erwartet, sich der äußeren Realität (gesellschaftliche Erwartungen) unterzuordnen – bzgl. der persönlichen Identität muss jedoch aufgrund der inneren Realität die Unterscheidbarkeit zu Anderen gewahrt werden (Hurrelmann 2002, 99).[28]

In ähnlicher Weise beschrieb Goffman (1967) schon sein triadisches Identitätskonzept. Die soziale Identität nimmt Bezug zu Anderen; sie beschreibt die Gruppenzugehörigkeit ausrichtung bzw. Gruppenzugehörigkeit von Menschen. Mit dem Terminus „persönliche Identität"[29] bezeichnet Goffman (1967, 74) „die einzigartige Kombination von Daten der Lebensgeschichte" und „positive Kennzeichen", die die Differenzierung zu Anderen bilden. Während persönliche und soziale Identität in erster Linie auf Interessen und Definitionen Anderer beruhen, ist die Ich-Identität (im Anschluss an Erikson 1968) eine „subjektive und reflexive Angelegenheit" (Goffman 1967, 132).[30] Das „Individuum wird in seiner Erfahrung zu einer Identität [...], wenn seine Einstellung im sozialen Geschehen die entsprechende Einstellung bei anderen hervorruft." (Mead 1980a, 318)

Hahn spricht (anstatt von sozialer) von „synchroner Identität" als Balance verschiedener Rollen gemäß gesellschaftlicher Erwartung (Erwartungskonformität) (1976, 116 u. 119 f.). Er unterstreicht im Anschluss an die Goffman'sche „soziale Identität" das Partizipationsmoment einer auf der Identität „gründbaren kollektiven Identifikation und gegebenenfalls Solidarität" und nennt dies „partizipative Identität" (Willems/Hahn 1999, 15, Fn. 5; Hahn 2000, 13 ff.).[31] An-

---

[27] Wie Hahn (1974, 119 ff.) konstatiert, bezieht sich Krappmann hierbei auf ähnliche Ideen und Ansätze von Goffman und Habermas.

[28] Habermas spricht in diesem Kontext von der Grenzziehung zwischen Außen- und Innenwelt sowie dem antagonistischen Verhältnis zwischen normativen Geltungsansprüchen und der Selbstverwirklichung resp. Selbstdarstellung (Habermas 1981, 67 f.).

[29] Vgl. weiterführend Goffman 1967, 67 ff. Hahn bezeichnet hingegen die Goffman'sche „persönliche Identität" als „diachrone Identität" (1976, 119 f.)

[30] Da dies eng mit dem Selbstbild des Individuums verknüpft ist, könnte – so Goffman – auch von Selbst-Identität – gesprochen werden (Goffman 1967, 132 f.).

[31] Zur „partizipativen Identität" vgl. ausführlicher und weiterführend Hahn 2000, 13 ff.

dere Autoren beziehen sich inhaltlich auf ähnliche Aspekte, sprechen aber von „kollektiver Identität".[32] Was Menschen gemeinsam haben, bezeichnet Elias als „Wir-Identität", das sozial- bzw. akteurs-differenzierende als „Ich-Identität".[33]

Mead (1980b, 247 ff.) ist weiterhin der Ansicht, dass Menschen neue Wertvorstellungen entwickeln können, wodurch die alte Identität in Konflikt mit (den) Anderen gerät und sich reflexiv behaupten muss. Die Lösung liegt sodann in der „Konstruktion einer neuen Welt, welche die miteinander in Konflikt liegenden Interessen zu einer Harmonie bringt," wodurch eine neue Identität auftritt bzw. gebildet wird.[34]

e) (Post-)Moderner Identitätsdiskurs und kritischer Ausblick

Gaedt (2003, 54) sieht den Identitätsbegriff durch ein zunehmend aufkommendes (neoliberales) Menschenbild gefährdet, wonach „das Individuum gleichsam Schöpfer der eigenen und ständig sich ändernden Identität" sei. Er habe sich weitgehend von äußeren Einflüssen befreit und sei nun für seine Entscheidungen, Ansichten, Werte und Lebensstil verantwortlich (Kymlicka 1991; Baumann 1995, n. ebd.). So emanzipatorisch und freiheitlich dieses Konzept auf den ersten Blick scheint, so risikobehaftet ist es im Bereich der Behindertenhilfe[35], wenn die Eigenständigkeit so „radikal überhöht wird", und Menschen außerhalb sozialer Interdependenzen gesehen werden (Gaedt 2003, 54).

Seit dem Ende des 20. Jahrhunderts bzw. in der Postmoderne haben sich zudem neue Strömungen herausgebildet, die die personale Einheitsvorstellung der Identitätskonzepte anzweifeln, wodurch auch die Subjektvorstellung kritikwürdig wird (Friedrich 2008, 61;

---

[32] Siehe hierzu verschiedene Beiträge in Willems/Hahn (Hrsg.) 1999 unter dem Titel „Kollektive/partizipative Identitäten".

[33] Vgl. hierzu auch Schroer 2001, 368.

[34] Mead ergänzt, dass die Entfaltung der Identität letztlich aus einer teilweisen Desintegration resultiert (1980b, 249). Neues verdrängt also einen „unnötigen, ungewollten oder inkompatiblen" alten Teil des Subjektes.

[35] Weiter gefasst kann man von Bereichen der Arbeit mit und Hilfe für Menschen in besonderen Lebens-/Problemlagen sprechen.

Jeltsch-Schudel 2008, 25). „Das Subjekt gehört zu den verbreitesten und zugleich unklarsten Konzeptionen, die in den wissenschaftlichen Diskursen anzutreffen sind." (Weisenbacher 1993, 1, zit. n. Friedrich 2008, 61)

Die Postmoderne ist Friedrich zufolge geprägt von der Vorstellung eines „Multiplen Selbst" (analog einer pluralistischen Gesellschaft und Welt), wodurch ein einheitlich verfasster und unverwechselbarer „Kern" fragwürdig werde (2008, 71 f.).[36] Auch das „Patchwork der Identitäten" (Keupp/Ahbe/Gmür 1999) tendiert zumindest begrifflich in die gleiche Richtung.

Aus diesen Gründen ist ein Konzept einer sich verdichtenden Kernidentität sinnvoll, das durch soziale Faktoren und biographische (Selbst-)Reflexion mit den in Interaktionen in Erscheinung tretenden Facetten immer wieder Wandlungen unterworfen sein kann. Eine individualistische Überhöhung als auch die völlige Sozialisierung des Einzelnen[37] (und dessen Identität) werden der empirischen Realität keineswegs gerecht.

Sozialisationstheorien sowie die neuere Bildungs- und Biographieforschung werden ein Übriges dazu beitragen, dass der Diskurs um den Menschen, seine Identität in und das Verhältnis zur Gesellschaft aktuell bleiben wird.

Identität hat also ein zeitlich-reflexives Moment: aufgrund des bisher Gewesenen (biographischer Rückblick) wird aktuelles identitätsbildendes Handeln reflektiert und mit zukünftigem abgestimmt (im Sinne des Me von Mead). Wenn bei Demenz das Vergessen Einzug hält, ist dies jedoch oftmals nicht mehr möglich; ein impulsives Ich (I) oder „Anderes bzw. Anderer" ist die Folge. Sodann kann vom sozialen Umfeld jedoch geholfen werden, Identität zu bewahren oder neu zu schaffen, indem etwa soziale Identität zum (dementen) Subjekt „rücktransport" bzw. „rücktransferiert" wird und

---

[36] Vgl. ebenso Jeltsch-Schudel 2008, 25 f.; zur pluralistischen Multioptionsgesellschaft siehe Gross 1994, n. ebd.

[37] Dies kann z.B. der Systemtheorie unterstellt werden.

damit wieder ein Self und biographisch relevanter Akteur entsteht, der in soziale Interaktionen eingebunden ist.

4. Biographie als Prozess

Rosenthal (2005, 47 ff.) weist darauf hin, dass es vielen biographietheoretischen Arbeiten einerseits an einer exakten Betrachtung des Einzelfalls, andererseits jedoch ebenso an verallgemeinernden soziologischen Erkenntnissen mangele. Einen akkuraten Ausgleich zwischen Individuum und Sozialität zu finden, mag durchaus in der biographischen Forschung ein komplexes Unterfangen zu sein. Denn obwohl (auch in dieser Arbeit) eine Akteurszentrierung angestrebt und notwendig ist, müssen gesellschaftliche Korrelationen berücksichtigt und analysiert werden, um ein ausreichendes Verständnis für die biographische Identität zu erhalten.[38] Deklariert man Erkenntnisse über soziale Phänomene, die an Erfahrungen von Menschen gebunden sind, als Ziel soziologischer Biographieforschung, so können einzelne Biographien begutachtet werden und unterschiedlichste Interdependenzen zwischen Individuellem und Allgemeinem erkannt werden (Rosenthal 2005, 49 f.).[39]

a) Biographieforschung – ein kurzer Überblick

Die Biographieforschung entwickelte sich ab den 1970er Jahren in verschiedenen Teilbereichen der Sozialwissenschaften (und benachbarten Disziplinen) als Richtung qualitativer Forschung (Dau-

---

[38] Hier kann auf obige Darstellung zu Definitionen von Identität verwiesen werden, da dort diese Problematik inszident enthalten ist und ihren Ausdruck findet.

[39] Die „Stoßrichtung" der vorliegenden Arbeit ist eine etwas andere. Es sei angemerkt, dass im empirischen Teil biographische Erkenntnisse aus den Leben der Befragten (Protagonistinnen) aus soziologischer Sicht nicht zentral sind. Diese sind zwar aus therapeutisch-pflegerischer Perspektive relevant, um ein individuelleres, angepassteres Arbeiten mit den „Patienten" zu ermöglichen. Das soziologische Interesse bezieht sich – kurz gesagt – vielmehr auf die soziale Situation und die Interaktionen beim Ergründen der relevanten biographischen Ereignisse (Lebensgeschichten) und eine soziale bzw. soziologische Erklärung der Effekte des biographischen Arbeitens mit Menschen mit Demenz. Das Erkenntnisinteresse ist also vielmehr bezogen auf den Kontext der Narration (und folgende mikrosoziologische Situationen und Phänomene).

sien 2006, 194). „Biographie" konstituiert soziale Wirklichkeit ebenso wie Erfahrungs- und Erlebniswelten des Subjektes (Rosenthal 2005, 46). Sozialisation, Individualität, Identität, Biographie und Narration sind Begrifflichkeiten, ohne die moderne Biographieforschung nur unzureichend beschreibbar wäre.[40] Wenngleich Biographisierung bei weitem kein neues Phänomen ist (insbesondere in Form der schriftlichen (Auto-)Biographie), so lässt sich doch ein gesteigertes biographisches Interesse in der (europäischen) Neuzeit feststellen (Hahn 2000, 115).[41] Vor dem Hintergrund des sozialen Individualisierungs- und Differenzierungprozesses ist die Häufung biographischer Aufzeichnung und Kommunikation plausible Reaktion auf die Zunahme von Möglichkeiten und in struktureller wie funktioneller Hinsicht verschiedenartiger Lebensläufe.

b) „Biographie"-Semantik

Das Wort Biographie entstammt der griechischen Sprache und bedeutet „Lebensbeschreibung" (Hillmann 1994, 105). Es handelt sich dabei – soziologisch betrachtet – um die Darstellung der Lebensgeschichte eines Menschen unter Berücksichtigung der soziokulturellen Einbettung (ebd.).[42] Fuchs-Heinritz (2007, 102) definiert Biographie[43] als „allgemein[e, D.H.M] Beschreibung der Lebensgeschichte eines Menschen". Oftmals handele es sich um die Lebensgeschichte, „wie sie im Protokoll von einem biografischen Interview [...] oder in ähnlichen Datenformen dargestellt ist [...]." (ebd.) Beiden definitorischen Ansätzen ist gleich, dass nicht eine objektive Lebensgeschichte respektive das bisherige Leben ansich

---

[40] Vgl. hierzu auch Alheit 2003, 6 ff.

[41] Gemäß Hahn (2000, 115) kommen als Gründe etwa generelle Komplexitätssteigerungen oder die Erforschung des Gewissens veranlasst durch religiöse Institutionen (als Biographiegenerator) in Frage.

[42] Auf den Terminus kollektive Biographie als Lebensgeschichte eines Kollektivs (z.B. Fuchs-Heinritz 2007, 102) soll hier nicht vertiefend eingegangen werden , da für diese Arbeit das Individuum und individuelle Aspekte im Vordergrund stehen. Ferner gibt es hier Analogien zum Identitätsbegriff, bei dem ebenfalls von vielen Autoren zwischen individueller und sozialer bzw. kollektiver Momente differenziert wird.

[43] Fuchs-Heinritz bevorzugt die Schreibweise „Biografie".

(eines Akteurs) bedeutsam ist, sondern deren „Darstellung" (Hillmann) bzw. „Beschreibung" (Fuchs-Heinritz).

c) Narration, biographische Kommunikation und Gedächtnis

Narration als Methode des Erzählens und Berichtens gewinnt theoretisch und empirisch in verschiedenen gesellschafts- und geisteswissenschaftlichen Disziplinen an Bedeutung.

Die „narrative Identität" – als die Brücke zu obiger Thematik – ist zugleich ein Terminus aus der Biographieforschung[44]. Narrative Identität fokussiert den „konstruktiven Anteil des autobiografischen Erzählens bei der Identitätsherstellung" (Küsters 2007, 283). Die dargestellte personale und soziale Identität ist als kontextabhängig aus einer kommunikativen Situation (z.B. narratives Interview) resultierend zu betrachten (Küsters 2007, 283). Geschichtenerzählen (aber auch das Zuhören) ist zur wesentlichen soziokulturellen Leistung herangewachsen, wenngleich es kein neues Phänomen ist; so haben sich Geschichten und das Erzählen quantitativ vervielfacht, diversifiziert und individuelle persönliche Sorgen zum Gegenstand (Chalvon-Demersay 1994, 1996, n. Kaufmann 2005, 158). Narrative Selbstkonstruktion (durch Erzählen) kann auch als biographische Identitätsbildung verstanden werden. Weiterhin ist Narration eine lebensweltlich und geschichtlich (ein-)geübte Form der Kommunikation, die es somit auch dem Forscher ermöglicht, leicht Kontakt herzustellen und an (biographische) Informationen zu gelangen. Narration (Erzählen) kann somit als Instrument[45] biographischer Kommunikation – nicht zuletzt im Alltag – verstanden werden.

In der Psychologie wird von einigen Autoren vertreten, dass es ein autobiographisches Gedächtnis gäbe.[46] Gegenstand seien (generische) persönliche Erinnerungen, autobiographische Fakten und

---

[44] Vgl. weiterführend Küsters 2007, 283.

[45] Mit Fuchs-Heinritz (2005, 12) kann Instrument ebenfalls als (alltägliche) Praktiken und kulturelle Formtraditionen im Bereich der Kommunikation aufgefasst werden.

[46] Das autobiographische Gedächtnis sei eine Schnittmenge aus Teilen des episodischen und des semantischen Gedächtnisses, im Gegensatz zur klassischen Gedächtniseinteilung von Tulving (1972). Vgl. weiterführend Pohl 2007, 43 ff., insb. 44.

4. Biographie als Prozess 63

Selbstschemata (Brewer 1986, Larsen 1992, n. Pohl 2007, 47).[47] Zumeist werden skizzenhaft spezielle Angelpunkte in Form prägender biographischer Ereignisse erinnert und kommuniziert. Die Kindheit, Jugend und frühe Erwachsenenzeit hat regelmäßig aufgrund häufiger Veränderungen und Umbrüche einen überrepräsentativen Anteil dabei. Narration würde also auf den erinnerbaren Inhalten des autobiographischen Gedächtnisses beruhen.

Biographische Kommunikation an sich bildet vor allem im Alltag eine Plattform des sozialen Vergleichs hinsichtlich der Lebensführung und dem Lebensverständnis, ermöglicht also lebenspraktisches Lernen (Fuchs-Heinritz 2005, 17). Fuchs-Heinritz nennt als Kategorien biographischer Kommunikation zum Beispiel (2005, 46 ff.): Freiwillig oder abverlangt, einseitig oder reziprok, Routine oder Außergewöhnliches. Des Weiteren gilt zu berücksichtigen, dass etwas von sich preisgegeben wird, woraus sich das Recht auf Beurteilung ergibt (ebd., 48 f.). Differente Perspektiven (Akteure) und Zeitlinien werden eingenommen (ebd., 56 f.), so dass Neukonstruktionen des Vergangenen interaktiv abgesichert werden müssen (Fuchs-Heinritz 2005, 54 f.). Die narrativen Geschichten haben nicht nur einen (übergreifenden) Sinn zum Inhalt, sie werden ebenso nach theatral-inszenatorischen Momenten ausgewählt und mit diesen aufbereitet, um die Zuhörerschaft in Spannung zu versetzen und mitzureißen.[48] Nunmehr lässt sich zu den (potentiellen) sozialen Funktionen biographischer Kommunikation überleiten; als solche zählen nach Fuchs-Heinritz' Meinung[49] neben Unterhaltung: Übermittlung von Lebenserfahrung, Ausbau und Abstimmung der

---

[47] Inhaltlich ordnende Prinzipien sind: die chronologische Zeit, verschiedene Lebensphasen, Objektgebundenheit, sowie herausragende Orientierungspunkte. Dies führt zu einer horizontal und vertikal hierarchischen Struktur, so Pohl (2007, 62 ff.).

[48] Ähnlich auch Fuchs-Heinritz 2005, 61 f. u. 68. Ein allgemeiner Verweis auf die Erlebnisgesellschaft von Schulze und diverse Literatur zur Theatralisierungs-Thematik soll an dieser Stelle nicht fehlen.

[49] Fuchs-Heinritz verweist jedoch ebenso auf den heterogenen Forschungsstand, so dass sich bis dato keine einheitlichen Kriterien resp. eine Systematik sozialer Funktionen/ Leistungen herauskristallisiert hätten. Grund dafür ist auch, dass sich in diesem Feld unterschiedliche Wissenschaften einbringen: von der Linguistik über die Psychologie hin zu den Sozialwissenschaften (ebd., 67).

Lebensgeschichte, Nachweis sozialer Basiskompetenzen und Normalität, sowie „kennen lernen und festlegen" (2005, 66 ff.). Einige dieser sozialen Leistungen können auch in der wissenschaftlichen Interviewsituation festgestellt werden; sie stehen also zum einen in Zusammenhang mit der sozialen Situation, zum anderen ist der Interaktionspartner relevant.

d) Biographie und Lebenslauf

Die biographische Lebenslinie eines Individuums, gleichgültig ob und wie festgehalten bzw. dokumentiert, ist „eine Ganzheit, über die eine Akte hergestellt werden kann [...]." (Goffman 1967, 80 f.) Erinnerungen erscheinen (uns) regelmäßig als Selbsterzählung, also in einer narrativen Form; dies macht auch den Unterschied zum Erleben aus (Hahn 2003, 4). Vergangenes zu erinnern bedeutet insofern nicht, es neu bzw. wieder zu erleben; die Vergangenheit lebt dadurch nicht wieder auf, und die Vergegenwärtigung kann nicht mit der (aktuellen) Gegenwart gleichgesetzt werden (Hahn 2003, 3 ff.).[50]

Im Rahmen von Biographie wird leicht die Verzahnung von Sozialem mit psychophysischen Variablen deutlich. Als reflexiver innerer Prozess ist die Vergegenwärtigung biographischer Erlebnisse und deren Interpretation an Erinnerungsleistungen des Gedächtnisses (und des Bewusstseins) gebunden.[51] Dies gilt für Biographisierungsprozesse ebenso wie für die Identität und deren Konstruktion (vgl. oben).

„Insofern kann man Biographie gleichsetzen mit dem Wissen um eine eigene Biographie." (Abels 2006, 247) Biographie und die aus ihr erwachsene Struktur des eigenen Handelns sind jedoch keine Konstanten, sondern analog zur Identität Wandlungen unterworfen.[52] Erinnerung ist immer Konstruktion (Hahn 2003, 5) und in der Regel der Retroperspektive (retrospektive Konstruktion) unterwor-

---

50 Vergangenheit und Zukunft werden den Menschen als Vergegenwärtigung präsent, ist für Hahn (2003) Leitthese.
51 Vgl. hierzu ausführlich etwa Hahn 2003, insb. 1 ff. u. 14 ff.
52 Vgl. auch Abels 2006, 245.

4. Biographie als Prozess

fen (Goffman 1967, 81). Mit Bude (1999, 247 ff.) kann die Biographie eines Individuums, wie sie anderen Akteuren zugänglich (gemacht) wird,[53] insgesamt als Lebenskonstruktion begriffen werden. „Unter einer Lebenskonstruktion soll das gestaltbildende und formgebende Regelgerüst eines individuellen Lebens verstanden werden." (ebd., 251) Die Lebenskonstruktionssemantik weist demnach die Merkmale Konstruktivität, Regularität und Totalität auf (ebd.).

Relevant ist die Divergenz von Lebenslauf und Biographie: während ersteres alle Ereignisse, Erfahrungen, Empfindungen und ähnliches meint, macht die Biographie den Lebenslauf für ein Individuum zum Thema (Hahn 2000, 101). Biographie ist somit selektive Vergegenwärtigung und nicht etwa Spiegelbild des Lebenslaufs, während dieser nur „über die Fiktion biographischer Repräsentation als Wirklichkeit zugänglich" ist (ebd.). Der Lebenslauf ist wegen der „Totalität der Ereignisse" in seiner Gänze nicht erleb- bzw. fassbar; durch Selektion werden Ausschnitte zugänglich (Leitner 1986, 6 f., n. Hahn 2000, 102).

Brüsemeister (1998; 2008a) begreift Identität und Biographie als insbesondere auf Sozialisation beruhende soziale Konstrukte, die im Spannungsfeld von Lernen und Leiden im Lebenslauf Entwicklungen unterworfen sind.[54] Die „Prozessstrukturen" des Lebenslaufs" entsprechen Überlegungen Fritz Schützes zur Sozialisation sowie den Interaktionsbedingungen und dem (praktischen) Erleben der Biographie (Brüsemeister 2008a, 261). Sie sind als „Verlaufskurve" in differenten „Handlungsfiguren und Erwartungsfahrpläne[n, D.H.M.]" repräsentiert und lassen sich anhand der zugrunde liegenden Motive, Strategien und Konsequenzen (des Prozesses) beschreiben (ebd., 262 ff.). Die Struktur des modernen Individuums ergibt sich demnach von innen heraus, durch Erzählung, um den roten Faden herum, so dass sich jeder „die Geschichte seines Lebens erzählt, die seinen Erlebnissen Sinn gibt." (Kauf-

---

[53] Hiermit sind neben alltagsweltlichen Erzählungen über das eigene Leben ebenso wissenschaftliche Methoden der Biographieforschung wie biographische bzw. narrative Interviews gemeint.

[54] Siehe Kapitel I 1.

mann 2005, 158) „Natürlich wäre die Lebensgeschichte nichts ohne die erlebten Tatsachen, sie entsteht aus einer objektiven Laufbahn." (ebd.) Gleichwohl können Erinnerungen und Gedächtnis unter Umständen einen Streich spielen und die Prozess- und Erzählstrukturen sehr konstruktivistischen Charakter erhalten, woraus eine lebensgeschichtlich-biographische Interpretation und Reflexion zu entstehen vermag, die nur entfernt mit der vergangenen (erlebten) Realität korrespondiert.

e) Zeitlichkeit und Vergegenwärtigung von Biographie

Zeitlichkeit[55] tritt im Kontext von Biographien und Biographisierung nicht zuletzt durch Vergegenwärtigung vergangener Tatsachen (Ereignisse und Handlungen) in Erscheinung; Erwartbares und Zukünftiges können Teil solcher Reflexion sein. „Biographie als Selbstidentifikation gewinnt also da ihre besondere Dringlichkeit, wo die historischen Umstände die Kontingenz des individuellen Daseins dramatisieren." (Hahn 2000, 113) „Wir erinnern uns immer nur an das, was unser *aktuelles* Bild von uns bestätigt. Schon das ist also eine Konstruktion." (Abels 2006, 245) Biographie ist in Richtung Vergangenheit als auch in die Zukunft gewandt ein Konstrukt (ebd., 247).

Die Vergegenwärtigung vergangener Ereignisse führt schnell zu Dissens, da selten klar ist, „wer sich wann wie an was erinnern soll", und ebenso fraglich ist und bleibt „wie es wirklich gewesen ist" (Hahn 2003, 26). Der Pluralität potenzieller bzw. potenziell zu erinnernder Vergangenheiten folgt sodann eine soziale Differenzierung von Erinnerung, die zugleich Ursache ist (ebd.). „Denn wir sind immer auch, was wir nicht sind, nämlich was wir waren oder was wir sein werden." (Hahn 2000, 97) Ergänzen ließe sich hierzu: dass wir auch *sind* – also uns von der Umwelt abheben –, durch das, was wir *nicht* sind.

---

[55] Zum Thema „Zeitlichkeit und Biographie" ausführlicher und weiterführend: Hahn 2000, 107 ff. Auch beispielsweise Elias rekurriert mit der Idee prozesshafter (Psycho-) Genese auf die intertemporale Relevanz von Sozialisation und Biographie.

5. Identität und Biographie im Kontext von Demenz

„Jede rechte Kranken-Geschichte führt zur Biographie" (Jaspers 1913, zit. n. Tölle 1999, 98). „Die Lebensgeschichte des Kranken ist daher grundsätzlich relevant [...]." (Tölle 1999, 98) Die demenzielle Erkrankung vermag außerdem in Bezug auf Identität und Rollenerwartungen Konflikte und Verwirrung hervorzurufen. Denn wenn die soziale Bühne – um das Theatermodell von Goffman aufzugreifen – konstant bleibt, aber die Rolle täglich oder gar minütlich wechselt, ist Interaktion nur noch nach einem speziellen Drehbuch möglich.[56] Umgekehrt bedeutet dies, dass sich bei Problemen hinsichtlich Identität und Interaktion auf die Biographie bezogen werden kann.

a) Sozialer Kontext von Krankheit und Biographie

Es wurde bereits auf Gronemeyer verwiesen, der eine umfängliche soziale Verhaftung resp. Einbettung von Krankheiten vermutet. In Bezug auf Demenz kann dies etwa die Transformation von Biographie in Krankengeschichte[57] oder Institutionenbiographie[58] bedeuten. Mit Fortschreiten der Krankheit und deren Folgen verblasst die („normale") Biographie, wird scheinbar irrelevanter und durch pathologische Aspekte des neuen Alltags überlagert. In der Person bzw. ihrem Identitätswandel wird diese Transformation gegenständlich. Alles Soziale und jeder Handlungsakt scheint ab einem bestimmten Zeitpunkt (Demenzstadium) pathologisch bzw. zumindest

---

[56] Knoblauch schreibt über Goffmans Werk („Wir alle spielen Theater"), dass die Theater-Metapher den Begriff der persönlichen Identität in Frage stellt, denn durch Imagearbeit werde versucht Kongruenz zwischen Handeln und Selbst herzustellen (2000, 163).

[57] Zur Krankengeschichte siehe Gerhardt 1984, 54 f.

[58] Zur Institutionenbiographie im Kontext von Menschen mit Behinderungen siehe Lindmeier 2004, 40 f. Dies lässt sich auf den institutionellen Pflegebereich analog übertragen. Dass Biographie durch die (totale) Institution geprägt wird, wird inzwischen als Problem von Menschen mit Behinderungen, psychisch Kranken und Pflegebedürftigen, die frühzeitig oder lange Zeit dort leben, thematisiert. Mit dem Begriff „totale Institution" hat Goffman mit seinem Werk Asyle vor einigen Dekaden die Diskussion zur Sozialisation in Psychiatrien und ähnlichen Einrichtungen angestoßen.

von der Krankheit mit verursacht. „Erleiden und Handeln"[59] bekommt eine andere biographische Bedeutung: Erleiden wird vordergründiger, während Handeln in den Hintergrund rückt. Eine solche Perspektive kann jedoch humanistisch nicht akzeptiert und befolgt werden. Inklusion und Aktivierung des „Menschen mit Krankheit" im Gegensatz zum „kranken Menschen" müssen Leitmotive bleiben. Nimmt man wieder Bezug zu Gronemeyer, muss sich gefragt werden, ob Gesellschaft im Ganzen und jeder einzelne nicht die Pflicht hat, Krankheit zu normalisieren und zu „sozialisieren" anstatt auszugrenzen; gerade wenn Gesellschaft diese Krankheit womöglich selbst geschaffen bzw. hervorgebracht hat.

„Biographie anstatt Krankheit" gilt jedoch nicht nur bezogen auf den erkrankten Akteur. Das Normalisierungsprinzip kann und soll in (Pflege-)Einrichtungen dazu beitragen, ein möglichst „normales" Leben als Biographiefortsetzung zu führen.[60] Im weiteren Verlauf des Textes soll gezeigt werden, dass sich gerade das soziale und therapeutische Umfeld biographische Kompetenz aneignen sollte, um einen klientengerechte und personzentrierte Betreuung und Pflege ausüben zu können. „Erst bei einer gewissen Interaktionskonstanz wächst auch die Motivation der Mitarbeiter, sich mit den Persönlichkeiten und deren in der Herkunft und Vergangenheit liegenden Wurzeln zu beschäftigen." (Ern 1993, 21, zit. n. Lindmeier 2004, 40)

b) Stigmatisierung und (soziale) Bewältigung von Krankheit

Erst wenn die Krankheit diagnostiziert ist und anerkannt wird, kann aus der alten Identität durch die neue Situation eine neue Identität heranwachsen.[61] Es besteht schließlich genügend Anlass sich mit sich selbst zu beschäftigen, um das lebensgeschichtliche Novum bewältigen zu können; Verdrängung vermag hingegen eher innere psychische Konflikte auszulösen. Das soziale Umfeld muss

---

59 Siehe zum „Erleiden und Handeln" und zum semantisch-theoretischen Überblick zu Patientenkarrieren und Krankheitsgeschichten: Gerhardt 1984, 53 ff.
60 Vgl. auch Lindmeier 2004, 41.
61 Vgl. dazu allgemein Mead und das oben Erläuterte.

auf zukünftiges Verhalten vorbereitet werden. Es sollte keine „Schmach" sein, nicht mehr man selbst zu sein und womöglich kleinkindähnlich[62] seine letzten Tage oder Jahre zu verleben. Eben darum bedarf es enger sozialer Verflechtung und Kontaktes. Immer wieder können Anknüpfungspunkte zur Biographie und (früheren) Identität gefunden werden, um den womöglichen Wandel nicht allzu groß erscheinen zu lassen. Mit dem Wandel kann konstruktiv umgegangen werden. Eine klare biographische Linie ist auch bei „Gesunden" eine Scheinwelt. Deshalb sollte auch der Persönlichkeitswandel so weit wie möglich neutral oder gar als sozial nicht ungewöhnliches Phänomen behandelt werden.

Mit seinem Werk „Stigma" zeigt Goffman (1967) Techniken zur Bewältigung einer beschädigten, stigmatisierten Identität[63] auf. Einzigartigkeit kann durch positive Kennzeichen bzw. „Identitätsaufhänger" demonstriert, unterstrichen oder wiederentdeckt werden (Goffman 1967, 73). Sei es, ob ein/e (demenziell) Erkrankte/r es schafft, über ihre/seine nachlassenden Fähigkeiten zu täuschen, oder in der sozialen Umgebung mit Menschen mit ähnlichen Leiden zur/m „normalen Abweichenden"[64] wird. Oftmals besteht die Angst die Kontrolle über sich selbst zu verlieren, gegen soziale Normen zu verstoßen und die bzw. der „stigmatisierte Kranke" zu sein. Diese Problematik stellt sich in erster Linie bei leichter Demenz (also am ehesten im Anfangsstadium), wenn die eigenen Fehler und Schwächen gegenüber früheren Zeiten in Erscheinung treten und noch bewusst wahrgenommen werden können. Erkrankte fragen sich: Wie viel *Ich* bin ich noch? Sie kämpfen mit ausuferndem Identitätsverlust, dessen sie sich in einem späteren Krankheitsstadium jedoch nicht mehr bewusst sind bzw. bewusst sein können. Sodann werden verschiedene Strategien angewandt, wie aus Beispielen von Goffman und Abels hervorgeht:

---

[62] „Kleinkindähnlich" sollen auf psychische wie physische Fähigkeiten und das Verhalten bzw. Handeln bezogen sein.
[63] Z.B. bei einer Behinderung, aber bei weitem nicht nur.
[64] Vgl. hierzu Goffman 1967, 160 f.

„Man kann seine Behinderung verbergen, man kann sie aber auch so stark herausstellen, dass sie wie eine normale Bedingung für normales Verhalten erscheint. Ein Beispiel für diese scheinbar paradoxe Strategie ist der Rollstuhlfahrer, der an der Ampel mit den Worten drängelt: ‚Nun lasst mich mal vor, denn schließlich bin ich nicht so flink wie Ihr!'" (Abels 2007, 168)

„Ähnlich kann eine alternde Person, wenn sie bemerkt, daß sie sich der Namen einiger ihrer engen Freunde nicht erinnern kann, davor zurückscheuen, zu den Treffpunkten zu gehen, wo sie ihnen wahrscheinlich begegnen wird [...]." (Goffman 1967, 162)

Ausreden werden gesucht, und manchmal wollen sich Akteure ihre Probleme nicht eingestehen, die im Kontrast zu ihrer Identität, ihrem Selbstbild bzw. ihrer Biographie stehen. Dies kann zu oberflächlicher Interaktion führen, die mehr die Aufrechterhaltung des Scheins im Sinne einer Fassade[65] anstelle des Seins zur Aufgabe hat. Sander (2003, 54) meint: „Jeder Darsteller ist bestrebt einen idealisierten Eindruck beim Publikum zu erzeugen." Im Falle der Demenzerkrankung wird dies regelmäßig bedeuten, den Eindruck des Weiterbestehens früherer Fähigkeiten und insgesamt der „gewohnten" Identität erzeugen zu wollen. Ideal ist in diesem Zusammenhang die Vermeidung (des Anscheins) des Fähigkeits- und Identitätsverlustes oder anders gesagt: Gesundheit anstatt Krankheit, und ebenso Vergangenheit anstatt Gegenwart und (schicksalhafter) Zukunft.[66]

c) Erinnern und Zeitlichkeit als biographische Faktoren

Bei der demenziellen Erkrankung wie bei Identität und Biographie ist Zeit ein entscheidender Faktor: die Konstanz zwischen Ver-

---

[65] Siehe zum Aspekt der Fassade unter Verweis auf Goffman auch: Sander 2003, 52 f.

[66] Diese „Vermeidungsstrategie" (im psychotherapeutischen Sinne) ist jedoch nur bedingt erstrebenswert; soziale Hilfe und Unterstützung zu erhalten, kein Theater spielen zu müssen und mit der Krankheit im jeweiligen Stadium bestmöglich leben und im (gewohnten) sozialen Umfeld agieren zu können, erscheint sinniger. Hingegen ist es oftmals für das soziale Umfeld ebenso komplex adäquat auf die Krankheit und daraus resultierendes Verhalten vor dem Hintergrund des biographischen Wissens zu reagieren wie für den Erkrankten selbst.

gangenheit, Gegenwart und Zukunft einerseits im Handeln eines Menschen kann nicht mehr erkennbar sein und anderseits die Biographie einen Bruch erleiden.[67] Dies ist auch eine große Herausforderung im Pflegealltag, bei der die Vergangenheit im Sinne der Biographie helfen kann und muss. Hieran kann sich die theoretisch-wissenschaftliche Diskussion mit der Frage exemplarisch entzünden, ob es eine stabile Identität überhaupt gibt und geben kann.[68]

Der Ankerpunkt zwischen Biographie und Demenz ist außerdem das Erinnern. Der besondere körperliche Abbauprozess verursacht in erster Instanz das Nachlassen psychischer Fähigkeiten und Prozesse. Im Kern hat dies Vergessen zur Folge als Antagonismus zum Erinnern. Deshalb erscheint es plausibel, nicht nur auf medizinischer Basis beste Voraussetzungen für Erinnern zu schaffen, um dem Vergessen entgegen zu wirken. „Voraussetzungen schaffen" bedeutet auf dem Gebiet der (Sozial-)Pädagogik regelmäßig Hilfestellungen und Aktivierung, die bestenfalls mittels biographischer Aspekte zum Erinnern führt. Bewusste Arbeit an und mit prägnanten Ereignissen aus der (frühen) Lebensgeschichte kann Indizien des Selbst hervorbringen und identitätsstiftend wirken.

Die Wirkung routinierter alltäglicher Verhaltensmuster, Beziehungen und Kommunikation ist nicht zu unterschätzen. In diesem Kontext mag ein „Bühnenwechsel" im Verwirrtheitszustand wenig förderlich sein, es sei denn, die neue „Bühne" hat einen größeren Bezug zum (früheren, gewohnten) Leben und zur Biographie.

d) Identitätsverlust und -findung

Zentrales Problem der Identitätsfindung besteht in der Ausbildung konsistenter Bedürfnis- und Präferenzstrukturen (Hahn 1974, 112). Identitätsfindung im Bereich Demenz ist jedoch ein nachgelagertes Phänomen, das als Aufgabe sozialer Therapie verstanden

---

[67] Schon Weber (1984, 41) schrieb, dass soziales Handeln „am vergangenen, gegenwärtigen oder für künftig erwarteten Verhalten anderer" orientiert werden kann; somit Rollenidentität, die Vereinbarkeit von Handeln und Selbst, immer über die (Lebens-)Zeit hinweg gedacht werden und (relativ) konstant bleiben.

[68] Vgl. etwa Krappmann 2005.

werden will. Demenz führt neben den beschriebenen physischen und psychischen Auswirkungen (insbesondere dem Vergessen) zu einem Identitätsverlust, der insbesondere Konsequenzen bei der sozialen Interaktion, aber wiederum auch im psychischen Bereich hat. Klima (2007b, 284) beschreibt Identitätsverlust als Verlust „des Selbstbildes, d.h. des Wissens, ‚wer man ist und wohin man gehört' [...]".

„Wir alle treten in verschiedenen Situationen in unterschiedlicher Weise auf. [...] Gespräche und gemeinsames Handeln sind nur möglich, wenn wir uns auf unsere Partner einstellen. Aber dies findet dort seine Grenze, wo nicht mehr zu erkennen ist, wofür wir denn ‚wirklich' eintreten." (Krappmann 2005, 7)

Dieser Kern von Identität, den Krappmann damit beschreibt, wurde oben bereits angesprochen und als „Interaktionsproblem" bei Menschen mit Demenz dargestellt. Die Verzahnung von Interaktion und Identität ist dabei zentral.

e) Identität zwischen Selbst- und Fremdbestimmung

Das Thema Selbst- und Fremdbestimmung kann analog zur Relation von Individuum und Gesellschaft (in der Identität) verstanden werden. Somit tritt Identität bei Menschen mit Demenz und in ihrem Pflegealltag doppelt in Erscheinung: erstens als Problem einer sich verändernden Persönlichkeit und nachlassender kognitiver Fähigkeiten und zweitens im Konflikt bzw. der Abgrenzung zwischen Selbst- und Fremdbestimmung. Die interaktive Beschäftigung mit der Lebensgeschichte kann als (mittlere) Alternative auf einer Skala von Selbst- bis Fremdbestimmung dienen.

„Die Vielfalt der Lebensgeschichten zeigt, dass es dafür keine Patentrezepte geben kann, sondern die einzelnen Personen in ihrer jeweiligen Situation den Ausschlag geben müssen. Wegleitend für die Erkenntnis, wo die offenen Möglichkeiten für angemessene Spielräume der Selbstbestimmung liegen, sind eine sorgfältige Kenntnisnahme und ein schrittweises Verstehen der singulären Situationen. Dazu gehört das Wahrnehmen von Grenzen und Ressourcen der beteiligten Subjekte ebenso wie die Analyse ihrer Interaktionen." (Jeltsch-Schudel 2008, 229)[69]

Vergleicht bzw. beschreibt man Demenz (in späterem Stadium) als Behinderung, so bildet dies das binäre Gegengewicht zu dem „Normalen" bzw. zur Normalität.[70] Hilfe impliziert Mitleid, wird zum Angriff auf die Selbstauffassung und macht die Krankheit bzw. Behinderung nur präsenter (Lüke 2006, 131). Dadurch kann erneut ein Identitätskonflikt zwischen Fremd- und Selbstbild entstehen, worauf die Identität mit bestimmten Strategien verteidigt werden muss, denn wenn soziale Normalität im Individuum nicht mehr hergestellt werden kann, sollten Identitätskonzepte außerhalb des Normalitätszustandes bevorzugt werden (ebd., 132 u. 137).

6. Mediale Identitätsgenerierung und Biographieinszenierung

a) Medien – Gesellschaft – Sozialisation

Die allgemeine (sozial-)wissenschaftliche Diskussion zum Sozialisationseinfluss von Medien, insbesondere neuer elektronischer und interaktiver Medien, demonstriert die Interdependenzen zwischen Mensch und Maschine bzw. Medium. In oder besser gesagt über Medien werden oftmals künstliche Welten erschaffen, die aber als Teil sozialer Realität nichts desto weniger präsent und somit Bestandteil sozialer Wirklichkeit sind.

Die Geschichte und Relevanz der Medien z.B. in Bezug auf Kommunikation hat Luhmann (1998) in eindrucksvoller Weise nachgezeichnet und kommentiert. Wenn die soziale Relevanz von Medien ein Fakt ist, dann liegt es nahe, sie auch als biographisch relevant und identitätsstiftend zu denken. Jede Epoche wird durch

---

[69] Jeltsch-Schudels Bemerkungen beziehen sich auf ihre Studie zur biographischen Reflexion von Identität und Behinderung von Personen mit Seh-, Hör- und Körperbehinderungen. Es erscheint jedoch angemessen, diese Feststellungen, Ergebnisse bzw. Äußerungen auch für den Altenbereich und die Demenzerkrankung zu übertragen, nicht zuletzt weil diese Menschen mit ähnlichen Problemen umzugehen haben.

[70] Zur binären Codierung Behinderung – Normalität, siehe Lüke 2006, 128 f.

das jeweilige Leitmedium sozialisiert, und die Gesellschaft definiert sich nicht zuletzt über das Medium.[71] Wenn vom Internetzeitalter oder der Computergesellschaft gesprochen wird, sind dies nur kleine Indizien. Medien werden schon in früher Erziehung und Sozialisation thematisiert, wobei es regelmäßig um das ob und die Häufigkeit der Nutzung geht, um die potentiell schädlichen Konsequenzen und die pädagogischen Vorteile. In das Bewusstsein tritt sozialisatorisch jedoch vielmehr der Inhalt der Medien; was wir mit den Medien tun und wie wir mit ihnen (interaktiv) agieren, beeinflusst unser Denken und unsere Geschichte: sei es eine bestimmte Musikrichtung, Fernsehsendung, Fotopräsentation, das Computerspiel, Emailen, Surfen oder auch ein Buch lesen etc.

Medien inkludieren Eventualitäten und vervielfältigen Möglichkeiten des (sozialen) Handelns. Die Funktion wird im Rahmen privater oder auch professioneller Biographisierung völlig selbstverständlich genutzt. Fotos werden gesammelt, sei es in einem Album, im Computer oder auf dem digitalen Bilderrahmen. Der erste Liebesbrief wird vor dem allzu schnellen Recycling bewahrt. Private Musikbibliotheken (gleich welchen Mediums) sind Zeugnisse individueller aber auch sozialer Geschichte. Jedes Lied vermag situative (biographische) Erinnerungen hervorzurufen. Dies alles ist zugleich Teil der Identität und konstituierte ursprünglich Identität und wiederholt dies (Identitäts- und Biographiegenerierung) bei jeder Beschäftigung mit dem Medium bzw. dem spezifischen Inhalt.

„Die Wechselwirkungen mit medialen, abstrakten, virtuellen Umgebungen werden zu immer wichtigeren Wirklichkeitserfahrungen." (Faßler 2000, 190) „Identität, die menschliche Selbstbeschreibung über den Tag hinaus, hat wieder Raum, um sich auf die Zukunft des Gegenwärtigen zu beziehen." (ebd., 192) Somit bieten gerade Interaktivität und Multimedialität Chancen neuer, zusätzlicher Interaktion und Kommunikation.

---

71 Siehe auch Luhmann 1998, 190 ff.

b) Medien als Biographiegeneratoren und -vermittler

Medien lassen sich als biographisches Kommunikationsmittel, Mittler biographischen Wissens und Raum biographischer Wirklichkeitskonstruktion sui generis einsetzen. Erstens fungieren sie als gewöhnliches Kommunikationsmedium nur vor dem Hintergrund biographischer Informationen. Zweitens ist das Medium „Schatztruhe" (Aufbewahrungsort) biographischer Informationen: biographisches Wissen wird im bzw. durch das Medium (auf-)bewahrt und wieder zur Verfügung gestellt (im Sinne von Informationsvermittlung). Drittens kann eine mediale biographische Aufnahme (gleich welcher Art) nur schwer als Abbild des Vergangenen verstanden werden; vielmehr lädt es gerade einen biographisch unbeteiligten Konsumenten (Betrachter, Zuhörer) zu einem eigenen Verständnis und eigener Interpretation des biographischen Materials ein. Dadurch wird Biographie oftmals neu und anders wiederbelebt und unter Umständen eine von der „wirklichen" (historischen) Lebensgeschichte verschiedene biographische Wirklichkeit sui generis konstituiert.

Für Hahn sind Biographiegeneratoren im theoretischen Zusammenhang mit Biographie von großer Bedeutung. Biographiegeneratoren sind etwa soziale Institutionen, die eine Rückbesinnung auf das eigene Dasein (symbolische Thematisierung der Vita) gestatten (Hahn 2000, 100).[72] Biographien sind Ergebnis der Biographiegeneration durch Selektion (aus dem Lebenslauf) nach bestimmten Deutungsmustern[73]. Damit ist die Biographie selbst Ausdruck von Deutungsmustern (Deutungskonstruktion)[74] und wird vom Betrachter nach diesen oder anderen beurteilt werden.

---

[72] Beispiele seien die Beichte, Psychoanalyse, das Tagebuch, biographisch-narrative Interviews oder Memoiren (Hahn 2000, 100).

[73] Deutungsmuster als „Muster" bzw. „Sinnschemata", die die Deutung von sozialen Situationen und damit Handeln beeinflussen, gehen auf Schütz zurück und fanden durch die Arbeit(en) von Oevermann (2001: „Zur Analyse der Struktur von sozialen Deutungsmustern (1973)") ihre Spezifizierung und Anregung zur weiteren wissenschaftlichen Diskussion.

[74] Von Deutungskonstruktion des Analytikers spricht auch etwa Willems (1999, 79) unter Bezug auf Biographisierungen im Rahmen der Psychoanalyse.

Gerade weil biographische Kommunikation mit medial aufbereitetem Material nie allumfassend ist und sein kann, sondern lediglich ein aus dem Kontext gerissener Ausschnitt der Lebensgeschichte ist, lädt sie zu multiperspektivischer Betrachtung und kreativen Abschweifungen von der eigentlichen (vermuteten) „Thematik" sowie (dadurch) zu Anschlusskommunikation ein.[75]

c) Biographieinszenierung: Erinnern als multimediales Sinneserlebnis

Je multimedialer Biographisierung bzw. Biographieinszenierungen sind und je mehr Sinne angesprochen werden, desto steiler steigen Möglichkeiten verschiedener Perspektiven und Interpretationspotential an. Das kognitive Potenzial in Bezug auf Speichern und Wiedererkennen bzw. -erinnern wird erst durch audiovisuelle (multisensorische) Reize ausgeschöpft.

Markante Gerüche dienen als Hinweisreize beim Erinnern bzw. Enkodieren von Gedächtnisinhalten (Zimbardo/Gerrig 2004, 311). Individuelle, persönlich erlebte Ereignisse, die im episodischen Gedächtnis gespeichert sind, lassen sich auch am besten mit Hinweisreizen wiederfinden (Zimbardo/Gerrig 2004, 315), wobei die verbale Kommunikation des Erlebten dann die weniger geeignete Variante ist, Emotionen hingegen gut als Hinweisreiz wirken können. Es müssen nicht spezielle Mnemo- und Encodiertechniken her, sondern gerade im Demenz-Bereich sollten Informationen angereichert werden (z.B. mit elaborierendem Wiederholen)[76]. Damit wird die biographische Narration – für jeden – auch zum (emotionalen) Erlebnis. Bereits ein Bild kann mehr mitteilen als tausend Worte.[77]

---

[75] Behrens-Cobet und Reichling (1997, 62 ff.) meinen, dass Abschweifungen im Rahmen biographischer Kommunikation und Erzählungen nichts Negatives sind, sondern vielmehr ein inszidentes Phänomen, da jeder Sachverhalt des eigenen Lebens (oder auch eines anderen Akteurs) immer wieder neu verstanden und gedeutet werden kann (Multiperspektivität).

[76] Zum elaborierenden Wiederholen und der Informationsanreicherung: Zimbardo/Gerrig 2004, 320 f.

[77] Bilder sind zudem in der Regel interpretationsoffener.

Musik kann als (soziale) emotionale Kommunikation gesehen werden (Altenmüller 2005, 146). Musik kann im Altenpflegebereich therapeutisch zur Aktivierung des emotionalen Erlebens und des Erinnerns (Gedächtnisleistungen) eingesetzt werden (Grümme 1998, n. Kiewitt 2005, 28).[78]

„Das Wiederfinden von – emotional bewegenden – Musikerinnerungen reaktiviert bildliche Assoziationen, verknüpft die Emotionalität mit dem Denken und löst Erzählungen – also das Wiederfinden sprachlicher Fähigkeiten – aus. Dies führt zur Stärkung des Identitätsgefühls und –bewußtseins." (Muthesius/Kellermann 1999, 13, zit. n. Kiewitt 2005, 29)

Ausgangspunkt dieses Ansatzes ist also der musikalische (auditive) Teil der Lebensgeschichte über den weniger konkrete Situationen und Ereignisse erinnert und präsentiert werden sollen. Vielmehr soll eine allgemeine emotionale Rückblende unterstützt durch individuell biographisch relevante Musik vorgenommen werden.

In literarischen Romanen und (auto-)biographischen Texten werden Lebensgeschichten als künstlich bzw. künstlerischer Lebenstext dem Leser näher gebracht.[79] Der Erzähler bzw. (Be-)Schreibende offenbart sich als Protagonist oder gar Held einer Geschichte und inszeniert damit oftmals eine dramaturgische Selbstthematisierung. Dies kann dem eigenen Wachstum dienen (Assmann 2001, 219). Autobiographien bzw. solche Erzeugnisse sind zweierlei biographisch wirksam: zum einen beziehen sie sich retrospektiv auf biographische Erfahrungen, gleichsam werden sie damit aber wieder biographischer Inhalt.

d) Biographische Medien(-inszenierungen) als Spiegel des Selbst

Gerade Medien fungieren oftmals als Spiegel – als Spiegel des Selbst. Anders formuliert bedeutet dies, dass die Spiegelbildfunktion des Biographischen bzw. einer medialen Biographiepräsentation (soziale) Kommunikation hervorruft, initiiert und begünstigt.

---

[78] Mehr zum Thema (biographische) Musiktherapie unter Gliederungspunkt 5 d.
[79] Ähnlich Assmann 2001, 219.

Das Voraugenführen der eigenen Lebensgeschichte ist biographisches Echo (im Sinne von Erinnerung) und Neuland zugleich. Schwanitz (2001, 231 ff.) schreibt in diesem Kontext von „biographischem Doppelgänger".

„Doch wer ist der, der uns aus dem Spiegel anblickt? Immer ein Betrachter, der uns, das Subjekt, zum Objekt macht und uns sich selbst entfremdet. Wir sind es und wird sind es nicht. Im Spiegel müssen wir erkennen, dass der Selbstbezug durch den Bezug auf ein alter ego begründet wird. So wird die Doppelung der Spiegelbilder zum Modell für soziale Kommunikation." (Schwanitz 2001, 236)

Sherry Turkle (1998, n. Friedrich 2008, 92) meint, dass sich Identität in der spezifischen Interaktivität der Neuen Medien spiegelt. Die Spiegelmetapher bezieht sich dabei nicht auf eine abbildende Funktion, sondern auf „innere, wesenmäßige Ähnlichkeiten zwischen Mensch und Neuen Medien"; alte Medien spiegeln hingegen eher das innere, unmittelbare Subjekt wieder (Friedrich 2008, 93). „In der Narration vermittelt sich das erzählte mit dem erzählenden Ich. So wird aus Erinnerungsbruchstücken ein Prozess." (Assmann 2001, 219)

„Das Ich, das im Sich *sich* reflexiv gewinnt, ist sich selbst immer schon voraus, und von diesem Voraussein kann es nicht absehen, da die im sozialen Prozess gewonnene Vorstellung von dem, was Ich ist, untrennbar in die Reflexionswirkung der physikalischen Spiegelbilder eingewoben ist [...]" (Friedrich 2008, 97)

Bei (demenziell) Erkrankten kann es jedoch vorkommen, dass sie nur *auf* den Spiegel schauen und damit die Wirkung der inszenatorisch demonstrierten biographischen Informationen ausbleibt. „Dem Individuum wird jetzt zugemutet, sich durch Bezug auf seine Individualität zu identifizieren, [...] in Selbstbeobachtung und Selbstbeschreibung auf seine Individualität zu rekurieren." (Luhmann 1993, 154) Menschen mit Demenz ist dies, zumindest im späteren Krankheitsverlauf, regelmäßig nicht mehr möglich.[80]

---

[80] Friedrich stellt das bloße „auf den Spiegel"-Schauen im Anschluss an Sesink und Winnicott als „Schicksal von Narziss" dar. Es erscheint jedoch sachgerecht Menschen mit

6. Mediale Identitätsgenerierung und Biographieinszenierung

Das „Pluralistische Universum" ist vielfältig und komplex (Solhdju 2008, 392). Jedes Individuum erlebt und erfährt seine eigene Realität, die sicherlich auch objektiven Maßstäben und Faktoren unterworfen ist, darum kann auch von (Auto-)Biographien nicht erwartet werden, dass sie objektiv und abschließend sind. Jede äußere Perspektive bzw. jedes Dargestellte „ist immer und notwendig mit einer Vielfalt innerer Erfahrungen verbunden" (Einzigartigkeit jeder Erfahrung) (Solhdju 2008, 404 f.). Die Produktion einer Biographie ist eine von dem „Konsum" dieser differente Erfahrung. Ein Selbsterzeugnis (Autobiographie) ist anderen Regeln und Maßstäben in Hinblick auf Produktion und Konsumtion unterworfen als ein Fremderzeugnis (Biographie).

Demenz oder in Delirzuständen mit den oben genannten Symptomen und Folgen als nur „auf den Spiegel"-schauend zu verstehen. Ein Vergleich mit Narziss(-mus) ist damit jedoch keineswegs angestrebt und wohl kaum ziel führend.

V. Von sozialer Pflege bis zu medialer Biographiearbeit bei Demenz

Die verschiedenen bisher unternommenen theoretischen Erörterungen sollen nun in einem (sozialen) Hilfe- bzw. Pflegeansatz für demenziell Erkrankte münden. Die Bedeutung von Interaktion, Kommunikation, Identität und Biographie, sowie die Erkenntnisse der Wechselbezüglichkeit sollen im Demenz-Bereich neue soziale Möglichkeiten einer medialen Biographiearbeit aufzeigen.

„Die unbefriedigende Studienlage im Bereich sozialer Therapien beruht im Wesentlichen auf einer unzureichend entwickelten Methodik." (Vierter Altenbericht 2002, 301) Durch den Ansatz „Filmische Biographiearbeit im Bereich Demenz" soll eine (theoretische) Konkretisierung der Forschungslage in Bezug auf Soziotherapien und soziale Hilfe- bzw. Pflegeansätze im Kontext von Personzentierung, Biographiearbeit und Medialisierung als weiteres Fundament des empirischen Projektes vorgenommen werden.

Nachfolgend wird nicht in aller Ausführlichkeit die Bandbreite (aller) Pflegekonzepte und Methoden der Sozialen Arbeit mit den jeweiligen theoretischen Grundlagen behandelt. Im Mittelpunkt sollen person-/klientenzentrierte Ansätze und verschiedene Methoden der Biographiearbeit, die noch besser die Brücke zum empirischen Teil bauen. Schrittweise soll deutlicher werden, auf Grund welcher Aspekte und (theoretischer) Ansätze der Weg zur einer (multi-)medialen Biographiearbeit mit Älteren und Menschen mit Demenz als Mittel sozialer Hilfe und Pflege sinnvoll erscheinen muss. Der Ansatz der filmischen Biographiearbeit als kombinierte mediale Methode (und Vorstufe zu multimedialen Möglichkeiten) wird vor allem im empirischen Teil Ausdruck finden.

1. Von Autonomie zu Hilfe- und Pflegebedarf

In Folge der demenziellen Erkrankungen stellt sich irgendwann die Frage nach selbstständiger Lebensführung und Hilfe- bzw. Pflegebedürftigkeit. Pflege und Behinderung sind keine notwendigen

Beschreibungen für die Situation demenziell Erkrankter. Behinderung bezieht sich juristisch auf einen (mit hoher Wahrscheinlichkeit) dauerhaften Zustand körperlicher, geistiger oder seelischer Beeinträchtigung, der etwa „von dem für das Lebensalter typischen Zustand" abweicht und soziale Teilhabe beeinträchtigt; Hilfe bei Krankheit und vorbeugende Hilfe z.B für von Behinderung bedrohten Personen fällt ebenso in diesen Kontext.[1] Gerade im Anfangsstadium der Alzheimerdemenz sind Autonomie und selbst bestimmtes Leben nach gewohnten Schemata die Regel.

In der neueren Forschung werden immer wieder Möglichkeiten unter- und gesucht, möglichst umfassende und lange Autonomie des Einzelnen zu schaffen und zu erhalten. Wenn sich die Symptome der Krankheit mit der Zeit (im fortgeschrittenen, schweren Demenzstadium) verfestigen, muss jedoch vor dem Hintergrund dauerhafter Beeinträchtigung bzw. Behinderung und Verschlimmerung des körperlich und geistigen Zustandes zwangsläufig über soziale Hilfe und Pflege nachgedacht werden, damit der Alltag mit sozialer Hilfe gemeistert werden kann. Eine Unterbringung in einer stationären Pflegeeinrichtung ist in vielen Fällen mit diesem Stadium verbunden. Es wurde schon auf die Bedeutung und Auswirkungen von Stigmatisierung, sozialer Ungleichheit und Exklusion als sozialen Faktoren und Rahmenbedingungen hingewiesen. Solchen Herausforderungen des gesellschaftlichen Lebens müssen demenziell Erkrankte in ähnlicher Weise begegnen wie andere Menschen (mit Behinderung). Wissenschaft und Praxis müssen therapeutische Wege aufzeigen, wie den Menschen ein weitgehend individuelles, angenehmes und vor allem selbst bestimmtes Leben ermöglicht werden kann.

Unterschiedliche Pflegephilosophien für Pflegebedürftige allgemein und Menschen mit Demenz im Speziellen erheben den Anspruch beste „Versorgung" für die Patientinnen und Patienten zu bieten oder aber schlichtweg ökonomisch effizienter zu sein. Mit der zunehmenden Etablierung einer „Pflegewissenschaft" und da-

---

[1] Siehe dazu § 39 BSHG (v. 27.12.2003); § 2 Abs. 1 SGB IX (v. 23.4.2004); Cloerkes 2007, 4 f.

mit einhergehender Loslösung der Pflege aus dem (rein) medizinischen Bereich werden ebenfalls sozialwissenschaftliche Erkenntnisse für dieses Feld wichtiger.[2]

2. Soziale Aspekte von Psychotherapie und Pflege bei Demenz

Ein selbst bestimmtes, sozial möglichst normales Leben zu führen ist Zielsetzung der sozialen und pflegerischen Arbeit mit behinderten[3] Menschen. Für den Bereich der Altenarbeit weist Pörtner (2005, 73 ff.) darauf hin, dass dabei die „Sprache" des anderen Menschen gefunden werden müsse. Sprache kann hierbei auch abstrakter und weiter im Sinne von Erkennen und Eingehen auf Lebenskonzeption, Bedürfnisse und (biographische) Identität verstanden werden. Bienstein[4] beschreibt in einem Interview, dass man Personen z.B. nie nur wasche, sondern „mit ihnen über Gott und die Welt" spricht.

Mit dem Begriff „Soziotherapie" sind beispielsweise im Vierten Altenbericht (2002, 290) Faktoren des sozialen Umfeldes und Netzwerkes beschrieben, (soziale) Strukturen sollen persönlichen Bedürfnissen entsprechen.[5] Soziale Pflege und Soziotherapie sollen

---

2 Die wissenschaftliche Diskussion beinhaltet auch die Aspekte: stationäre versus (ambulante) häusliche Pflege. Siehe dazu stellvertretend die MuG-Forschungsprojekte des Bundesministeriums für Familie, Senioren, Frauen und Jugend: „Möglichkeiten und Grenzen selbstständiger Lebensführung" in Privathaushalten bzw. (stationären) Einrichtungen.

3 Behinderung ist zu weiten Teilen rechtlich und im Bereich sozialer Hilfe institutionalisiert (Cloerkes 2007, 39 f.). Wesentliche Prinzipien und Forderungen dabei sind Rehabilitation und (soziale) Teilhabe behinderter Menschen (ebd., 66 ff.). Behinderung ist nicht absolut, sondern relativ hinsichtlich der zeitlichen Dimension, des subjektiven Erlebens der Behinderung verschiedener Lebensbereiche bzw. -situationen und der (kulturabhängigen) sozialen Reaktion (Cloerkes 2007, 9 f.). Die sozialen und zeitlichen Faktoren der Demenz wurden schon angesprochen. Gerade bei fortgeschrittener demenzieller Erkrankung erscheint deshalb die Kategorisierung als Behinderung opportun.

4 Christel Bienstein ist Leiterin eines Instituts für Pflegewissenschaft, Pflegeexpertin und damit auch Praktikerin.

5 Genannt werden als soziotherapeutische Therapieansätze: die Gestaltung des Wohnumfeldes (Architektur, Raumgröße und -ausstattung etc.), die Gestaltung des persönlichen

im Folgenden als soziale Maßnahmen im weiteren Sinne verstanden werden, die zusätzlich bzw. unabhängig von medizinisch-pflegerischem Handeln soziale Interaktion sowie psychische und physische Möglichkeiten verbessern helfen sollen.[6]

Dieses „integrative Arbeiten ist aber etwas ganz Natürliches und Selbstverständliches". Man sitze ja auch nicht wortlos am Frühstückstisch und kaue sein Brötchen, sondern unterhalte sich oder mache noch andere Dinge nebenbei.[7] Liegt es aufgrund aller Erkenntnisse nicht nahe, Interaktion und Kommunikation auch als Problemlösungsstrategien oder „Therapiemöglichkeiten" zu verstehen und einzusetzen?[8] Kommunikation gelingt, wenn sich in die Stimmungslage des Erkrankten versetzt wird, seine bzw. ihre Situation und Nöte erfasst, exploriert werden und „passende Themen" angesprochen werden (Wojnar 2001, 72).

Kitwood konstatiert, dass man immer wieder feststelle, dass bei demenz-erkrankten Menschen „soziale und zwischenmenschliche Faktoren ins Spiel kommen und entweder zu den sich unmittelbar aus der neurologischen Beeinträchtigung ergebenden Schwierigkeiten beitragen oder helfen, deren Auswirkungen abzuschwächen." (2008, 67). Wenn soziale Interaktion und Kommunikation Basis unseres (gesellschaftlichen) Daseins sind, so kann auch Pflege nicht darauf verzichten, ohne einen Mangel hervorzurufen. Dies meint entsprechend der theoretischen Diskussion der letzten Jahrzehnte, dass Pflege viel mehr als Verpflegung ist oder besser sein muss. Nahrung, Hygiene und medizinisch-therapeutische Maßnahmen müssen als „Grundsicherung", als absolutes Minimum einer menschenwürdigen Existenz gesehen werden, während Pflege im 21.

---

sozialen Netzes, die Einbindung des öffentlichen sozialen Netzes sowie Interventionen zur Adaptation der Strukturen auf die persönlichen Bedürfnisse (Vierter Altenbericht 2002, 290).

6   Die soziale Perspektive beinhaltet gerade auch ein weitläufiges Verständnis und keine Beschränkung auf einzelne (z.B. medizinische, psychische, räumliche) Faktoren. Eine mikrosoziologische Anschauung im Sinne von Akteurs- und Interaktionszentrierung wird empfohlen.

7   Siehe dazu: Interview mit Christel Bienstein, in: Breitscheidel 2005, 216 ff.

8   Dadurch würde wiederum dem („natürlichen") Konnex von Medizin (Physiologie, Psychologie) und Sozialem Tribut gezollt.

Jahrhundert nur darüber hinausgehenden Umgang mit den Personen meinen kann.

Interaktion, Kommunikation und Berücksichtigung der individuellen Biographie sind die Säulen wirkungsvoller sozialer Hilfe. Vielerorts wird es zwar propagiert und gewünscht; ein Großteil stationärer Einrichtungen wird den Ansprüchen jedoch nicht gerecht (werden) und aufgrund sozioökonomischer Pragmatik und politischen Zwängen zum Teil auch nicht können. Kommunikation und Interaktion sind selbstverständlich und nachweislich im Umgang mit Demenzpatienten und im Pflegealltag oftmals problematisch; deshalb sollte beides als „Therapiemöglichkeit" verstanden und eingesetzt werden.[9] Soziale Interaktionen und Kommunikation sollen Verständnis für die individuelle Identität und Perspektive bewirken – die Wünsche und Bedürfnisse gegenüber äußeren Direktionen an Bedeutung gewinnen und dabei soziale Partizipation in der Institution oder gar darüber hinaus ermöglicht werden.

„Körperorgane, vor allem aber das Gehirn zeigen zudem eine übungsabhängige Plastizität: Übung – ohne Überforderung – fördert den Struktur- und Funktionserhalt wie auch kompensatorische Potenziale." (Heuser/Maier 2006, 296). Unter dem Punkt „Theoretische Konzepte des Alterns" wurden oben bereits die Aktivitätstheorie und das Kompetenzmodell eruiert. Sieht man wie Olbrich (1991, 11 ff.) den Menschen als „entwicklungsoffenes System", müssen die noch vorhandenen Kompetenzen aktiviert und gefördert werden. Wenngleich eine demente Person in einer freien Entwicklung gehindert ist, ist ihr Zustand doch von der Umwelt beeinflusst. Den gesunden alternden Menschen, wie auch die Demenzkranken ihrem „Schicksal" zu überlassen und nicht (inter-) agierend oder gar therapeutisch zu handeln, wird keinesfalls helfen. Hinsichtlich des Lernens bzw. der Lernfähigkeit sind „Anregungen und Stimuli während des gesamten Lebensablaufs" ebenso relevant wie die allgemeine Lebenszufriedenheit (Witterstätter 2003, 115). An diesen Punkten kann und sollte Altenhilfe und (soziale) Pflegearbeit anset-

---

[9] Vgl. beispielhaft Pörtner 2005, 67; Interview mit Christel Bienstein, in: Breitscheidel 2005, 216 ff.; Kitwood 2008; Deutsche Alzheimer Gesellschaft (Hrsg.) 2008.

zen und intervenieren. Ältere, Kranke und Behinderte brauchen Zeit. Man muss ihnen und sich als Interagierendem oftmals Zeit geben, damit Erfolge in Erscheinung treten können. Sicherheit, Ruhe (Ungestörtsein), Wohlbefinden, Motivation, Vielfalt und Sinnhaftigkeit sind wesentliche Faktoren, die Lernen begünstigen (Lehr 2000, 93, n. Witterstätter 2003, 116) und damit aktivierend wirken.

Stationäre (Pflege-)Einrichtungen sind eigene soziale Systeme, die auch die Befriedigung psychischer Bedürfnisse der BewohnerInnen als Zielsetzung haben (Strauch 1978, 104, n. Witterstätter 2003, 159). Moderne Kundenorientierungsmodelle können als Variante der Klientenzentrierung unter Berücksichtigung ökonomischer Variablen verstanden werden. Auf das klienten- bzw. personzentrierte Modell soll jedoch im nächsten Punkt ausführlich eingegangen werden. Heime (und totale Institutionen) können zunächst als Risikogröße mangelnder und nachlassender Selbstständigkeit und Selbstbestimmung gesehen werden. Wenngleich es häufig so erscheinen mag, als gäbe es keine Alternative zur Planung, Pflege und Fremdbestimmung des individuellen Tagesablaufs[10], sollte doch kein Versuch außen vor bleiben, zu interagieren, aktivieren und normalisieren. Witterstättter (2003, 171) fordert: „Hilflosigkeit abbauen: möglichst viel vom Bewohner entscheiden lassen". Das Normalisierungsprinzip zielt darauf ab, „dass die alten Menschen sich möglichst wenig von ihrer Umgebung" und den Jüngeren unterscheiden (ebd., 170). Das weitgehende Verhindern von Exklusion und Stigmatisierung als „Unnormalem" ist Aufgabe des Pflegepersonals und muss Teil des Heimkonzeptes sein.

Neben Individualisierung von Fähigkeiten, Bedürfnissen und des (Pflege-)Lebens allgemein können gruppentherapeutische Ansätze sinnvoll sein um nebenbei Resozialisierung zu erreichen. Im Rahmen gemeinsamer Aktivitäten kann mitbestimmt und teilgenommen werden, so dass Selbstbewusstsein, Selbstständigkeit und Selbstbestimmung gefördert werden (Remotivation) (Witterstätter 2003, 179). Kombiniert man Medien kann mit Hilfe von Musik-,

---

[10] Witterstätter (2003, 171) schreibt, dass kein allzu „spezieller Tagesablauf" herrschen soll.

Bewegung- und Tanztherapie die Revitalisierung und Resensibilisierung verschiedener Körperfunktion und Sinne erreicht werden (ebd., 179 f.).[11] Die Basale Stimulation ist in der Alten- und Behindertenarbeit schon länger bekannt, wobei einige „grundlegende Sinneserfahrungen aus der frühen Kindheit, wie Berühren, Streicheln, Schaukeln oder Vibrieren in die pflegerische Interaktion" aufgenommen werden (ebd., 180). Es werden also natürliche biographische Faktoren (als Erlebnisse) mit Interaktion bzw. sozialem Handeln als Therapiekonzept kombiniert. Vor dem Hintergrund, dass solche Sinnesreize emotional stimulieren, kann der Erfolg somit verstärkt werden. Wird ein eigener Sinnes-Therapieraum (Snoezelen-Raum) mit Tast-, Klang- und Farbobjekten verwendet (ebd.)[12], so wird Pflegearbeit und Therapie hier zur multisensorischen Impression einer theatralen-inszenierten Performance.[13]

Für die Sozialsituation „häusliche Pflege" können analoge Empfehlungen gegeben werden mit dem Unterschied, dass gewöhnlicherweise ein großes Maß an Normalität der Umwelt und Umgebung[14] schon bzw. noch besteht. Da die psychische und physische Belastung der Pflegepersonen mit fortschreitender Demenz steigt,[15]

---

[11] Dieses pflegerisch-therapeutische Handeln weist den Weg zu einer „multimedialen Multifunktionstherapie", bei der interaktiv mit Medien die ganzheitliche Funktionsrehabilitation verwirklicht werden kann.

[12] Witterstätter weißt darauf hin, dass die beruhigende Wirkung von „Snoezelen" besonders mit fortgeschrittener Demenz oftmals nicht lange anhält, wenngleich es mindestens als Verbesserung zu schreienden und apathisch-sitzenden BewohnerInnen gewertet werden sollte.

[13] Die Aspekte Dramaturgisierung, Inszenierung, Theatralisierung und Performativität treffen den Zeitgeist einer multimedialen Gesellschaft. Der technische Fortschritt schafft immer neues Potenzial multisensorischer Erlebnisse. Schwarzweiß-Kino hat einen evolutionären Sprung hin zu 3D bzw. „4D" vorgenommen. Wie selbstverständlich wird die Anzahl an Sinneseindrücken und inkludierten Körperfunktionen multimedialer Präsentation erhöht. Ebenso passt sich etwa das (post-)moderne Theater dieser Entwicklung an und performed nicht mehr (nur) Geschichten und literarisches Material, sondern erschließt neue Sinnesdimensionen und spielt mit „verwirrenden" Licht- und Videoinszenierungen, die zu weitergehenden Deutungen und Interpretationen einladen.

[14] Gerade auch die (räumliche) Umgebung spielt bei (schwer) Demenzkranken eine große Rolle (Wojnar 2001, 65 ff.).

[15] Vgl. dazu etwa Schäufele et al. 2006, 132.

kann stationäre Pflege oftmals nur hinausgezögert, aber nicht verhindert werden.[16] Im Gegensatz zu Professionellen richten Angehörige in privaten Pflegesituationen ihr Handeln mehr Richtung Hygiene und Wohlbefinden aus; so kann emotionale Unterstützung in vertrauensvoller (sozialer) Umgebung das positive Resultat sein (Heinemann-Knoch/Knoch/Korte 2006, 163).

3. Akteur, Identität und Kommunikation in Pflegeansätzen

Folgend soll gezeigt werden, dass Pflege und therapeutische Maßnahmen mit psychologischer bzw. psychotherapeutischer Ausrichtung soziologische Elemente wie Kommunikation, Identität und Akteurszentrierung beinhalten. Diametral können die Ausführungen ebenfalls als Darstellung sozialer Pflege bzw. Soziotherapie durch Rückgriff auf Aspekte therapeutisch-pflegerischer Methoden und Theorien verstanden werden. Eine ganzheitliche Sicht, Kontakt und Bindungen, Kommunikation und Personzentrierung sind Aspekte, die im Rahmen entsprechender zentraler Theorien mit soziologischem Blick Berücksichtigung finden.

a) Ganzheitlichkeit

Ausgangspunkt des personzentrierten Ansatzes soll das Ganzheitskonzept sein. Die Ganzheitssemantik findet sich heute insbesondere in der Pädagogik wieder. Sie entstammt jedoch der frühen Gestaltpsychologie (Köhler, Koffka, Wertheimer).[17] Die Gestaltpsychologen vertreten, „dass Reize nicht etwa isoliert, sondern als Reizmuster auf die Wahrnehmung wirken"; es handelt sich um die Gestalt als Ganzes und nicht die Summe von Einzelteilen bzw. -aspekten (Friedrich 2008, 27). Im Mittelpunkt des Interesses steht das systemische Interdependenzgeflecht und nicht nur ein Subjekt;

---

16 Laut Berliner Altersstudien sind 71,1% der „schwerdementen Menschen in Heimen untergebracht" (Wojnar 2001, 63), trotzdem ist ein noch vergleichsweise relativ hohes Maß an häuslicher Pflege auch bei schweren nicht-kognitiven Symptomen oder Bettlägerigkeit empirische Wirklichkeit (Schneekloth/Wahl 2006, 231).
17 Laut Friedrich 2008, 28 f. liegen die Wurzeln des Ganzheitsdenkens gar in der Antike.

Atomismus, Mechanismus und Spezialisierung sind also tabu (ebd., 28). Eigentätigkeit und Eigeninitiative des Subjektes bzw. Menschen ergänzen das pädagogische Konzept von Ganzheit. Holz (1996, n. Friedrich 2008, 31 ff. u. 54 f.) konzipiert Ganzheit als dialektisches Modell („sowohl als auch"), als unabschließbar, was den Menschen am meisten gerecht werde. In diesem Kontext sind Neue Medien als Reflexionsmedien zu begreifen, so Friedrich (2008, 58).

Ganzheitlichkeit ist in Bezug auf Demenz ebenso wie z.B. die gerontologische Disziplin als Interdisziplinarität zu begreifen. Denn Demenz lässt sich nur aus einer entwicklungspsychologischen und sozialen Perspektive verstehen und beeinflussen (Stechl et al. 2007, 225). Die Interaktion zwischen psychologischen und sozialen Faktoren hat insbesondere im frühen Demenzstadium größeren Einfluss (auf das individuelle Krankheitsbild) als die physischen Abbauprozesse (Stechl 2006, n. ebd.).

b) Bindung als Basis von Interaktion

„Auch in der Demenz ist die Person von seiner Biographie [...] nicht abgeschnitten"; (frühe) Bindungserfahrungen sind ein wichtiger lebensgeschichtlicher Teil (Stuhlmann 2007, 27). Bindung[18] ist rückgekoppelt mit der emotionalen Ebene. Das Bindungskonzept (z.B. nach Bowlby)[19] kann dann in den Pflegealltag einfließen (ebd., 29); Bindungsmuster zu nahe stehenden Person können erkannt und transformiert werden. Bei Demenzpatienten resultieren gemäß Stuhlmann (2007, 32 ff.) daraus einige Handlungsempfehlungen: Konstanz der Pflegeperson, soziale Teilhabe, Stützen der Identität aus der Biographie, Gleichgewicht zwischen Nähe und Distanz, Förderung von konkretem Verhalten, Normalität, Sicherheit

---

[18] „Bindung ist ein allgemeiner Begriff, der sich auf den Zustand und die Qualität der individuellen Bindungen bezieht." (Holmes 2006, 88) Die Bindungstheorie (nach Bowlby) kann als räumliche Theorie verstanden werden (ebd., 87).

[19] Nach Bowlby werden zwei allgemeine Bindungstypen unterschieden: sichere und unsichere Bindung. Letzte teilt sich in drei Unterkategorien: unsicher ambivalente, sicher vermeidende und unsicher desorganisierte Bindung; vgl. Stuhlmann 2007, 29 ff., weiterführend Holmes 2006. Für die Ausgestaltung der Bindungsmuster bzw. die entsprechenden Handlungskonzepte bei Demenz siehe etwa Stuhlmann 2007, 31.

und Autonomie stärken; dies bezieht sich auf Umgang (Handeln, Interaktion), Umgebung (Raum) und Strukturen (System, auch Zeit).[20]

> „Problematisches oder herausforderndes Verhalten kann häufig als Suche nach Bindung und als Versuch, mit Beziehungen in der Pflege entsprechend umzugehen, verstanden werden. [...] Entscheidender als Techniken sind die menschliche Basis der Beziehung, die Haltung, die Bereitschaft und die Fähigkeit, sich als feinfühlige und zuverlässige Bindungsperson zu Verfügung zu stellen." (Stuhlmann 2007, 34).

Soziale Anerkennung, Zugehörigkeit und Bindung sind für die Identitätsentwicklung und Identitätsarbeit bedeutsam. Gerade wenn durch Altern und fortschreitende Demenz die stationäre Pflege in neuer sozialer Umwelt nötig wird, muss eine Kompensation(-smöglichkeit) für intensiven (guten) familialen Kontakt und Bindungen im gewohnten (bisherigen) sozialen Umfeld stattfinden. Soziales Handeln und soziale Beziehung kann durch Bindung also gestärkt respektive qualitativ verbessert werden. Regelmäßige Interaktion und Interdependenzen zwischen (gleichen) Akteuren können Ausdruck von Bindung sein.

In der Pflege und bezüglich Demenzkranker soll Bindung bedeuten, dass (Pflege-)Verhalten zu sozialer Interaktion und Kommunikation wird, dass die Betroffenen als menschliche Akteure gesehen und in humanistischer, liebevoller Weise Aufmerksamkeit finden.

c) Kontakt und Kommunikation in der Prä-Therapie

In der (personzentrierten) Altenpflege und im Umgang mit psychisch beeinträchtigten sowie behinderten alten Menschen wird ebenfalls die sogenannte „Prä-Therapie" angewandt, die auf der Klientenzentrierung von Rogers[21] beruht. Sie steht in der Tradition der phänomenologischen Psychologie und Psychiatrie z.B. Husserl (Prouty 1998, 28). Eine ganzheitliche Perspektive über sichtbares

---

20 Ähnlich Stuhlmann 2007, 33.
21 Hierzu im Nachfolgenden mehr.

3. Akteur, Identität und Kommunikation in Pflegeansätzen 91

Verhalten hinaus steht im Zentrum der Aufmerksamkeit (van Werde/Morton 2002, 189). Das Erleben *an sich* ist Ausgangspunkt (ebd., 28 ff.). Erleben ist ein „*konkreter, körperlich empfundener Prozeß*" (ebd., 57). Einfühlung soll als Zeichen der Mitmenschlichkeit die Befindlichkeit des Menschen verbessern (ebd., 31). Prouty stellt also die Bedeutung des psychisches Kontaktes anhand der Kontaktfunktionen dar. Die drei Kontaktebenen bzw. –funktionen sind: Kontakt zur Realität, Kontakt zu sich selbst (emotionaler Kontakt) und Kontakt zu Anderen (kommunikativer Kontakt) (Pörtner 2005, 35; Prouty 1998, 32 ff.). Diese Kontaktfunktionen seien bei den Erkrankten häufig beeinträchtigt. Vor allem mit der Methode der Kontaktreflexionen sollen sie entwickelt und gefestigt werden können. Dies kann in Form von Situations-, Körper-, Gesicht- und Wort-für-Wort-Reflexionen wie auch mit dem Prinzip des Wiederaufgreifens gefördert werden (Pörtner 2005, 36 f.). Kontaktfunktionen wieder herzustellen und entfremdende institutionelle Rahmenbedingungen zu verbessern sei vorrangige Aufgabe bei der Betreuung von verwirrten alten Menschen (und mit Demenz). Denn Studien zeigten, so Prouty, dass Betroffene in prä-expressive Kommunikationsformen (wie Neologismen, Satzfetzen und Wortsalat) zurückfallen, aber um soziale Kommunikation rängen und kämpften (Prouty 1998, 40).

„Bei der Prä-Therapie stellen wir Kontakt her, begleiten den Klienten, stärken die Verankerung und helfen der Person, ein gewisses Maß an Kontrolle über ihre Situation zurückzugewinnen." (van Werde/Morton 2002, 211) Von dem Verhalten Demenzkranker lässt man sich als Gegenüber sodann inspirieren, wie „konkret auf die seltsamen oder unverständlichen Verhaltensweisen einzugehen" ist bzw. eingegangen werden kann (van Werde/Morton 2002, 214).

Im Sinne der Semiotik müssen dabei auch Symbole bzw. symbolische Kontaktversuche und Kommunikation entsprechende Deutung und Reflexion finden. Körpersprache allgemein sowie offene Arme, Streicheln, Handauflegen und Lachen als exemplarische Gesten symbolisieren (Gruppen-)Zusammenhalt und demonstrieren

Zuneigung (Wojnar 2001, 73). Weiterhin spielen Raum und Zeit eine wichtige Rolle (Binswanger 1958, n. Prouty 1998, 55).

d) Humanismus und Personzentrierung bei Demenz

Personzentrierte Ansätze können als Gegenströmung im Sinne einer Alternativtherapie zu von „biologisch-deterministischen Vorstellungen" geprägten „medizinischen Versorgungsstrukturen und Hilfsangebote[n, D.H.M.]" begriffen werden; „der aktive Einbezug Betroffener" von der Forschung bis in den Pflegealltag ist unerlässlich (Stechl et al. 2007, 228).

Der US-amerikanische Psychologe Carl R. Rogers entwickelte in der Nachfolge von Sigmund Freud den klientenzentrierten Ansatz auf Basis seiner gewonnenen positiven (humanistischen) Ansichten über Menschen und zwischenmenschliche Beziehungen[22]. Zunächst erhielt das Denken Rogers in die Psychotherapie und insgesamt als humanistischer Gegenentwurf zu „klassischen" Ansichten seiner Zeit (wie diejenigen Sigmund Freuds) Aufmerksamkeit. Für das Verhältnis von Klient und Therapeut definierte er Grundhaltungen bzw. -regeln: Dem Klienten sei mit (bedingungsloser) positiver Wertschätzung und Empathie (einfühlsames Verstehen) zu begegnen; zusätzlich müsse in dem Verhältnis Kongruenz herrschen, das heißt insbesondere auch der Therapeut müsse „echt", „wahrhaftig" und „transparent" in seinem Handeln sein und wirken (Rogers 1981, 67 f.).[23] Diese Bedingungen wurden später auf viele andere Bereiche ausgedehnt, sei es z.B. auf den professionellen Kontakt in der Sozialen Arbeit oder auch Betreuungs- und Pflegeverhältnisse, darüber hinaus etablierte sich der Begriff Personzentrierung für nicht-therapeutische bzw. „nicht-klientische" Beziehungen.[24]

---

[22] Zu den grundlegenden Einsichten „über zwischenmenschliche Beziehungen" auch auf Grund seiner persönlichen Erfahrungen vgl. Rogers 1983; zum Gesamtüberblick siehe etwa Rogers 1981: „Der neue Mensch".

[23] In dem Text „Die nicht-direktive Beratung" (2007) geht Rogers auf das Beratungsverhältnis – über den klientenzentrierten Ansatz hinaus – genauer ein.

[24] Carl Rogers spricht ursprünglich vom klientenzentrierten Ansatz bezogen auf ein therapeutisches Verhältnis. Später verwendet auch er den weiteren Begriff Person-Cente-

3. Akteur, Identität und Kommunikation in Pflegeansätzen 93

Ebenso kann ein ganzheitliches Verständnis als Grundlage der Personzentriertheit verstanden werden. Bindung und Kontakt bzw. Eingehen auf den konkreten Menschen sind wesentliche Forderungen des Ansatzes, wie wir sehen werden. Bei der klientenzentrierten Arbeit, wovon Personzentrierung ein Spezialfall ist, wird das Individuum jedoch nicht objektiviert, sondern steht vielmehr im Mittelpunkt. Seine Perspektive und „seine (reale) Welt" sind fundamental für das pädagogische oder therapeutische Verhältnis.

Federführend wird im Folgenden der „person-zentrierte Ansatz im Umgang mit verwirrten Menschen" (Demenz) von Tom Kitwood sein, der weitläufig zitiert und rezipiert wird.[25] Seine Ausführungen sind als Weiterentwicklung der Klientenzentrierung Rogers zu begreifen und haben im Speziellen ein neues Denken und Handeln in den gerontologischen Bereich der Demenz eingeführt. Der Begriff „Personsein" umfasst nach Quinton (1973, n. Kitwood 2008, 27) Bewusstsein, Rationalität, Macht zu Handeln, Moralität und Beziehungsfähigkeit.

„Wenn wir Demenz verstehen wollen, ist es meiner Ansicht nach entscheidend, Personsein im Sinne von Beziehung zu sehen. Selbst bei sehr schwerer kognitiver Beeinträchtigung ist oft eine Ich-Du-Form der Begegnung und des In-Beziehung-Tretens möglich." (Kitwood 2008, 32)

Jeder Mensch unterscheidet sich des Weiteren grundlegend von anderen, er hat eine einzigartige Geschichte und psychologisch formuliert: Persönlichkeit (Einzigartigkeit von Personen) (ebd., 35). Der personzentrierte Ansatz (Rogers, Kitwood) bezieht sich dem gemäß auf zwei wesentliche Faktoren: Persönlichkeit und (zwischenmenschliche) Beziehungen. In den (soziologischen) Kategorien dieser Arbeit gesprochen, liegt der Fokus auf Identität (Individualität) und sozialen Interaktionen (Interdependenzen).[26] Kitwood

---

red Approach (PCA).

[25] Die erste Auflage des Werkes des Psychogerontologen Tom Kitwood stammt aus dem Jahr 1997, 1998 verstarb er.

[26] Bei den präsentierten Ansätzen muss beachtet werden, dass sie dem psychologischen oder psychotherapeutischen Bereich entstammen. Es wird von Zeit zu Zeit sich nicht

vergleicht die „Zwangslage" von Menschen mit Demenz mit einem „falschen Selbst" bzw. einer „Fassade", woraus ein Untergraben des Personseins sichtbar würde. Er fragt provokativ: „Wenn Einzigartigkeit zu grauem Vergessen verblaßte, in wieweit geschah dies, weil die Umgebung nicht die notwendige Empathie oder Fähigkeit entwickelt hat, sich auf wirklich persönliche Art zu verhalten?" (Kitwood 2008, 37) Die Bewahrung des Personseins muss als psychologische und (äquivalent) neurologische Aufgabe verstanden werden; Geist und Körper sind als Einheit zu denken (ebd., 40). Person meint schon immer die „vergesellschaftete Form der Identität" (Friedrich 2008, 64, Fn. 48).

Demenz ist immer eine individuelle Erfahrung entsprechend der Persönlichkeit und Biographie, meint Kitwood (2008, 118 ff.). Als wichtigste psychische Bedürfnisse gelten wie bereits erwähnt: Liebe, Trost, Identität, Bindung, Einbeziehung und Beschäftigung (ebd., 122). Bindung, Einbeziehung und Beschäftigung lassen sich zumindest bei weiterem Verständnis unter den Interaktionsbegriff subsumieren, wenngleich sie auch spezielle, weitergehende Phänomene beschreiben. Das Identitätsbedürfnis wurde bereits ausgiebig beschrieben und hat einen hohen Stellenwert, insbesondere in Anlehnung an den biographischen Background. Trost wird im nachfolgenden Kapitel zum Thema Trauer noch ausführlicher thematisiert. Liebe kann einerseits diesem Kontext, anderseits aber auch der interaktionistischen Beziehungsebene zugeordnet werden. Emotionalität, Psyche und Sozialität greifen hier ineinander und sind Ausdruck des Personseins. „Eine Person zu sein bedeutet, in einer Welt zu leben, in der Bedeutungen miteinander geteilt werden." (ebd., 130)

Demenz und das oftmals als „unbedeutendes Verhalten" missverstandene soziale Handeln Erkrankter kann mit dem Symbolischen Interaktionismus besser verstanden werden,[27] wenn die be-

---

erübrigen lassen, soziologische bzw. gesellschaftliche Äquivalenzbegriffe und -kategorien einzuführen, um die Arbeit abzurunden und die bisherigen Kapitel in Relation setzen zu können.

[27] So auch Kitwood 2008, 131.

sondere „Sprache" als Symbolik und damit als Normalität (sui generis) akzeptiert und interpretativ ergründet wird. Der Interagierende kann und sollte sich immer fragen, warum geschieht das, was geschieht und warum verhält er/sie sich so, wie er/sie es tut.

Eine Mutter-Kind-ähnliche Empathie ist gefragt, um Bedürfnisse im Keim zu erkennen und reagieren zu können – mit dem Unterschied, dass die resp. der Ältere eine umfassendere charakteristische Lebensgeschichte aufzuweisen hat, die zu Interpretation und Erklärungsansätzen einlädt. Dazu gehört Kitwood (2008, 131 f.) zufolge ein weitergehendes Verständnis von „Interaktion" im Pflegealltag: „[...] nicht einfach nur das Reagieren auf Signale, sondern das Erfassen von Bedeutungen [...]. Es beinhaltet Reflexion, Antizipation, Erwartung und Kreativität." Über den Kopf eines (pflegebedürftigen) Menschen hinweg Entscheidungen zu treffen, sich nicht ausreichend Zeit zum Warten auf Reaktionen oder für Zuhören zu nehmen, kann herabwürdigend, unmenschlich, mechanisch oder zumindest unpersönlich wirken. Ebendarum sollte bei täglicher Interaktion und Kommunikation Würde, Mensch- bzw. Personsein, Persönlichkeit und Nähe bedacht und mit vermittelt werden.

e) Personzentrierter Ansatz und System(-theorie)

Jürgen Kriz kombiniert systemische bzw. systemtheoretische Aspekte mit solchen der Personzentrierung, woraus die „personzentrierte Systemtheorie" als Erweiterung entsteht. Die Perspektive ist psychologisch (Kriz 2004, 15) und inkludiert therapeutisches Denken. Kriz (ebd, 16) fasst die zentralen Einsichten zur „Personzentrierung" wie folgt zusammen:

> „Im Zentrum steht dabei der innere Bezugsrahmen, aus dem heraus ein Mensch der Welt, anderen Menschen und letztlich sich selbst Sinn stiftend und Stellung nehmend begegnet, und der in spezifischer Weise mit dem fortwährenden Strom seiner Eindrücke und seines Ausdrucks verbunden ist. Die Struktur dieser Prozesse hat sich, biografisch gesehen, in bedeutsamen Beziehungen zu anderen (in der Regel zunächst zu den Eltern) entwickelt [...]."

Systemtheoretische Komponenten dabei sind: unterschiedliche „Mikro-Makro-Prozessebenen" mit Fragen nach „Stabilität, selbstorganisierter Strukturbildung und deren Veränderung" (ebd., 16). Kriz betont die Ordnungsstrukturen und Regelmäßigkeit der Lebenswelt (ebd., 17 f. u. 43). Neben diesen sei beobachtbare Interaktion stets auch „persönlicher Ausdruck der beteiligten Individuen" (ebd., 43). Personzentrierung werde dem Menschen als kommunikativem Wesen gerecht (ebd., 47). Indem Identität als Ergebnis sozialer Prozesse gesehen werde, könne und müsse er sich stets selbst als Mittelpunkt seiner Narrationen (Erklärungen) sehen (ebd., 47).[28] Auf der individuell-psychologischen Ebene betont Kriz die (netzwerkartige) Verbindung von Gedächtnisprozessen, die sich auch körperlich manifestiere, andererseits aber von kulturellen Einflussgrößen tangiert seien (ebd., 49 ff.). Menschliche Kommunikation ist (interdependent) in soziale Prozesse eingegliedert. „Narrationen, die Episoden und Geschichten, aus denen sich der biografische Hintergrund des Einzelnen jeweils formt (und verändert), sind in die Feldstrukturen sozialer Sinndeutungen und Geschichten eingebettet." (Kriz 2004, 60) Wirklichkeitskonstruktionen (auch narrative) sind in soziokulturelle Felder oder besser in Figurationen eingebettet. Interaktionen, Kommunikation und Narrationen lassen sich somit nur mit einem kontextbezogenen Blick erklären – Sinn wird in einem „Multi-Ebenen-Prozess" (ebd.) gestiftet. Wenngleich Kriz auf sinnige, weitreichende, „ganzheitliche" Kriterien den Fokus richtet, muss sich gefragt werden, was davon im Ergebnis wirklich eine Erweiterung zum personzentrierten Ansatz (z.B. nach Kitwood) ist.

Soll etwa die Beziehungsebene beleuchtet werden, um ein besseres Verständnis von der Person zu erhalten, so betrachtet man Interdependenzgeflechte, Beziehungssystem und -netzwerke. Die Verzahnung von Prozessen (innerer psychischer bis zur Systemebene) im Sinne von System-Umwelt oder Innen-Außen hervorzuheben, stellt einen Mehrwert der Personzentrierung dar. Dass Kriz dabei

---

[28] Hierbei verweist Kriz (2004, 45 ff.) einerseits auf Watzlawick et al. (und exemplarisch auf die Interpunktion) und andererseits auf Mead und Buber.

nicht in so strengen Kategorien wie Luhmann verharrt, sondern etwa Interaktionen und die individuelle Sicht zu inkludieren weiß, mag gerade für den Demenz-Bereich und die humanistisch-therapeutische Pflege von Vorteil sein.

4. Biographiearbeit im Bereich Demenz

Durch biographische (Pflege- und Therapie-)Arbeit soll mit der Vergegenwärtigung der Lebensgeschichte, sowie fundamentaler Ereignisse Identität gestärkt werden. Biographiearbeit führt (implizit und) zwangsläufig zu Interaktion und Kommunikation. Individuellere Pflege und Bedürfnisbefriedigung in der sozialen Hilfe und Pflege können ermöglicht werden und womöglich (alte) Erinnerungen und Fähigkeiten geweckt werden.

a) Grundlagen der Biographiearbeit

Um sich dem Thema der sozialen bzw. therapeutischen Arbeit mit Biographien zu nähern, wurde bisher die Bedeutung von Identität und Biographie eruiert.[29] Es wurden ebenfalls einige (potenzielle) Verbindungspunkte zu Medien und Demenz skizziert. Nun sollen insbesondere Ansätze (sozial-)pädagogischer Biographiearbeit präsentiert werden, die ein Repertoire an Hilfe- und Pflegemaßnahmen auch für den Demenz-Bereich bereitstellen.

Dem umfangreichen Spektrum an wissenschaftlichen Arbeiten zur (theoretischen) Biographieforschung steht eine Vielzahl an Literatur mit praktischem (sozialpädagogischen) Bezug anbei: z.B. Kraul/Marotzki (Hrsg., 2002): Biographische Arbeit, Ruhe (2007): Methoden der Biografiearbeit, Griese/Griesehop (2007): Biographische Fallarbeit, Lindmeier (2004): Biografiearbeit mit geistig behinderten Menschen.[30]

---

[29] Siehe Kapitel IV (Theoretischer Teil).

[30] Biographiearbeit (Biographische Arbeit) hat zugleich in den verschiedensten (Klienten-)Bereichen der pädagogischen Arbeit Einzug gehalten, vor allem in der Kinder- und Jugendarbeit, Erwachsenenbildung und Alten(pflege)arbeit.

Biographiearbeit erhält neben dem Alten(pflege)bereich zunehmend Aufmerksamkeit bei der Jugend- und Erwachsenenbildung, im Behindertenbereich, für die Soziale Arbeit mit Kindern, Kriminellen, weiblichem Klientel und vielem mehr.[31]

Biographiearbeit meint die professionelle „Beschäftigung mit der Lebenswelt und der Lebensgeschichte (Biografie) eines Menschen" (Lindmeier 2004, 11). Biographiearbeit hat die Beschäftigung mit der individuellen Biographie zum Gegenstand. Die Anleitung zur biographischen Selbstreferenz ist eine Variante, während biographische Fremdreferenz z.B. zur Verbesserung von Pflege(-handeln) eine andere ist. Die Arbeit – im (sozial-)pädagogischen Sinne – mit den individuell-subjektiven Erfahrungen und Ansichten des Menschen steht dabei im Vordergrund. Lindmeier (2004, 75) spricht vom „Arbeiten an und mit einer Lebensgeschichte"; Wickel (2009, 255) sieht die „Arbeit am Erkennen, Erschließen und Fördern möglicher Ressourcen und Kompetenzen des demenziell Erkrankten" allgemein als primär an. Den Menschen nicht nur im „Hier und Jetzt abzuholen", sondern alles (im Leben) bisher Gewesene zu berücksichtigen und entsprechend zu interpretieren, kann als ganzheitlicher Ansatz begriffen werden. Fischer (2004, 65 ff.) spricht hingegen von „biographischer Strukturierung", die mittels Fallrekonstruktionen z.B. in biographisch-narrativen Interviews möglich ist. Die Einbettung in nicht-bewusste Kontexte ist dabei nichts Ungewöhnliches (ebd.).

b) Psychobiographisches Pflegemodell

Wie kann man Menschen und ihr scheinbar irrationales (soziales) Handeln verstehen? Dabei sollen die Praktiken der Biographiearbeit und das psychobiographische Modell helfen, damit die Verwirrten nicht noch mehr verwirrt werden.[32]

Das „Böhm-Modell" geht auf den Österreicher Erwin Böhm zurück, der als Krankenpfleger und Forscher über Jahrzehnte prakti-

---

31 Siehe z.B. Hölzle/Jansen (Hrsg.) 2009; Kraul/Marotzki (Hrsg.) 2002.
32 Ein populäres Buch von Erwin Böhm trägt deshalb den prägnanten Titel: „Verwirrt nicht die Verwirrten!"

sche Erfahrungen im (psycho-)geriatrischen Pflegebereich sammelte. Schon vor etwa 25 Jahren wurde die „Reaktivierende Pflege nach Böhm" als Pflegemodell bekannt.

Böhm betont die Relevanz frühkindlicher Erfahrungen, die bei Erwachsenen normalerweise nur latent und versteckt vorhanden sind, die jedoch durch „einen Auslösemechanismus" wie Alzheimer wieder oberflächlich werden können (2004a, 15 f.). Ursprünglich eingeübte Reaktionen wie Schreien, Weinen und die Suche nach der Mutter werden wieder aktiv, Kultur und „Über-Ich-Leistungen" werden vergessen, und Emotionen treten „ungebremst" zu Tage (ebd., 16). Böhm betont jedoch, dass „scheinbar absurdes Verhalten an und für sich eine verborgene Logik" besitze (ebd.).

Dieses Verständnis soll mittels Erforschung der thymopsychisch[33](-singulären) Biographie, die aus Copings[34], Folkloremustern[35] und Stories besteht, erlangt werden ebd., 18). Böhm scheint den biographischen Narrationen keinesfalls (nur) Fakten, sondern vielmehr psychische, historische und soziokulturelle Variablen entnehmen zu wollen. Dies stellt den diagnostischen (ersten) Schritt dar, dem dann die Biographieinterpretation folgt, aus der adäquates pflegerisches Handeln abgeleitet werden kann (Böhm 2004a, 18). Symptome des Alters werden als Ausdruck biographischer Phänomene betrachtet (ebd.). Das Modell orientiert sich dem gemäß an den emotionalen, triebhaften Ressourcen des Klienten anstatt an kognitiven Defiziten; es ist ganzheitlich und problem-orientiert

---

[33] Thymopsyche meint den Teil der Seele, der vorwiegend mit Gefühlen zu tun hat (die Affektivität betrifft). Vgl. Böhm 2004a, 278.

[34] Coping ist ebenfalls ein Begriff aus der Psychologie und der englische Fachausdruck für Bewältigung, also die Antwort auf Stress und besondere Belastungen. Es entstehen Verhaltensmuster/-rituale, die ein ganzes Leben abrufbar sein können. Vgl. Böhm 2004a, 259.

[35] Folklore bezieht sich auf den nicht-analytischen inhaltlichen Teil der Biographie, auf die „Volksseele" (Hegel) der bzw. in der Erzählung und nicht um psychoanalytische Aspekte. Folkloresprüche sind somit ein Spiegel der Seele und auch des kollektiven Bewusstseins, meint Böhm (2004b, 8). Der Begriff Folklore weist jedoch darauf hin, dass Böhm dem Volkstümlichen als Teil des Sozial-Kollektiven besondere Bedeutung zukommen lässt. Eine Sammlung von Sprüchen und Lebensweisen präsentiert Böhm ebenfalls (ebd., 54 ff.).

(ebd., 18 f.). Pflegeziel sei insbesondere die „Wiederbelebung der Altersseele"[36] und außerdem die „Belebung der Pflegerseele durch fachliches Niveau" (ebd., 19). Seine Sichtweise von Pflege stellt Böhm der ATL[37]-fixierten Pflege, psychogeriatrischer Perspektive und behandlungspflegerischer (somatischer) Orientierung gegenüber. Böhm möchte also, dass auf die zu Pflegenden eingegangen wird – auf ihre (frühen) biographischen Erfahrungen und die damit verbundenen aktuellen Bedürfnisse und Fähigkeiten. Der aktuelle Zustand sollte weder physisch noch psychisch pathologisiert werden. Ebenso wenig darf „warm-satt-sauber"-Pflege an erster Stelle stehen und das soziale Leben bestimmen. Wenngleich von Böhm zunächst ein anderer Eindruck erweckt sein könnte, so sind für sein Konzept doch Sozialisation und soziale Beziehungen (in der Pflege) von großer Relevanz.

Die menschlichen Wurzeln des biographischen Lebensbaumes sind außerdem genetische Faktoren, (An-)Triebe und Intuition, sowie Habitusprägungen und Sozialisation durch die Familie und das soziale Milieu (Böhm 2004a, 136). Der Charakter im Sinne von gleich bleibenden Grundzügen von Handlungen, Einstellungen, Strebungen und Gesinnungen bilden den „Stamm" (ebd.). Verhalten und Handeln sind den Ästen zuzuordnen und nach Böhms eigenem Erklärungsversuch Resultat erlernter Lebensmuster (Copings) in den ersten 25 Lebensjahren (ebd., 140 ff.). Durch Sozialisation entwickelt sich der (normale) Mensch im Leben. Böhm (ebd., 142 u. 179 ff.) differiert hier sieben entsprechende Erreichbarkeits- bzw. Interaktionsstufen (analog zu den Lebensphasen[38]): (1) (Re-) Sozialisation, (2) Mutterwitz, (3) seelische (emotionale) und soziale Grundbedürfnisse, (4) Prägung, (5) Höhere Antriebe (Triebe und Motive), (6) Intuition, (7) Urkommunikation.

---

36 Böhm spricht ferner von „Elan vital" als die menschliche Energie der Seele und Ursprung des Lebendigen und der Motivation.

37 ATL bedeutet: Aktivitäten des täglichen Lebens.

38 Die ersten 25 Lebensjahre teilt Böhm (2004a, 142; 2004b, 184) ein in: Säuglingszeit, Kindheit, Schulkindalter, Jugendlicher, Pubertät und Entwicklung bis 25. Die folgende und siebte Lebensphase bezeichnet er als „Höhe des Lebens".

In den Phasen (bis zum 25. Lebensjahr) werden „Überlebensstrategien" entwickelt und geübt, was zu unterschiedlichen Schweregraden von Verhaltensauffälligkeiten führt (ebd., 152 f.). Sozial erfolgreiche (unterstützte, akzeptierte) Copings werden gespeichert und ritualisiert (ebd., 152). Im Alter oder durch Pathologien kann die Interaktionsfähigkeit bis auf eine triebhafte, urkommunikative (Säuglings-) Ebene zurückgehen und eine frühzeitliche Verhaltensauffälligkeit wieder auftreten. Böhm spricht dabei von Regression bzw. Regressionsshandlungen als dem „Wiederauftreten von entwicklungsmäßig früheren (infantilen) Verhaltensweisen" und damit der Umkehrung der menschlichen Entwicklung als eine „In-sich-Wendung" (ebd., 153).[39]

In dem „Arbeitsbuch" zum psychobiographischen Pflegemodell (2004b) unterteilt Böhm in die Schritte Erhebung, Interpretation, allgemeine Impulse und Umsetzungsstrategien. Vor der Impulsgebung (im Sinne einer Intervention) steht ein Problem, das aus der Biographie abgeleitet wird und eine entsprechende Hypothese dazu (Böhm 2004b, 168). In der Pflege ist es also notwendig, Copings und Handlungsabsichten zu entdecken und interpretativ zu verstehen.[40] Die „Hier- und Jetzt-Existenz" wird mit alten Eindrücken und Erinnerungen vermischt (ebd., 146) und muss deshalb auf ein gleichsam dualistisches Verständnis der sozialen Umwelt bauen können. Nicht nur (potenziell) aktuelle Bedürfnisse, sondern auch frühere und vergangene müssen bei den Aktivitäten des täglichen Lebens (ATL) Beachtung finden, um ein „Daheim-Gefühl" (Vertrautheit und mehr) zu schaffen (ebd., 145). Dies bedeutet für die Pflegenden kontinuierliches Wahrnehmen, Beobachten und Dokumentieren von Verhalten (in Tagesberichten) und dies zumeist thymopsychisch (ebd., 157). Im Folgenden muss eine Problemerhebung über einen gewissen Diagnosezeitraum (Wochen-Bogen) stattfinden und das Problem nach dem Grundsatz des Normalitäts-

---

[39] Auf S. 155 stellt Böhm (2004a) eine Vielzahl von potenziellen Auslösern für das Umkehrphänomen dar: besondere Situationen, physische und psychische Probleme und Krankheiten.

[40] Vgl. auch Böhm 2004a, 147.

und Reversibilitätsprinzips assoziiert werden (ebd.). Kann das Problem nicht komplett erschlossen und verstanden werden, müssen nach weitergehender Biographie-Erhebung Hypothesen über den Hintergrund (des Verhaltens) gebildet werden. Durch Intervention in Form von Pflegeimpulsen soll schließlich professionell reagiert werden. Impulse zur Problemlösung sollen allgemein „psychische Seelenpflege-Prozesse" auslösen, das heißt Schwierigkeiten minimieren, reaktivieren und wieder aufleben lassen, Symptome lindern (Böhm 2004b, 174). Bei Erfolg, also Besserung des Zustandes, der durch Evaluierung von Interaktionsparametern[41] festzustellen ist, kann der „Ausstieg aus dem Kreis pflegewissenschaftlichen Handelns" erfolgen (ebd.).

Biographie-Erhebung dient in diesem Kontext einer akkuraten und vor allem tiefergehenden diagnostischen Analyse. Dabei können eine belastende Familiensituation oder schlechtes Gewissen aufgrund vergangener Ereignisse durch (scheinbar) irrationales Handeln ebenso gegenwärtig werden wie neuzeitliche Belastungen durch die bzw. im Rahmen der (Demenz-)Erkrankung (ebd., 169).[42]

Böhm sieht als Motivation der intervenierenden Pflegemaßnahmen nicht nur Aktivierung, Mobilisierung und Rehabilitation, sondern die Reaktivierung als „Suche nach alten Motiven und Copings sowie deren Substituierung" (ebd., 197 ff. u. 201). Um ein gewohntes, heimat-ähnliches Klima zu erzeugen, muss der Normalisierungsgrundsatz eingehalten werden.[43] Es bedeutet individuelle Lebensformen zuzulassen, ohne die biographische Vergangenheit wieder (im Sinne von Aktivierung) zum Leben erwecken zu wollen. Entwicklungen (auch negative) müssen respektiert werden, wenn-

---

41 „Interaktionsparameter" meint: Medizinische Messungen (Gedächtnisleistung, Intelligenz etc.), psychologische Messungen (z.B. Triebleben, Neid, Ersatzhandlungen; Mimik, Sprache, Schrift, Charakter) und Messungen nach Böhm (Copings, thymopsychische Biographie, Erreichbarkeitsstufe etc.). Vgl. Böhm 2004a, 177 ff.

42 Als Beispiele belastender Ereignisse in Relation zur Krankheit, die zu Bewältigungsversuchen führen, nennt Böhm (ebd., 169): Überforderung bei Einlieferung, Überlastung durch „Abschieben" durch Familie, Verlust der Ich-Identität, Verlust eines großen Bewegungsradius („Auslauffeldes"), Angst vor neuen vielen Leuten, sowie modernes Essen.

43 Vgl. weiterführend Böhm 2004b, 213 ff.

gleich auf früheres Können und Gewohnheiten aufgebaut werden kann (ebd., 215). Das Normalitätsprinzip[44] darf nach Böhms Verständnis in Anlehnung an Orem nur auf das bezogen sein, „was menschlich ist sowie darauf, was in Übereinstimmung mit den genetischen und konstitutionellen Eigenschaften und Talenten von Individuen steht." (ebd., 216) Die Aspekte Folklore, Prägung und Sicherheitsgefühl berücksichtigend, bedeutet dies, dass der Patient „bei seiner Regression in seine frühere Normalität absteigt", und wenn er sie nicht findet, die Symptome verstärkt werden (ebd.). Böhm vergleicht das Älterwerden (als Entwicklungs-Umkehrsyndrom) mit einer Heimweh-Krankheit, weshalb den unbewussten nostalgischen Bestrebungen durch Liefern von anschlussfähigen Heimat- bzw. Daheim-Gefühlen zu begegnen ist (2004b, 217).[45] Die Forderung nach Normalität ist theoretisch weniger drastisch als die praktische Umsetzung, da ein Ausgleich zwischen der Berücksichtigung der aktuellen Pflegesituation sowie biographischen Aspekten und Leistungen gefunden werden muss. Das, was *war* und was *ist* muss in Einklang gebracht werden. Vielleicht sollte man sich deshalb auf dem schmalen Grat dieses Pflegeansatzes einmal mehr verdeutlichen, dass die Patienten/Klienten an erster Stelle und im Mittelpunkt stehen, und dass alles nur für sie getan werden sollte. Das heißt wiederum: das System von Realitäten und Eventualitäten[46] für die individuellen Menschen mit deren biographischen Erfahrungen passend zu gestalten. Im heimischen, ambulanten Pflegekontext tritt die Frage nach Normalität weniger in

---

[44] Auf eine tief gehende theoretische Besprechung der „Norm/Normalität"-Semantik wird an dieser Stelle – den Rahmen dieser Arbeit beachtend – verzichtet. Gesellschaftliche Differenzen des Normalen spielen hier gerade keine Rolle. Vielmehr soll es sich um individuelle, relativ stabile und prägende (rituelle) Momente der Lebenswelt, des Lebensstils und Habitus handeln.

[45] Böhm skizziert weiterhin Beispiele, die verdeutlichen sollen „Alles, was normal war, ist Therapie" (2004b, 220): dass man isst, was einem schmeckt, man Bier trinken kann oder etwa Sonntag zur Kirche geht.

[46] „System von Realitäten und Eventualitäten" meint an dieser Stelle die Sachzwänge, denen man im Besonderen der Pflegebereich ausgeliefert zu sein scheint: z.B. finanzielle, personelle, räumliche Ausstattung, medizinisch-psychologischer Erkenntnisstand oder politische Leitlinien.

Erscheinung, da zumindest in Bezug auf das soziale Umfeld und die räumliche Situation Heimat weitgehend bewahrt wird.

c) Soziale und kommunikative Biographiearbeit

Theoretische Bedingung dieser Art therapeutisch oder pflegerischen Handelns ist die Bedeutung individueller Identität und der biographischen Erfahrungen wie sie oben ausführlich dargelegt wurden. Ziel ist, regelmäßig das biographische Lernen „als das Lernen, das sich durch die bewusste Auseinandersetzung mit der eigenen Lebensgeschichte und deren Aneignung auszeichnet." (Buschmeyer 1990, 15, zit. n. Lindmeier 2004, 16) Andere wie Fischer (2004) verstehen das professionelle Arbeiten mit Biographien als Trias aus biographischer Diagnostik, Interaktionsanalysen und Intervention(en).

„Biographie eröffnet die Perspektive auf die Einlagerungen biographischer Verlaufskurven, Krisen und Bewältigungsprozesse im Kontext unterschiedlicher Felder sozialer Realität. Gleichzeitig ist Auskunft über die Aneignungsleistungen, die handlungsschematischen Initiierungen und ihre sozialen Einbettungen zu erhalten. Mit diesem Wissen sind Anknüpfungspunkte für einen (biographieorientierten) sozialpädagogischen Bildungsbezug eröffnet." (Hanses 2003, 33, zit. n. Griese/Griesehop 2007, 89)[47]

Kitwood (2008, 121 u. 125) postuliert eine „Gruppe von Bedürfnissen bei Demenz", den Identitätsaspekt inklusive, wobei die evolutionäre Vergangenheit Berücksichtigung finden sollte.

„Eine Identität zu haben, bedeutet zu wissen, wer man ist, im Erkennen und im Fühlen. Es bedeutet, ein Gefühl der Kontinuität mit der Vergangenheit und demnach eine «Geschichte», etwas, das man anderen präsentieren kann, zu haben. Es umfaßt außerdem das Schaf-

---

[47] Der sozialpädagogische „Bildungsbezug" kann im Sinne des schon angesprochenen (biographischen) Lernens möglichst weit verstanden werden. Ziel sind positive Veränderungen des Handelns, Denkens und der sozialen Situation des Akteurs. Auf Seite des Professionellen kann die Interventionsstrategie durchaus „Bilden" bedeuten – aus Sicht des „Betroffenen" Lernen.

fen einer Art roten Fadens durch die verschiedenen Rollen und Kontexte des gegenwärtigen Lebens." (ebd., 125)

Neben der Hauptaufgabe der Demenzpflege, dem Erhalt des Personseins, müsse umfangreiche Kenntnis der Lebensgeschichte der Person bestehen (gerade wenn der Erkrankte selbst nicht mehr an der narrativen Identität anschließen kann). Mit Empathie müsse die Einzigartigkeit des Seins einer Person als „Du" unterstrichen werden.

Biographisierung respektive Biographiearbeit bringt noch einen entscheidenden Nebeneffekt mit sich. Was Kitwood mit Aufmerksamkeit und Beschäftigung fordert und ein Teil des personzentrierten Ansatzes ist, kann auch als soziale Beziehungen und Interaktion bezeichnet werden. Gute Biographiearbeit bedeutet Interaktion und Kommunikation. Medien sollten eher als Mittler fungieren und nicht zum Interaktionspartner werden (müssen). Biographisches und historisches Wissen dienen allgemein als Kommunikationsbasis (Wickel 2009, 262). Diagnostik findet dabei in aller Regel mit dem Methodenrepertoire des narrativen Interviews in einem kommunikativen Rahmen statt (Griese/Griesehop 2007, 89). Neben mündlichen Erzählungen können auch schriftliche Aufzeichnungen und die Zuhilfenahme weiterer Medien (biographischer Erzeugnisse) opportun sein. Dies ergibt sich etwa aus dem Umstand, dass biographische Narration zwar auf langer kultureller Historie basiert, mit dem Aufkommen „neuer" Medien Bewahrung und Vermittlung lebensgeschichtlicher Aspekte ebenfalls mit diesen geschieht. Fotos und Portraits sind ein ausgezeichnetes Beispiel und wurden in den letzten Dekaden um Heim- bzw. private Videos ergänzt. Aus dem lebensweltlichen Prinzip und auch dem personzentrierten Ansatz folgt, die Zugänge und Medien zur biographischen Erforschung (Diagnostik) zu wählen, die von den Akteuren selbst immer wieder verwendet wurden und damit der Übung, Gewohnheit und Akzeptanz unterliegen.

Nach Griese und Griesehop (2007, 90 f.) müssen zum Verständnis von Biographien und daraus zu entwickelnden intervenierenden Hilfemaßnahmen 1. die leitenden biographischen Themen und 2.

generative Muster der Erzählung herausgearbeitet werden und 3. durch Ressourcenorientierung exemplarische Maßnahmen gefunden werden. Subjektiv relevante Handlungsschemata, Strukturen, soziale Welten und Räume des Akteurs bzw. Klienten sollen dabei zu Tage treten und nicht (nur) die objektiv-empirische Lebensvergangenheit ergründet werden. Im Anschluss an Hanses (2000, n. ebd.) meint Ressourcenorientierung die Annahme und Grundvoraussetzung, dass jeder die Kompetenz besitzt, Selbst und Welt zu deuten und erzählerisch in biographischen Kontext zu bringen. Dem steht nicht entgegen, dass gerade Menschen mit schweren (psychischen) Erkrankungen wie z.B. der Demenz unter Umständen nicht mehr vollends in der Lage sind, aus ihrem Leben zu berichten; denn jedes kleine Stück an Lebenserfahrung (des eigenen unverwechselbaren Lebens), das zugänglich gemacht werden kann, zeugt von Kompetenz und wird damit zur einzigartigen Ressource. Die Orientierung an Ressourcen sollte im therapeutischen, pflegerischen Feld als Möglichkeit begriffen werden, Biographie bei Bedarf mit (anderen) humanen, medialen und technischen Hilfsmitteln zu ergründen. Das Ergebnis mag zwar dann oftmals nicht mehr die individuell-persönliche Note der Protagonistin bzw. des Protagonisten besitzen, trotzdem werden vergangene Aspekte vergegenwärtigt und für das soziale Umfeld zur Handlungsalternative.

Denn zweifelsohne ist ein intertemporales Akteursverständis für ganzheitliche (Pflege-)Interaktion nötig. Individualität begründet sich – wie bereits gezeigt – nicht nur im „Hier und Jetzt", sondern gerade durch die Interaktion der Zeiten: durch Vergangenheit – Gegenwart – Zukunft. Biographie stellt in erster Linie den Bezugsrahmen zwischen der aktuellen Gegenwart und dem Vergangenen her, wodurch gewissermaßen das Spektrum an künftigen Handlungseventualitäten einschränkbar erscheint, Verhalten etwas vorsehbarer werden kann. Während Biographie (biographische Diagnostik) den Blick auf und in die Vergangenheit richtet, findet die Interaktionsanalyse ihren Ankerpunkt in der Gegenwart. Interventionen sind auf die Zukunft gerichtet. Insgesamt entsteht ein intertemporärer Prozess (Intertemporalität).

Dies bezieht sich keinesfalls nur auf den diagnostischen Teil von Biographiearbeit, sondern ebenfalls auf das Interaktionsverhältnis. Die Interaktionsanalyse hat ihren Kern im Gegenwärtigen. Aktuelle Problemlagen der Interaktion mit anderen Akteuren mit Bezug zum Selbst geben schließlich Anlass zur Biographiearbeit. Biographische Interaktionsanalyse richtet den Blick auf den bestimmten Akteur/Klienten/Patienten und fragt unter anderem, welche biographischen Faktoren bestimmte (womöglich abstruse) Verhaltensweisen erklärbar machen.

Dazu wird es zunehmend nötig sein, nicht Berge an bürokratischen Papierakten zu verfassen mit harten Lebensfakten, sondern kreativ die Zeichen des 21. Jahrhunderts zu erkennen und einzubauen. Damit gemeint ist etwa, eine möglichst multimediale Organisation und Präsentation von Biographien und Bedürfnissen von Patientinnen und Patienten unter Berücksichtigung der Postulate personzentrierter Pflege. Betreuung kostet Zeit und wird bei angemessener Biographiearbeit womöglich noch zeitintensiver werden. Dem steht jedoch ein neuer Pflege(institutionen)alltag mit vermutlich zufriedeneren, seltener schreienden BewohnerInnen gegenüber, was wiederum entlastend wirkt. Ein höherer Grad an Bindung, Aufmerksamkeit und Beschäftigung wird das „Gefühl von Identität" stärken; das Selbstwertgefühl wird sodann steigen, Furcht, Trauer und Wut werden sich so leichter bewältigen lassen (Kitwood 2008, 125).

Ein weiteres Motiv für Biographisierung kann sein: innere Prozesse, Gefühle, Emotionen, fortwährende gedankliche Konflikte hervorbringen zu wollen. Die Muster der Narration, aber auch die gewählten Inhalte (Ereignisse, Lebensabschnitte), lassen Rückschlüsse zu. Die Transformation des Inneren (Kern) nach Außen (an die Oberfläche) ist eine nicht zu unterschätzende psychoanalytische bzw. psychotherapeutische Leistung. Anders formuliert: Unsichtbares soll sichtbar gemacht werden.

Biographiearbeit ist aus therapeutischer Sicht ein Trias, wie nun mehrfach dargestellt; aus Klientensicht ist von einem zweistufigen Prozess auszugehen. Als erstes findet schon durch die Biographisierung, das heißt Narration oder Beschäftigung mit biographischen Erzeugnissen, eine Art Selbsttherapie – zumindest aber eine Erinnerung und Selbstreflexion – statt. Diese sollte wie beschrieben professionell angeleitet, unterstützt und forciert sein. Während man sich aus Sicht der Therapeuten noch auf der ersten, diagnostischen Ebene befindet, findet aus Klientensicht schon der erste Hilfeprozess statt. Dem folgt sodann die zweite Stufe des eigentlichen Arbeitens mit der Biographie, also wenn der Therapeut aktuelle Geschehnisse und Verhalten bewusst in den biographischen Kontext stellt und damit (hoffentlich) bewusst macht und eine positive Veränderung hervorrufen kann. Dies ist ebenso Ausdruck einer „Intervention" und Anleitung des sozialen Umfeldes, dem biographische Kenntnisse ebenso bewusst (gemacht) werden müssen, um ihre Handlungen und Hilfen mit der Biographie in Einklang zu bringen.

In vielen Kranken- und Pflegeeinrichtungen gibt es schon seit einiger Zeit Biographiebögen, die ein mehr oder weniger umfangreiches Sammelsurium an „harten Fakten" und damit für die Behandlung (Hilfe, Pflege) scheinbar relevante Informationen liefern. So werden etwa Fakten zu Familienangehörigen, Ess- und andere Lebensgewohnheiten, Hobbys etc. dokumentiert. Dies verdeutlicht jedoch nur die Untergrenze bzw. das absolute Minimum an Beschäftigung mit Biographien, um Identität wahrhaftig werden zu lassen. Personzentrierung bedeutet „weiche biographische Merkmale" in interaktiven Prozessen zu ergründen: Identität, Persönlichkeit, Wünsche, Träume, emotionale Reaktionen etc. Die Neugier sollte Leitmotiv sein, vergleichbar mit einer neuen großen Liebe, die in das eigene Leben tritt und absolutes Interesse weckt.

Verena Fink (2007, 26) spricht von „Spaziergang im Sitzen" und „Reisen im Kopf" als Beispielen zu Alternativen konventioneller Biographiearbeit.[48] Es handelt sich um Erzählrunden in Alten-/Pflegeheimen, bei denen tatsächliche biographische Ereignisse der BewohnerInnen mit von Fink „spontan erdachter Fiktion" vermischt

---

[48] Die Theaterwissenschaftlerin und Kulturpädagogin Fink führte dieses biographische Projekt in Kooperation mit der Münchenstift gGmbH durch und erhielt den Altenpflegepreis 2007; vgl. Fink 2007, 26 ff.

werden (ebd.). Individuelles, aber auch gemeinsames Erinnern seien zugleich Leitmotiv (ebd.). In den biographischen Erzählungen der BewohnerInnen treten Identität, Individualität und Persönlichkeit zu Tage. Die Gesamtgeschichten wurden in schriftlicher Form und als Hör-CD festgehalten und beispielsweise zum wiederholten Vorlesen in den Einrichtungen zur Verfügung gestellt (ebd.). Der Furcht des Personals vor Überforderung der BewohnerInnen stand, laut Fink, die Neugier dieser gegenüber (ebd., 27). Sank während dieser Runden die Lust oder Kraft einiger am Weitererzählen, so wurden andere Beteiligte animiert, Erinnerungen einzubringen, denn „zum Gelingen einer Geschichte tragen alle bei". Mit diesen Informationen erfindet die Leiterin, wie gesagt, eine neue Geschichte unter Verwendung von visuellen Medien[49] und anderen Sinnesreizen[50]. Erfolge hätten sich in der Folgezeit vor allem in den Interaktionen und der Kommunikation bemerkbar gemacht: BewohnerInnen, die früher unkommunikativ und alleine da saßen, erzählen sich nunmehr in den Projektpausen und zu anderen Zeiten aus ihrem Leben (Fink 2007, 28). Da ebenfalls MitarbeiterInnen an den Erzählrunden teilnehmen, erfahren auch diese einiges Neue aus den Biographien (ebd.). Einige BewohnerInnen wurden durch diese regelmäßige biographische Arbeit über Monate hinweg stimuliert und aktiviert; über das Erinnern und Erzählen hinaus kam bei einigen scheinbar das Gefühl „Ich bin wer" zurück, wodurch sie insgesamt offener, interaktiver, kommunikativer und interessierter wurden (ebd.). Solche Aktivitäten können wohl immer als „Highlight" im Pflegealltag bezeichnet werden. Gewohnte Verhaltensmuster und sonstige Routinen sind jedoch nicht immer leicht zu „brechen", oftmals findet sich erst am Ende eines langen Weges aus Interaktion, Kommunikation (Kontaktaufbau) und therapeutischer Aktivität ein spontaner Funke des Aufblühens und damit des Erfolges. Menschen – auch ältere – sind keine Maschinen, die nach dem

---

[49] Hier nennt Fink (2007, 27) etwa Fotografien, Wortkarten, Buchstaben(-karten), Farben(-karten), Zeitungsüberschriften oder Stadtpläne.

[50] Hier schreibt Fink (ebd.) von „Gegenstände[n, D.H.M.]", an denen die Teilnehmer riechen, die sie hören, ertasten, erfühlen und zu denen sie wiederum individuelle Erinnerungen haben können.

Reiz-Reaktions-Schema funktionieren, weshalb andere Menschen mit ausreichend Zeit zur Verfügung stehen müssen um die biographische Zeitreise zu unternehmen, um die Vergangenheit in die Gegenwart zu holen und dadurch die Zukunft durchschaubarer zu machen.

„Eine demenzielle Erkrankung ist ein tiefgreifendes, lebensveränderndes prozesshaftes Geschehen, dennoch ist es immer nur *ein* Teil des Lebenspuzzels." (Piechotta 2008, 13) Aus der Krankenrolle muss der Weg zurück zur bzw. in die Biographie geebnet werden, damit komplexe Erfahrungen, Leistungen und Kompetenzen beachtet und gewürdigt werden können (ebd.). „Angemessene Betreuung, Begleitung und Pflege" kann insbesondere bei Menschen mit Demenz nur gelingen, wenn „biografieorientierter Umgang gewährleistet ist" (Piechotta 2008, 13). Als weiteren Grund nennt Piechotta die Wechselbezüglichkeit von „Geben und Nehmen" (ebd., 14).[51] Der regelmäßig von passivem Nehmen geprägte (stationäre) Pflegealltag, lässt das Risiko ansteigen, sich selbst als sinnlos – weil nicht „gebend" – zu erleben (ebd.). Durch das Geben bzw. Kommunizieren einer Lebensgeschichte kann das Selbstwertgefühl gesteigert werden, denn jedes erinnerte Fragment bietet Anlass, das Krankheitsstadium als noch nicht so fortgeschritten wahrzunehmen, um mit Hoffnung der Angst vor dem „Gedächtnisschwund" weiter begegnen zu können. Die Lebensgeschichtensammlung im Band von Piechotta (Hrsg., 2008) sind mutmaßlich ein kleiner Schritt biographischer Arbeit mit dem und für das lesende Publikum, ein größerer hingegen für die Erzählenden.

Dies verdeutlicht nochmals, weshalb Biographiearbeit gerade bei Demenz nötig und sinnvoll ist. Erstens sollen damit kognitive Prozesse und das Gedächtnis stimuliert bzw. (re-)aktiviert werden – Erinnerungen sollen hervorgerufen werden. Zweitens soll Individualität, Identität und Personsein über die biographische Geschichte geschaffen oder aufrecht erhalten werden. Drittens und ergänzend dazu soll der Kontakt mit anderen herbeigeführt werden und durch

---

51 Soziale Interaktion wird hier als Austauschbeziehung konstruiert.

verbessertes Verständnis[52] auf Seiten des sozialen Umfeldes (insbesondere der Pflegenden) die Beziehung im Alltag entlastet werden.

d) Kreative und (multi-)mediale Biographiearbeit

Das biographische Zeitalter scheint in der Pflege vielerorts eingeleitet und auf einem zunehmend größer werdenden sozialen Fundament zu basieren. Die Fachliteratur erweckt fast den Eindruck eines Wettlaufs an vielfältigsten, kreativen Arten und Methoden der Biographiearbeit. Dies ist löblich und verhilft den von Demenz Betroffenen und hoffentlich vielen Anderen zu einem abwechslungsreicheren, interessanteren, würdigeren und individuelleren Leben.

Die neueren (kreativen) Methoden sollten – so die These und Forderung – nicht die Augen vor der medialisierten Gesellschaft verschließen. „Medien spielen im Alltag der Menschen zumindest quantitativ eine große Rolle und haben als symbolisches Archiv, als Spiegel von Menschen und ihrer Zeit biografische Relevanz" (Hoffmann 2009, 273) Medien waren immer Teil sozialer Realität; sie haben jedoch im Laufe des Evolutionsprozesses, wie ihn z.B. Luhmann (1998) darstellt, qualitativ und quantitativ expandiert. Wenn Medien Bestandteil sozialer Realität sind und (immer) waren, so wurden sie immer auch Teil individueller Biographien und Lebensläufe. Aufgrund dieser Kopplung und der Wirkungskraft von (neuen) Medien z.B. in emotional-psychischer Hinsicht wird schon seit einiger Zeit medienunterstützte Biographiearbeit gefordert und in der Praxis durchgeführt. Dies umfasst verschiedenste Felder Sozialer Arbeit und Hilfe von der Kinder- und Jugendarbeit, über Erwachsenenbildung hin zur Alten- und Demenzpatientenpflege und Therapie.[53] Biographiearbeit kann verschiedene Akteursgruppen im Blick haben: in erster Linie die bzw. den Hilfebedürftigen (Patienten), ebenso jedoch Angehörige und Nahestehende (soziales Umfeld) und (Pflege-)Personal.

---

[52] Verbessertes Verständnis meint in erster Linie, dass es trotz Krankheit und Problemen um Menschen und individuelle Persönlichkeiten geht, deren Lebensgeschichte Gründe für aktuelle Verhaltensweisen, Wünsche und Bedürfnisse liefert.

[53] Siehe dazu die Bandbreite an Beiträgen z.B. in Hölzle/Jansen (Hrsg.) 2009.

„Bis ins hohe Alter bilden sich neue Nervenzellen, wenn Menschen etwas dafür leisten. […] Diese Plastizität ist ein Leben lang verfügbar und je eher Faktoren wie z.B. körperliche Bewegung, Musik, Aktivitäten und soziale Kontakte im Leben eine Bedeutung bekommen, desto beweglicher bleibt auch die Lernfähigkeit des Gehirns." (Meyer 2008, 172)

Verschiedene Ansätze existieren bereits, die unter Verwendung unterschiedlicher Medien – zumeist kreativ – biographischen Bezug im Rahmen sozialer Arbeit bzw. Therapie herstellen sollen. Es sei an den von Fink (2007, 26 ff.) durchgeführten „Spaziergang im Sitzen" („Reisen im Kopf") als verbale, aber zugleich kreative Variante der Biographiearbeit erinnert. Eine narrative oder audiovisuelle Inszenierung einer Lebensgeschichte zeigt eine (interpretative) Potenzialität auf: es ist, wie es ist, könnte aber auch anders (dargestellt) sein. Dies potenziert sich nochmals durch die Art des Mediums bzw. die Kombination von Medien, die die Lebensgeschichte begreifbar machen.

Im Rahmen der Biographiearbeit muss nicht notwendigerweise nur gesprochen und erzählt werden, wenngleich es in aller Regel ratsam und hilfreich ist. Ist beispielsweise die Patientin bzw. der Patient nicht mehr zur verbalen Kommunikation in der Lage[54] kann zwar einerseits auf Informationen des sozialen Umfeldes (soweit vorhanden und erreichbar) zurückgegriffen werden und hier Kommunikation stattfinden. Mit medialer Unterstützung kann ebenfalls die Arbeit mit der Hauptperson durchgeführt werden. In gewohnter Umgebung oder in der Natur erinnert es sich vergangener Erlebnisse oftmals besser. Durch Fotografien, Diashows und Videos kann eine fortgeschrittene visuelle Stimulation stattfinden. Biographisch besonders relevante Melodien, Lieder, Töne und Geräusche werden im Kontext memoriert und erinnert; sie laden beispielsweise zum Tanzen, rhythmischen Bewegen oder zu emotionalen (Erinnerungs-)Reaktionen ein. Düfte und Gerüche haben zwar in unserer medialen Kultur bis dato nur wenig Einzug gehalten und wurden lange Zeit gegenüber dem Visuellen und Auditiven (Akusti-

---

[54] Dies kann freilich bei Demenz (im fortgeschrittenen Stadium) der Fall sein.

schen) nachrangig behandelt, weil sie aber deshalb oftmals unbewusst in die Lebensgeschichte eingehen, besteht zugleich ein besonderes Potenzial diese Sinne anzusprechen.

Schroll-Decker und Gerber (2007, 34) das Potenzial der Biographiearbeit in Pflegeeinrichtungen, das bis dato nur in wenigen Institutionen Realität ist bzw. sein dürfte so:

> „Um ihnen [gemeint sind: die demenziell erkrankten Menschen, D.H.M.] eine Brücke in die Vergangenheit zu ermöglichen, greifen die Mitarbeiter in den Alteneinrichtungen gern auf konkrete Gebrauchsgegenstände aus dem alltäglichen Leben, auf sichtbare Abbildungen, wahrnehmbare Gerüche und hörbare Melodien zurück. Diese Materialien und Methoden regen die Wahrnehmung demenzkranker Menschen an und erzeugen Aufmerksamkeit für das im Gedächtnis Verbliebene."

Während der erste Reiz oftmals optisch (visuell) ist, kann in der Folge vielfache (multi-)mediale Unterstützung stattfinden (Schroll-Decker/Gerber 2007, 34). Schroll-Decker und Gerber weisen außerdem auf die Neurowissenschaft hin, nach deren Erkenntnissen „die Reizung von Sinneskanälen bestimmte Hirnregionen (etwa Seh- und Hörzentrum) aktivieren und auf diese Weise gespeicherte Empfindungen […] ‚wachrütteln' kann." Ihr Ansatz bezieht sich auf historische Hörfunkspots, die Kindheits- und Jugenderinnerungen hervorbringen sollen.[55] Hörfunkwerbung aus den 1940er bis 1960er Jahren sind zeitgeschichtliche Dokumente aus dem (akustischen) Leitmedium der Nachkriegsepoche; als Bestandteil der damaligen Alltagskultur haben sich diese psychologisch und kommunikationstheoretisch ausgeklügelten Produkte der Werbeindustrie oftmals in das Langzeitgedächtnis der Hörer „eingebrannt".[56] Im Ergebnis

---

[55] Weitere Informationen zu diesem Ansatz mit Hörfunkspots finden sich in der Diplomarbeit (an der FH Regensburg) von Astrid-Alice Leder „Erinnern und Erzählen: Der Einsatz von Hörfunkspots in der Biografiearbeit mit Senioren". Ferner wurde in Kooperation der Fachhochschule und einer Senioren-Residenz in Regensburg ein Projekt zum Thema „Essen und Trinken" unter Zuhilfenahme des historischen Hörfunkmaterials durchgeführt. Vgl. Schroll-Decker/Gerber 2007, 35 f.

[56] Vgl. Schroll-Decker/Gerber 2007, 34 ff. „Das Radio spielte schließlich im gesellschaftlichen und familiären Leben der Nachkriegszeit eine weitaus größere Rolle als

zeigte das empirische Projekt, so Schroll-Decker und Gerber (2007, 36): „Die visuellen und akustischen Impulse regen dazu an, möglicherweise Teile der Werbespots zu memorieren, Erinnerungen an den Erwerb oder den Konsum der beworbenen Produkte auszutauschen. [...] Der Fantasie sind keine Grenzen gesetzt ..."

Der Fotoband von Petra und Michael Uhlmann (2007) „Was bleibt..." mit Geschichten von und über Menschen mit Demenz ist ebenfalls als biographisches Erzeugnis zu sehen. Ihnen geht es jedoch auch um „Arbeit" an dem sozialen Verständnis von Demenz. In der Gesellschaft und bei Demenz sollte das kognitive Moment nicht überbetont werden: „die anderen den Menschen ausmachenden Elemente wie Leiblichkeit, Sinnlichkeit, Emotionen, Kreativität und auch Spiritualität" dürfen nicht ausgeblendet werden (Uhlmann/Uhlmann 2007, 9 f.). Um verbliebene Fähigkeiten optimal zu nutzen und als Person anerkannt zu werden, bedarf es Unterstützung; auch hier müssen Brücken gebaut werden (ebd., 10). Diese Fotoportraits sollen dazu beitragen; und andere (bereits beschriebene) Methoden biographischer Arbeit können ebenfalls Aktivieren und Erinnern helfen, Verständnis und persönlichen Kontakt bewirken, zum Nachdenken anregen, Würde und Identität bewahren, also verschiedenste „Brücken bauen".

Ebenfalls ein „Bilder-Buch" mit Illustrationen aus bzw. zu vergangenen Jahrzehnten, die zum Nachdenken und Erinnern ähnlicher eigener biographischer Aspekte einladen, ist ein Ansatz aus dem Bereich visueller Kommunikation. Wolf und Haubold (2009) laden mit ihrem Titel „Daran erinnere ich mich gerne!" Angehörige, Pflegepersonal und ehrenamtlich Engagierte zur medial gestützten biographischen Arbeit ein. Ein solches Bilderbuch, ein Comic oder ähnliches könnte ebenfalls, wenngleich mit einigem Aufwand, für einen bestimmten (pflegebedürftigen) Menschen hergestellt werden. Gerade die Mehrdeutigkeit von Bildmaterial kann Interaktion und Kommunikation zur Folge haben.

Viele mediale Therapieansätze sind emotionszentriert, so etwa die Validationstherapie, die Kunst- und Musiktherapie (Kiewitt

---

heute." (ebd., 35)

2005, 24). In den 1990er Jahren expandierte in Deutschland die Forschung zur Musiktherapie im Bereich Altenarbeit und bei Demenz (ebd., 25). Die Musiktherapie mit gerontopsychiatrischen Patienten umfasst insbesondere „Aktive Gruppenmusiktherapie nach Schwabe, Auditive und vibrotaktile Wahrnehmungsstimulation, Musik-Psychotherapie, Reallitätsorientierungs-training mit Musik, Rekreative und Rezeptive Musiktherapie sowie Singtherapie" (Grümme 1998, n. ebd., 27). Sensorische Wahrnehmungsstimulation und „Biografie orientierte Musiktherapie" werden laut Grümme (1998, n. Kiewitt 2005, 29) bei der Arbeit mit demenziell Erkrankten überwiegend eingesetzt. Durch Einbeziehung der musikalischen Lebensgeschichte (Sozialisation, Biographie) soll in einem ersten Schritt Emotionalität erreicht werden, durch die Denken, Erinnern und Erzählen motiviert wird (Kiewitt 2005, 29). Grümme (1998, 203, n. Kiewitt 2005, 30) nennt hingegen die „Aktivierung der Erinnerungstätigkeit" als zentrales Ziel. Durch den emotionalen Einfluss von Musik wird eine Kommunikationsebene geschaffen, meinen Hartogh und Wickel (2004, 225, n. Kiewitt 2005, 30). Mit Hilfe von Musik- und auch Kunsttherapie sollen emotionale und kreative Zugänge außerhalb „kognitiv-verbaler Wege der Kommunikation" gefunden werden, Gefühle (wieder) zu erleben und Verhaltensauffälligkeiten zu begegnen (Vierter Altenbericht 2002, 293).[57] Durch solche nichtsprachlichen Verständigungsformen (z.B. Berührungen oder Summen) tritt Geborgenheit und Sicherheit ein (ebd., 7).

Hamberger (2005, 11 ff.) sieht die Grundlage der (biographischen) Musiktherapie in der Sammlung und Erhebung individuell biographisch relevanter Musik.[58] Die soziale Ebene der Musik ist, dass sie verbindet (bzgl. Interaktion und Biographie) und auch für Angehörige Entspannung, Erlebnis und kreativ sein kann (ebd., 23

---

[57] Emotionalität bleibt im Verlauf einer Demenz länger erhalten als Denk- und Sprachfähigkeiten (Hamberger 2005, 7) Ebenso verhält es sich mit rhythmischen Fähigkeiten (Lärm/Schillhuber 2008, 37).

[58] Als Erhebungsmethoden werden exemplarisch Gespräche mit Angehörigen, Fragebögen und Investigation (alte Filme schauen, Evergreens anhören etc. und dabei die Reaktionen interpretieren) genannt (ebd., 12).

ff.).⁵⁹ Um planbar zu machen, welche (emotionalen) Reaktionen bestimmte Lieder und Töne hervorrufen werden, ist jedenfalls die Biographie zu berücksichtigen.

Weiterhin gibt es enge Verzweigungen von der Musiktherapie (eher passive Form) zum Singen und Tanzen als aktiver Form. Singen wird häufig zur Musik(re)produktion genutzt (Muthesius 1997, n. Kiewitt 2005, 31). Singen und Tanzen ist sozialisiert, ritualisiert, zugleich in der Regel (emotional) angenehmer Aspekt der Biographie. Musik ermuntert zu Bewegung und Tanz (Hamberger 2005, 5). Wiederum wird vermutet und scheint es sich empirisch zu bewahrheiten, dass Singen Erinnerungen und Emotionalität aktiviert und Demente dadurch zumindest temporär aus ihrem Krankendasein zu entfesseln vermag.⁶⁰ Hinsichtlich des Tanzens als (biographische) Therapieform können physiologische Vorbehalte aufkommen, so dass etwa „Tanzen im Sitzen"⁶¹ empfohlen werden kann.

Kunsttherapeutische Ansätze können auf unterschiedliche Medien zurückgreifen. Kunst kann dabei als kreativer Zugang gewählt werden. Jede mediale Biographiearbeit könnte zumindest in Stücken künstlerische Elemente enthalten und nicht sachlich nüchtern wirken. Mit Kunst kann jedoch ebenfalls die bzw. der Betroffene sehr aktiv eingebunden sein. Das Künstlerische kann sich sodann beispielsweise in Form des Tanzes, Theaters, Musizierens und Malens äußern. Erfahrungen einer Theaterproduktion mit demenziell erkrankten Menschen können z.B. dem Sammelband „Kunststücke Demenz" von Bremen und Greb (Hrsg., 2007) entnommen werden. Den dortigen Beiträgen ist zu entnehmen, dass keinesfalls nur das Endprodukt wichtig ist, sondern der gesamte Produktionsrahmen, die Rahmenveranstaltung und das „Drumherum" von (therapeutischem) Nutzen für die Personen mit Demenz sind.

---

59 Die Therapie sollte jedoch immer milieuspezifisch durchgeführt werden und in den Alltag eingebettet sein (Lärm/Schillhuber 2008, 37). Der Habitus, die Sozialisation und das (gewohnte) soziale Umfeld sind zu berücksichtigen.
60 Vgl. dazu auch Hansen 1997; Grümme 1998; Minkenberg 2004 (n. Kiewitt 2005, 31).
61 Siehe dazu Grümme 1998 (n. Kiewitt 2005, 32).

Als neuerer Ansatz kann filmische Biographiearbeit genannt werden. Von klassisch-filmischen Biographieformaten unabhängig sind verschiedene Ausgestaltungsformen denkbar. Im Zentrum steht das Audiovisuelle: die Kombination von Hör- und Seheindrücken. „Das spannende der audiovisuellen Ausstattung der vielen möglichen Wirklichkeiten ist, dass sich die programmierten optischen Räume selbst zur Schau stellen." (Faßler 2000, 189)[62] Eine audiovisuelle Inszenierung einer Biographie wird immer mehr (Theatralität) darstellen als die rein inhaltliche Ebene und gerade dies ist der Mehrwert. Visuell besteht die Möglichkeit Standbilder (mit Pausen) aneinander zu reihen oder wirklich einen Film zu zeigen. Es können spektakuläre, biographisch-historisch relevante Spielfilme angeschaut werden, um Erinnerungen zu wecken. Ebenso können private filmische Produkte etwa zukünftigen Generationen Kindheits- und andere („festgehaltene") Erlebnisse vor Augen führen.

Auch Neuproduktionen filmischer Art unter Verwendungen biographischer Informationen und entsprechenden Materials (Fotos, Videos, Briefe etc.) sind für den therapeutischen Einsatz möglich. Analog zu Theater- oder (großen) Filmproduktionen kann Schritt für Schritt erinnert und inszeniert werden, auch Improvisation kann ihren Platz erhalten. Das Sichtbare transportiert sodann unsichtbare biographische Informationen. Unterstützt wird dies durch Auditives: entweder durch ursprünglich aufgenommene Sprache, Kommunikation inklusive Hintergrundgeräusche oder durch (neue) musikalische Untermalung, die wiederum möglichst biographischen Bezug haben sollte. Hierdurch werden die Vorteile verschiedener „monomedialer" Therapieansätze kombiniert und das Erfolgspotenzial expandiert. Es können sich aufgrund mehrerer Sinneseindrücke erleichtert biographische Zugänge ergeben, Erinnerungen und emotionale Reaktionen einstellen. Im weiteren Sinne kann dies schon als multimediales Erlebnis betrachtet werden. Das kommunikative Medium vermittelt eine Vielfalt von Eindrücken, die einerseits kon-

---

62 Faßler bezieht sich mit der Aussage zwar eher auf virtuelle Realitäten und Interaktivität, versteht man die „Programmierung" dabei jedoch im Sinne von Inszenierung oder Produktion, so könnte man den theatralischen Aspekt in einem Satz kaum treffender beschreiben.

kret und zielorientiert sein sollen, anderseits interpretativ-offen, insbesondere für die emotionale Erinnerungsebene.

Filme über (Menschen mit) Demenz[63] sowie Filme, in denen alte „verwirrte" Menschen thematisiert und inszeniert werden, sind kein singuläres Phänomen mehr. Nun muss nur der umgekehrte Dreh unternommen werden, individuelle Filme für Menschen mit Demenz über ihr Leben und Wirken im entsprechenden Kontext zu erstellen.

In einer zunehmend mediensozialisierten Gesellschaft sollte die Wahl der Medien in der Sozialen Arbeit und Pflege den Akteuren angepasst werden. Nach dem Grundsatz der Lebensweltorientierung und Personzentrierung sollten die sozialisatorisch und biographisch bedeutendsten Medien bevorzugt werden. Um individuelle Kenntnisse diesbezüglich zu erlangen, muss wiederum (normale) Biographiearbeit geleistet werden. Es kann weiterhin aufgrund der sozialen Gruppenzugehörigkeit, des Alters etc. ein Rückschluss auf eine typische Mediensozialisation gezogen werden.[64] Eine Überforderung der Akteure sollte jedoch vermieden werden, da gerade bei Demenz Routine und Normalisierung von Bedeutung sind.

Die Ausweitung an medialen Mitteln und Möglichkeiten lässt den Ausblick in eine Zukunft multimediale Pflegeeinrichtung und der Ausnutzung des Potenzials im Bereich der häuslichen Angehörigenpflege wagen. Kreativität, Emotionalität und Erinnerung sollten durch multimediale Technik und entsprechende individuell-biographische Erzeugnisse gesteigert werden können. Interaktion und Kommunikation haben das Potenzial in räumlicher und zeitlicher Hinsicht grenzenloser zu werden, um das Wohlbefinden Betroffener und ihres sozialen Umfeldes zu steigern und womöglich (verborgene) Leistungsressourcen zu aktivieren.

---

63 Hiermit sind Filme mit dokumentarischem Charakter gemeint wie „Apfelsinen in Omas Kleiderschrank" oder „Heute ist nicht morgen. Leben mit Demenz" und auch Spielfilme wie „An ihrer Seite" oder „The Alzheimer Case".

64 Wenn nötig können per „trial and error" verschiedene medienbiographische Ansätze auf Zustimmung, Ablehnung und Erfolgsaussichten getestet werden, so dass gerade zu Schwerkranken bzw. Pflegebedürftigen (Kommunikation- und Interaktions-)Zugänge gefunden und gewählt werden, die ihrem Habitus und ihrer Sozialisation entsprechen.

VI. Trauern und Abschied nehmen

„Die Einsamkeit scheint heute für immer mehr Menschen eine sie schreckende Vorstellung oder eine schwer zu ertragende Wirklichkeit geworden zu sein (Riemann/Kleespies 2005, 145). Der Tod des Partners bzw. der Partnerin oder naher Angehörigen ist vor allem beim Erreichen eines hohen Alters der häufigste Grund für diesen Zustand. Trauer tritt als unumgänglicher Bestandteil sozialer und kultureller Praxis in Erscheinung. Zu verschiedenen Zeitpunkten wird sie auch im Rahmen der Demenzerkrankung aktuell. Partizipation[1] ist eine Möglichkeit Einsamkeit abwenden zu können. Die Angst vor Vereinsamung besitzen große Teile der älter Werdenden.

Diese letzte theoretische Erörterung soll die praktische Relevanz der Trauer und Trauerarbeit (in Demenz-Figurationen) verdeutlichen. Mit einem interdisziplinären Blick sollen verschiedene Theorien verknüpft und in Einklang gebracht werden. Zielleitend ist dabei die Vorstellung von Parallelen und Interdependenzen zwischen Trauer- und Biographiearbeit.

1. Trauer und Trauern im Überblick

Trauer ist ein soziokulturell sehr divergentes Phänomen. Trauer findet regelmäßig im Spannungsfeld von Leben und Tod Ausdruck. Der Übergang von dem Einen in das Andere, also letztlich eine dramatische Veränderung, liefert einen Grund für Trauer. Freud (1975, 197) definierte Trauer in einem seiner Aufsätze als „regelmäßig die Reaktion auf den Verlust einer geliebten Person oder einer an ihre Stelle gerückten Abstraktion wie Vaterland, Freiheit, ein Ideal usw." Trauer wird in vielen Kulturen rituell durchgeführt bzw. ist in religiöse oder spirituelle Rituale eingebunden.[2] Deshalb sind tradierte

---

[1] Partizipation ist äquivalent zur Forderung nach (sozialer) Interaktion und Kommunikation in dieser Arbeit zu verstehen.
[2] Diese Trauerrituale, -bräuche und Bestattungsriten sind insbesondere Gegenstand der Religionswissenschaft, Ethnologie, Soziologie und Kulturgeschichte (Brockhaus 1993, n. Rehberger 2004, 19).

und sozial eingeübte Vorstellungen von und Reaktionen auf Trauer vielerorts beobachtbar. In einer zunehmend säkularisierten Welt (Gesellschaft) ist das kollektive, aber auch individuelle Wissen um religiöse und kulturelle Wurzeln der Trauer teils in Vergessenheit geraten.[3]

Ähnlich wie Demenz ist Trauer jedoch weder ein rein psychophysiologisches noch ein rein soziokulturelles (auch religiöses) Spezifikum, sondern vielmehr „Mixtur". Trauer tritt nämlich beim einzelnen Akteur als emotionales (psychisches) Erlebnis mit körperlichen Reaktionen in Erscheinung. Psychologische Theorien zu Phasen des Trauerns mit Beschreibung der entsprechenden Emotionen finden seit einiger Zeit viel Anklang und Zustimmung – auch im professionellen Bereich (Altenpflege, Palliativ- und Hospizarbeit). Der nahende Tod bzw. das Sterben kann je nach Kultur beim „Betroffenen" Todesfurcht (Angst) oder (Vor-)Freude hervorrufen. Ebenfalls muss der Tod bzw. Verlust einer Person oder etwas Liebgewonnen nicht notwendig Trauer auslösen.

Trauer kann als „das schmerzliche Innesein und Innewerden von *unterschiedlich lange anhaltenden oder endgültigen* Verlusten" definiert werden (Rehberger 2004, 18). Bremer-Roth et al. (2006, 294) definieren Trauer als „eine charakteristische psychophysische Reaktion des Menschen auf tatsächliche oder angenommene Verluste". Rost (2005, 307) versteht Trauer vor allem als Reaktion auf einen Verlust (Mensch, Haustier, Gegenstand) oder eine Trennung; oder auch auf eine verpasste berufliche Chance (Bremer-Roth et al. 2006, 292), die Zurückweisung durch einen Freund oder Geliebten, der Verlust an (Selbst-)Achtung, Gesundheit, eines Körperteils kann Trauer auslösen (Ekman 2007, 118 f.).

---

[3] Es lässt sich jedoch gerade in den letzten Jahren Literatur mit interkulturell-vergleichendem Blick und/oder historischen Betrachtungen finden, die Sterben, Tod, Trauer und Trauerrituale thematisieren (wie z.B. Assmann/Maciejewski/Michaels (Hrsg.) 2007, Assmann 2000). Im folgenden Textabschnitt sollen jedoch vielmehr die Grundlagen der Trauer erörtert werden. Es geht darum typische Charakteristika des Trauerns (in westlichen Kulturen) und geeignete Unterstützungs- und Hilfemaßnahmen (Trauerarbeit) darzustellen, um daraus die Sinnhaftigkeit (multi-)medialer und biographischer Ansätze abzuleiten und die Verbindung zur Demenzerkrankung herzustellen.

Bartl und Hille (2001, n. Rost 2005, 307) sehen Trauer gekennzeichnet durch „niedrige Aktiviertheit, hohe Selektionsschwelle und hohen Auflösungsgrad". Trauer ist ein eher passives Verhalten mit dem Verlust oder anderen Auslösern umzugehen; Verzweiflung ist eine aktive Komponente der Emotion zur Bewältigung (Ekman 2007, 119). Die Verzweiflung geht dabei oftmals der Trauer voran, die dann oftmals zu einer länger andauernden Emotion wird (ebd.).

Mit dem Trauern gehen ebenso starke und schwache Gefühle des Schmerzes, der Sehnsucht, Hoffnungslosigkeit, Niedergeschlagenheit und verschiedene Ängste einher(Rost 2005, 18). Bremer-Roth et al. (2006, 292) nehmen bei den Trauerreaktionen eine Einteilung in Gefühle[4], körperliche Reaktionen[5], Gedanken/Wahrnehmungen[6] und Verhaltensänderungen[7] vor. Luchterhand und Murphy (2001, 20 f.) heben unter den Trauerreaktionen dabei Wut- und Schuldgefühle hervor, die, insofern sie andauern, besonderer Hilfe bzw. Therapie bedürfen. Das „Bild des Trauernden" ist von Expressionen, wie z.B. Gebeugtheit, Verschlossenheit, Schmerz, Gelähmtsein, Tränen und Schluchzen geprägt. Ebenso kann es bei intensiver Trauer immer wieder Momente anderer emotionaler Zustände wie z.B. Zorn, Freude, Angst geben (Ekman 2007, 120 f.). Konkrete körperliche Beschwerden wie trockener Mund, Druck auf der Brust oder Schwindel sind situationsbedingt nicht ungewöhnliche Reaktionen auf emotionalen Stress (Luchterhand/Murphy 2001, 21).

Ob Trauer manifest wird, sich in Reaktionen bzw. Handlungen äußert oder aber durch Unterdrückung latent bleibt, differiert wiederum individuell und soziokulturell.[8] Weinen bzw. Tränen gelten in vielen Kulturen als Inbegriff der (emotionalen Reaktion von)

---

[4] Gefühle meint hier z.B. Zorn, Hilflosigkeit, Dankbarkeit, Einsamkeit, Schuldgefühle und Erschöpfung (Bremer-Roth et al. 2006, 293).

[5] Körperliche Reaktionen sind etwa Appetitlosigkeit, Kurzatmigkeit, Müdigkeit und Zittern (ebd.).

[6] Beispielhafte Gedanken und Wahrnehmungen sind: die/der Verstorbene wird halluzinatorisch wahrgenommen, oder es findet Rückzug in eine Fantasiewelt statt (ebd.).

[7] Verhaltensänderungen können etwa Schreien, Lachen, sozialer Rückzug, Desinteresse und Zerstreutheit sein (ebd.).

[8] Vgl. auch Bremer-Roth et al. 2006, 292.

Trauer und werden deshalb oftmals erwartet oder forciert. Anderseits kann es gerade um die Bekundung von Trauer gehen um Mitgefühl, Beistand und sonstige empathische Reaktionen Anderer hervorrufen (Ekman 2007, 125 ff.). Der Ausdruck von Trauer kann damit eine soziale Botschaft wie „ich leide, tröste mich und hilf mir" transportieren (ebd., 129).

2. Trauern und Abschied nehmen als phasenhafter Prozess

Trauern bedeutet aber mehr als traurig sein. Gegenstand sind soziale Akteure, Beziehungen und Situationen sowie Verlust, Umbruch und Neubeginn.

Trauern wird heute überwiegend als phasenhafter Prozess begriffen. Wenngleich es unterschiedliche Erklärungsmodelle gibt, die im Folgenden dargestellt und diskutiert werden, beziehen sich alle gleichsam auf „Schock, Sehnsucht, Verzweiflung, Trauerbewältigung und -abschluss" (Bremer-Roth et al. 2006, 294). Als wesentliche Leistung im Trauerkontext wird die Gesamtbewältigung anstatt des Unterdrückens propagiert. Werde ein Trauerprozess (in entsprechenden Situation bzw. nach Ereignissen) nicht durchlaufen, drohten andauernde psychophysiologische Probleme und pathologische Zustände.[9] Winkel (2002, 17) meint, dass Trauernde nicht nur eine „spezifische Intensität und Tiefe des erlittenen Schmerzes" erleben, sondern diese subjektive Erfahrung mit einem „Gefühl der Einzigartigkeit und Unvergleichbarkeit ihrer Situation" verknüpfen.

Seit einiger Zeit finden die Trauerphasen nach Verena Kast Beachtung und ihren Niederschlag in praktischer Umsetzung (im therapeutischen und pflegerischen Bereich). Kasts Modell basiert empirisch auf den Beobachtungen von Trauernden und der Analyse ihrer Träume (Bremer-Roth et al. 2006, 294). Das Trauer auslösende Ereignis (z.B. Tod eines Nahestehenden) stellt demnach einen gravierenden Einschnitt in das Leben dar (ebd.). In theoretischer Hinsicht kombiniert Kast verschiedene Theorien und Ansätze.

---

9 Ebenso Bremer-Roth et al. 2006, 295.

2. Trauern und Abschied nehmen als phasenhafter Prozess

Sie verknüpft insbesondere die Bindungstheorie Bowlbys sowie entsprechende Erkenntnisse zum Trauern daraus mit psychoanalytischen Thesen. Eine Trennungs- bzw. Verlustsituation eines Kleinkindes, das sich im Aufbau von Bindungsmustern befindet, ähnelt dem (phasenhaften) Verhalten Erwachsener bei einschneidenden Verlusten, wie z.B. dem Tod nahestehender Angehöriger.[10] Bowlby bezieht sich auf vier Phasen: 1. Phase der Betäubung, 2. Phase der Sehnsucht und Suche, 3. Phase der Desorganisation und Verzweiflung und 4. die Phase der Wiederherstellung (Neudefinition des Selbst) (Rehberger 2004, 35 f.).

Daran anlehnend differenziert Kast (1999) die vier idealtypische Phasen des Trauerns etwas anders: 1. Phase des Nicht-wahrhaben-Wollens, 2. Phase der aufbrechenden Emotionen, 3. Phase des Suchens und Sich-Trennens und 4. die Phase des neuen Selbst- und Weltbezugs. Die erste Phase ist gekennzeichnet von Empfindungslosigkeit aufgrund eines „Gefühlsschocks", wobei das Nichtwahrhaben-Wollen keinesfalls bloßer Ausdruck von Verdrängung ist, sondern vielmehr Alternativreaktion auf die „starken Gefühle" in Verbindung mit dem Verlust (Kast 1999, 71 f.). In der zweiten Phase kehrt sich der Zustand der Empfindungslosigkeit ins Gegenteil um, worauf „Emotionen aufbrechen" (ebd., 73). Bowlby[11] verweist in dieser Phase auf Zorn(-ausbrüche) und Parkes[12] auf Angstzustände, aber auch Ruhelosigkeit (Kast 1999, 73). Zorn kann sich gegen Angehörige, gegen Ärzte und auch andere Personen richten; manchmal wird regelrecht ein Sündenbock für das Geschehene gesucht: Reaktionen der Angst, der Wut, Ohnmacht und des Zorns werden zufällig mit Personen verknüpft (ebd., 74). Es handelt sich dabei regelmäßig um die Verarbeitung von Schuldgefühlen (ebd., 75). Ebenso können (ungelöste) Beziehungsprobleme, etwas Unausgesprochenes bzw. Ungeklärtes im Sinne etwas Unerledigtes diese Gefühlsausbrüche hervorrufen. Kast geht davon aus, dass Kommunikation zwischen den entsprechenden (trauernden) Akteu-

---

[10] Vgl. auch Rehberger 2004, 25 ff.
[11] Weiterführend: Bowlby 1980, 85, n. Kast 1999, 73.
[12] Weiterführend: Parkes 1978, 2003, n. Kast 1999, 73.

ren gelingen muss, damit sich Trauer nicht zu lange ausdehnt und gut bewältigt werden kann (ebd.).

Oftmals tritt gerade der Tod zu zeitig bzw. zu früh in gewohnte Strukturen ein – so zumindest das (anfängliche) Empfinden. Die Zeit erfährt sodann einen Stillstand, augenblicklich muss das erlebte Vergangene mit dem nicht mehr erlebbaren, vielleicht schon geplanten Zukünftigen in Einklang gebracht werden. Harmonisches und Unangenehmes müssen gleichsam die Brücken in neue Realität bauen: das „Emotions-Chaos" muss durch- und ausgehalten werden um neue Verhaltensmuster entstehen zu lassen (Kast 1999, 78). In der dritten Phase kann nach Kasts Meinung Ärger und Zorn (und andere Emotionen) noch als Suche nach dem, was der Tote bedeutet (hat), begriffen werden (ebd.). Eine solche Suche kann weiterhin in einem halluzinatorischen Wiederfinden münden, was zunächst wiederum starke emotionale Ausbrüche zur Folge hat (ebd., 79), bis man von der Realität eingeholt bzw. überholt wird und beginnt sich zu arrangieren und zu trennen. Das Suchen scheint oft im inneren Zwiegespräch (mit dem Verstorbenen) stattzufinden (ebd., 80). Es ist dem gemäß ein Prozess von Suchen – Finden – Trennen (ebd., 81), der innerpsychisch, aber ebenso im bzw. mit dem sozialen Umfeld durchgeführt werden kann. In dieser aber auch in den anderen Phasen können immer Zustände von Depression, Apathie und Verzweiflung auftreten (ebd., 82). Ist der Verlust bzw. die Veränderung als Trennung weitestgehend akzeptiert, werden nicht mehr sämtliche Gedanken (Phantasien) und das Handeln des Trauernden darauf zentriert sein – die Phase neuer Selbstfindung beginnt.[13] Der Verstorbene muss eine „innere Figur"[14] werden, so dass neue Eventualitäten des Selbstes und/oder der (sozialen) Welt Veränderungen mit sich bringen können (ebd., 83 f.). Der neue Selbst- und Weltbezug ist dann von der Akzeptanz des Verlustes und einer Art Neubeginn gekennzeichnet (Kast 1999, 84 u. 88).

---

13 Ähnlich Kast (1999, 83).
14 Mit „innerer Figur" meint Kast (ebd.) das Erleben als „eine Art inneren Begleiter": was zuvor „in der Beziehung gelebt hat", muss nun eigene Möglichkeit werden.

Während Bowlby Schuldgefühle und Zorn als Teil der Suche nach dem Neuen begreift, meint Kast darin noch Verarbeitung des Vergangenen (des Verlustes) zu sehen (ebd., 78). Diese Emotionen und andere sind in der zweiten Phase so intensiv und fokussierend, so dass Kast hier noch keine Abwendung (sei es auch nur in Anfängen) zum neuen Selbst und zur neuen Welt hinein zu interpretieren vermag. Verzweiflung (als Teil der 3. Phase bei Bowlby) wird bei Kast den aufbrechenden Emotionen und dem Suchprozess – als Ursache dessen – zugeordnet. Bowlbys Desorganisation (in Phase 3) kann bei Kast in dem Übergang vom Sich-Trennen (Phase 3) und der Neuausrichtung von Selbst und Welt (Phase 4) verortet werden.

Kasts Modell hat seine Vorzüge darin, dass Emotionen nicht strikt bestimmten Phasen zugeschrieben werden, sondern Zustände, Aufgaben und Auswege aus dem „Tal der Tränen" beschrieben werden. Da sie die „Phase der aufbrechenden Emotionen" definiert hat, kann im Umkehrschluss die „Aufgabe" wie z.B. das Sich-Trennen oder Finden neuen Weltbezugs in den übrigen Phasen fokussiert werden. Somit kann das Modell durch über die Psychologie und Psychotherapie hinaus gehende Anknüpfungspunkte Ergänzung finden. Die idealtypischen Kategorien werden von Kast im Weiteren selbst relativiert. Sie verweist zwar einerseits auf Generalisierungen aufgrund ihrer empirischen Erkenntnisse, andererseits lässt sie auch individuelle Spezifika zu. Nicht jeder Trauerprozess müsse in dieser Abfolge stattfinden, je nach sozialem Hintergrund und anderen Einflussfaktoren können ebenfalls eine oder mehrere Phasen ausbleiben.

Ähnliche Phasen werden zudem dem Sterben (bzw. Sterbeprozess) zugeschrieben.[15] So hat die „Sterbeforscherin" und Pychiaterin Kübler-Ross auf Grund empirischer Erkenntnisse fünf Sterbephasen definiert: 1. Nicht-wahrhaben-Wollen und Isolierung, 2. Zorn, 3. Verhandeln, 4. Depression (Traurigkeit) und 5. Akzeptanz bzw. Zustimmung.[16] Es zeigt sich also wiederum, dass es verschiedene – teils konträre – Abschnitte gibt, deren Dimensionen etwa

---

[15] Die Erforschung und Definition von Sterbephasen ging jedoch der Thematisierung von Trauerphasen wissenschaftlich, historisch voran.

vom Nicht-wahrhaben-Wollen bis zur Akzeptanz, oder vom Zorn bis zum Verhandeln reichen. Starke Emotionen unterschiedlicher Natur treten immer wieder auf.

3. Trauer als Ritual und soziales Konstrukt

Nach Winkel (2002) ist Trauer ein soziales Konstrukt. Es ist ein primär soziales bzw. soziokulturelles Phänomen, das durch die inkludierte Subjektivierung individuelle Manifestation findet. Der Ansatz Winkels ist systemtheoretisch, weshalb Trauer auch als symbolisch generalisiertes Kommunikationsmedium definiert wird (ebd, 75 ff.). Zugleich sei Trauer als Gefühl codiert (ebd., 56). Als systemisch eingebundenes Phänomen hat Trauer verschiedene kulturelle Bezüge, so etwa die (funktionell und individuell differenzierten) Vorstellungen von Sterben und Tod.[17] Glockzin-Bever (2008, 314) drückt dies wie folgt aus: „Das gesellschaftliche Klima wechselt zwischen Verdrängung und Veröffentlichung des Todes, beides stößt hart aufeinander im Falle des persönlichen Erlebens im eigenen Umfeld." Soziokultureller Wandel, Individuum und dessen soziale Umwelt bedingen sich also gegenseitig, und damit Meinungen sowie Handlungen im Tod- und Trauerkontext. Trauer wird in der Regel psychologisiert[18] und im Rahmen klassisch psychoanalytischer Tradition als emotionales Phänomen beschrieben (ebd., 19 u. 61). In vormodernen Gesellschaften sei Trauer auf den Zusammenhalt der Gruppe und der Gemeinschaft bezogen gewesen, während die Moderne auf die „Herausstellung und Sicherung von Einzigartigkeit und Individualität durch die Betonung der inneren Befindlichkeit" abziele (Winkel 2002, 18).[19] Der Trauercode hat die

---

[16] Vgl. hierzu Kübler-Ross 1989; Bremer-Roth et al. 2006, 284 ff.; Witterstätter 2003, 184 f.

[17] Siehe dazu etwa Winkel 2002, 51 f.

[18] Die Zurechnung des Selbst auf die innere Befindlichkeit wird als Psychologisierung bezeichnet (Willems 1994, 184, n. Winkel 2008, Abs. 5).

[19] Winkel (2002, 18) verweist hier auch auf Némedi (1995) und auf frühe gesellschaftliche Untersuchungen von Durkheim.

3. Trauer als Ritual und soziales Konstrukt

Funktion mit Aspekten von Verlust, Leid und Schmerz Selbstreferenz (auf der personalen Ebene) zu ermöglichen (ebd., 19). Diese individuelle Ausdifferenzierung und Selbstreferenzmodi machen Trauer zu einem spezifisch modernen Gefühl (ebd., 81).[20] Gegenwärtige Trauerkultur ist von Institutionalisierungsprozessen der Trauerhilfe und Trauerberatung in Form von Selbsthilfegruppen bis zu therapeutischen Einzelgesprächen gekennzeichnet, die überwiegend Persönlichkeits- und Emotionsarbeit leisten wollen (Winkel 2002, 82).[21] Sozialisierung der Trauer finde damit vorwiegend durch diese institutionalisierte Trauerbewältigung bzw. -arbeit statt. Zugleich kann dies als Pathologisierung der Trauer verstanden bzw. von Akteuren missverstanden werden.[22] Winkel plädiert dafür, dass Trauernden nicht „vorgeschrieben" werden solle, wie er/sie zu trauern habe (ebd., 83).[23]

„Abschiednehmen ist als Vorstellung und Bild so etwas wie eine Urszene des Menschen", die der Ankunft gegenüber steht, meint Bohrer (1996, 9) in seiner „Theorie der Trauer". Abschied (im literarischen Gebrauch) sei damit „Codewort einer Lebenstotalität" (ebd.). In der Moderne ist Abschied Ausdruck eines Bewusstseins der Zeitlichkeit (und des nahen Todes) (ebd., 15). Das Wiedersehen wird häufig mit thematisiert oder bleibt zumindest unterschwelliger Wunsch. Bei Baudelaire ist Bewusstsein Zeitbewusstsein im Sinne von verlorener Zeit (ebd., 39 f.).[24] „Das absehbare Vergangensein

---

[20] Eine parallele, ähnliche Entwicklung hat z.B. die Liebe(-ssemantik) hinter sich (Winkel 2002, 80).

[21] Dadurch werde Differenzierung und vor allem die Individualisierung der Trauer noch verstärkt. Gefühle einzelner Akteure stehen somit in der Regel im Zentrum der Aufmerksamkeit (ebd., 82 ff.).

[22] Eine Pathologisierung dürfte das Letzte sein, was Kast (1999) und andere mit ihren Trauermodellen erreichen wollen. Zwischen den Zeilen der formalen, idealisierten Trauerphasen lassen sich immer wieder Relativierungen in Form von individuellen und sozialen Differenzen im Trauerverhalten und damit im Ablauf der Trauer(-phasen) finden.

[23] Siehe zur Kritik an (strikten) Phasenmodellen der Trauer und zu den psychologisierenden Individualisierungen ferner: Voss-Eiser 1992; Walter 1997.

[24] Diese literarische Thematisierung von Zeit kann als Rückkopplung eines sozialen Verständnisses von Zeit(-lichkeit) im (frühen) 20. Jahrhundert verstanden werden (Bohrer 1996, 41 f.).

gegenwärtiger Existenz bildet in der Tat die gedankliche Voraussetzung für das Aufkommen des Abschieds als Reflexionsfigur des je schon Gewesenen." (Bohrer 1996, 20) Das Religiöse tritt unter anderem mit dem Aspekt der Überzeitlichkeit (im Zeitpunkt des Übergangs) in Erscheinung. Todesfurcht[25] kann häufig beobachtet und durch den religiösen Glauben keinesfalls (an ein Folgeleben sui generis) verhindert werden. „Der Tod strukturiert das Leben" durch reale aber auch bloße verbale oder mediale Anwesenheit (Elsas 2008, 7). Trauer und ihr Gegenstück können im sozialen Kontext nicht ausschließlich subjektiviert werden; der soziale Rahmen beeinflusst Trauerformen, -reaktionen und die Arbeit damit. Religion und Kultur prägen jedoch nicht nur die Sterbe- und Trauerzeit zum Beispiel mit Ritualen und Normen.[26] Vielmehr wird das Verständnis von Trauer sozial geprägt – Trauern damit zum Teil überhaupt erst konstruktiv generiert.

Die Trauer muss die sozialen Beziehungen zum Verstorbenen und der sozialen Umwelt neu gestalten, wobei auch diese von der „Statusveränderung" betroffen ist (Spiegel 1973, 93). Im Anschluss an das Konzept „Rites de passage"[27] („Status-Übergang") von Durkheim versteht Spiegel (ebd.) Trauer/n als Interaktion zwischen Individuum und Gesellschaft (bzw. anderen Akteuren). Eine Einteilung in Rituale der Trennung, des Überganges und der Eingliederung im Verhältnis Individuum und soziale Gruppe sei hierbei sinnvoll (ebd., 95). Zeitliche und räumliche Faktoren spielen bei der Trauer und entsprechender Interaktion gleichsam eine symbolische Rolle (ebd., 96). Vor allem Trauerrituale wie die Beerdigung sind mit vielen Symbolen ausgestattet, auf denen soziale Interaktion beruht.[28] Wenn Winkel (2002, z.B. 87) von Trauer als Code symbo-

---

[25] Für eine umfassende Analyse der Todesfurcht und ihrer Auswirkungen siehe z.B. Ochsmann 1991, 119 ff.
[26] Siehe hierzu auch weiterführend Elsas 2008, 7 und ferner Elsas (Hrsg.) 2008.
[27] Diese Theorie geht auch auf Arnold van Gennep (1909) und Grundeinsichten von Robert Hertz (1905) zurück (Spiegel 1973, 93).
[28] Hier kann auf den Symbolischen Interaktionismus (Mead) verwiesen werden. So ebenfalls Spiegel (1973, 96), der weiterhin auf Hahn und die Aspekte Identität und Sinn im Rahmen sozialer Einbettung verweist.

3. Trauer als Ritual und soziales Konstrukt

lisch generalisierter Kommunikationsmedien spricht, wird ebenfalls der Bezug zum Symbolischen (vermittelt über Kommunikation) deutlich. Symbole sind zudem zeitloser und damit geeignete Anker.

Ritualisierte Trauer ist in Grundzügen gesellschaftlich allgemein gültig, doch kulturell verschieden ausgestaltet (Elsas 2008, 7). Trauerriten sind somit Teil des sozialen Gedächtnisses[29] bzw. des kulturellen Gedächtnisses[30] als Überlieferungs- und Vergegenwärtigungsform (Maciejewski 2007, 247). Sie fungieren weiterhin als kollektiv- und identitätsstiftendes Element.

Trauer gehört zu den „Kosten" sozialer Bindungen; der Liebende wird mit Empfindungen der Trauer, des Verlustes oder der Trennung „belohnt" (Michaels 2007, 8). Das Wissen um Tod und Endlichkeit ist ein bedeutender Kulturgenerator. Trauer ist in westlichen Gesellschaften zunehmend privatisiert und (öffentlich) tabuisiert worden (ebd., 10); auch dies ist eine soziokulturelle Leistung, gleich wie man sie bewerten mag. Durch Vergessen und Ritual wird der Tod am besten überwunden, meint Michaels (2007, 11) unter Verweis auf Freud. Michaels (ebd., 13) sieht Trauer in der Moderne (im Kontrast zur Vormoderne) gekennzeichnet durch „Individualisierung, Privatisierung, Verinnerlichung und Entritualisierung, vielleicht auch Professionalisierung und Technisierung"; anders formuliert sei Trauer „einsam, innen, psychisch, privat und ohne Form". Spricht man bezüglich der westlichen Moderne von der Unfähigkeit zu trauern und loszulassen, so ist diese Unsicherheit, Ambivalenz, Tabuisierung und Sprachlosigkeit keineswegs singulär und neu, sondern Ausdruck der Leugnung und Verdrängung der Sterblichkeit (Michaels 2007, 13).[31] In ähnlichem Maß wird die Trauer auch zu verdrängen und zu leugnen versucht; entsprechende Rituale werden entritualisiert oder aufgegeben.

---

[29] Vom sozialen Gedächtnis spricht Connerton 1989 (n. Maciejewski 2007, 247).

[30] Assmann (1992, 21) spricht vom kulturellen Gedächtnis und Trauerritualen als „Riten der Kollektiven und konnektiven Erinnerung".

[31] Dies habe es ebenfalls zu anderen Zeiten (und) in anderen Kulturen gegeben, meint Michaels (2007, 13).

Dies alles zeigt, wie sehr Trauer nicht (nur) psychisch-individuelle Momente besitzt, sondern als soziales Phänomen im gesellschaftlichen und kulturellen Kontext verstanden werden muss. Inwiefern Trauer (ausschließlich) sozio-kulturelles Konstrukt ist,[32] oder „nur" Auswirkungen im sozialen Bereich z.b. auf Beziehungen hat, kann hier unbeantwortet bleiben. Die Relevanz sozialer Interaktion und Beziehungen – in ritualisierter Form – wurde jedenfalls allzu deutlich.

4. Biographische Trauerarbeit

„Einzigartigkeit und Besonderheit finden in jeder Phase des Lebenslaufs, ob bei der Geburt, dem Eintritt in den Beruf oder dem Verlust einer identitätsstiftenden Bezugsperson durch Tod in der Biographie ihre soziale Verankerung." (Winkel 2002, 86) Folglich kann Trauer als „großes Gefühl"[33] positiver Art begriffen werden.

Nun kommt es nicht nur im Kontext von Trauer zur Überprüfung des Selbstverständnisses; biographische Brüche und Verlusterfahrungen eröffnen generell die Möglichkeit zur lebensgeschichtlichen Rekonstruktion (Fischer-Rosenthal 1995a, 44, n. Winkel 2008, Abs. 4). Winkel (2008, Abs. 6) meint (im Anschluss an Hahn und Luhmann): Trauer und entsprechende Kommunikation eröffneten ein semantisches Feld strukturierter Selbstthematisierung mit biographiegenerierender Funktion. Nach Hahn (1987; 1990) bedarf es symbolischer Formen und institutioneller Einbettung um Selbstthematisierung mit biographiegenerierender Funktion zu ermöglichen.[34] Zumindest kann überzeugend davon ausgegangen werden, dass Institutionalisierung (im Hahn'schen Sinne) Biographiegeneration bzw. Biographisierung unterstützt und forciert. Ob es wirklich Bedingung ist, sei dahingestellt. Wenn Winkel von biographischem Bruch (im Sinne von dramatischen Veränderungen) spricht, trifft

---

[32] Dies erscheint aufgrund der Erkenntnisse aus der psychologischen Disziplin durchaus fragwürdig.
[33] Winkels (2002) Buchtitel lautet: „»Trauer ist doch ein großes Gefühl...«".
[34] Beichte und (Psycho-)Therapie seien hierfür institutionelle Beispiele.

4. Biographische Trauerarbeit

dies den Kern der Argumentation. Die biographiegenerierende Funktion der Trauer ist dualistischer Natur: Zum einen generieren und bestimmen „einschneidende" Ereignisse die Biographie (nachhaltig, für die Zukunft) intensiver als Alltägliches; zum anderen wird die „Systemfrage" bzw. „Sinnfrage" hinsichtlich des bisherigen Lebenslaufes (Biographie) reflektierend gestellt.

> „Eine besondere Bedeutung erhält dabei die Anregung eines prozesshaft-lebendigen Miteinanders im Hier und Jetzt, im Fluss von Geschichten und Erinnerungen des Vergangenen, aber auch in Phantasien und Vorstellungen des Zukünftigen." (Jansen 2009, 24)

Trauer auslösende Ereignisse wirken dementsprechend – zeitlich betrachtet – rückwärts und vorwärts gewandt. Trauer impliziert zugleich Fragen an Vergangenheit und Zukunft. Dieser biographische Dualismus kann also – genauer betrachtet – als Generierung und Reflexion gesehen werden.

Die Antwort auf Trauer/n muss daher sinnigerweise eine biographische Komponente haben. Der (angeleitete) Bewältigungsprozess von Trauer wird als Trauerarbeit verstanden.[35] Nicht nur in professionell-institutionalisierten Figurationen wird Trauerarbeit als Arbeit an sich selbst und, wo möglich, mit Hilfe anderer Akteure und Strukturen empfohlen. Die Trauerarbeit seitens anderer Akteure beinhaltet Unterstützung, Betreuung und Begleitung in individuell-persönlicher Art und Weise unter Berücksichtigung sozialer Komponenten (wie zuvor erläutert).[36] „Es braucht Gesprächspartner, die zuhören und mit denen man über den Verstorbenen sprechen kann. […] Der Betroffene soll dadurch zu einer offenen Kommunikation ermutigt […] werden." (Bremer-Roth et al. 2006, 295) In dieser Aussage wird die Eingliederung von sozialer Interaktion und Kommunikation unter biographischer Bezugnahme ersichtlich.

Trauerarbeit muss also, wenn auch nicht ausschließlich, Biographiearbeit sein, weil Trauer den engen biographischen bzw. biogra-

---

[35] Im thematischen Kontext des vorliegenden Textes soll Trauerarbeit im Zusammenhang mit Biographie-, Alten- und Pflegearbeit begriffen und analysiert werden.

[36] Vgl. ebenso Bremer-Roth et al. 2006, 295.

phiegenerierenden Bezug hat. Wo erzählt und erinnert wird, ist der biographische Bezug nahe liegend. Aufgabe und Ziel sollte eine systematische biographische Unterstützung von Menschen, „die aufgrund einer ressourcenarmen Lebenslage, einer Krise, eines gesellschaftlichen Ausschlusses, einer besonders prekären Lebenssituation Unterstützung beim lebendigen gestalten ihrer Biografie benötigen" (Jansen 2009, 24) sein. Eine solche Krise und Lebenssituation ist gewöhnlich mit dem Trauerprozess und dessen Ursachen gegeben.

Eine „Sozialisierung"[37] der Trauer kann durch soziale Interaktion und Kommunikation erreicht werden. Der Kern der Trauerbewältigung bzw. -arbeit sollte eine Vermittlung innerer und äußerer Prozesse sein, im Gegensatz zur (alleinigen) inner-psychischen Konfliktlösung und Neuorientierung. Wenngleich Phasen der Abschottung von der sozialen Umwelt erlaubt sein müssen, sollte die Person freilich bestmöglich sozial *re*inkludiert werden. Dies ist die soziale Handlungsebene dar. Inhaltlich-thematisch ist der biographische Bezug besonders relevant im Spannungsfeld von individueller und kollektiver (gesellschaftlicher) Komponenten. Es kann also auf das bisher bzw. weiter oben eruierte Methodenrepertoire zurückgegriffen werden.[38] Die Theorien der Trauerphasen liefern Hintergrundwissen und können Verständnis für emotionale Reaktion aufbauen, so dass gerade in den Phasen der Orientierung, des Suchens und der Neuorientierung biographische Trauerarbeit anschlussfähig ist und auf Zustimmung treffen kann. Vergangenes erinnern und die Zukunft planbar zu gestalten unterstützt so dann den Normalisierungsprozess. Dies soll keineswegs bedeuten, Trauer sei nichts „Normales". Jedoch lohnt es zumindest, sich der schönen Dinge des Alltags vor dem Trauerereignis zu erinnern und diese wieder aufleben zu lassen, sofern dies nicht als Verdrängung, sondern vielmehr als Verarbeitung geschieht. Wenn die Bilder und Er-

---

37 „Sozialisierung" gemeint als Kontrast zu „Psychologisierung".

38 „Methodenrepertoire" meint die theoretischen Ansätze, die in personzentrierten, biographieorientierten Pflegekonzepten mündete und ebenfalls als Handlungs- bzw. Interaktionsanleitung für den privat-persönlichen Bereich von Hilfe in schwierigen Lebenslagen (Demenz, Trauerfall) zu verstehen ist.

fahrungen der Lebensgeschichte im Kopf verschwinden, macht dies Angst und orientierungslos.[39] Fotos, Lieder und Bewegungen können sodann als biographische Ankerpunkte fungieren und Anknüpfung bieten.

5. Biographisch-mediale Trauerbewältigung bei Demenz

Trauer und deren Bewältigung ist bei demenzieller Erkrankung von einigen spezifischen Besonderheiten geprägt. Erstens geht mit der Diagnose Alzheimer in der Regel der Abschied vom bisherigen Leben einher, wobei sich diese „Trauer" im Lauf der fortschreitenden Erkrankungen potenzieren kann. Dieses Abschiednehmen müssen die bzw. der Betroffene ebenso verarbeiten wie Akteure aus dem sozialen Umfeld, jeweils wiederum aus verschiedenen Perspektiven. In diesem Zeitraum findet Trauer und psychische Belastung unter Umständen keinen konkreten Anknüpfungspunkt und wird damit zum schleichenden, vielleicht unterschwelligen (unbewussten), Prozess. Aus Sicht der bzw. des Betroffenen ist die Phase der Wahrnehmung und (Selbst-)Reflexion der schwindenden Fähigkeiten von der Phase „ohnmächtiger Wahrnehmung", in der Selbstbeobachtung nicht mehr möglich ist, zu unterscheiden. Diese Phasen können auch zirkulieren, sich abwechseln und wiederholen, wenn zum Beispiel „lichte Momente" auftreten, was nicht ungewöhnlich ist. Phasen gewohnter Normalität und aufkommender Trauer treten damit bei Akteuren des sozialen Umfeldes, insbesondere den Angehörigen, wechselhaft auf. Dieser Prozess ist längeren Sterbephasen etwa aufgrund schwerer Krankheiten ähnlich und mündet eines Tages – mit dem Tod – in der Gewissheit, dass nun der bisher beschriebene „normale" (abschließende) Trauerprozess einsetzen kann.

Das Sterben selbst kann von (schwer) erkrankten Menschen mit Demenz nicht mehr kognitiv bewusst wahrgenommen werden, wenngleich sie jedoch die Stimmungslage in ihrer Umgebung wo-

---

[39] Siehe hierzu etwa die Lebensgeschichte einer Dame in Piechotta (Hrsg.) 2008, 186.

möglich sehr sensibel registrieren (Bremer-Roth et al. 2006, 286). Die nonverbale Kommunikation erhält somit große Bedeutung (ebd.). Soziale Interaktion und Beziehungsarbeit mit Personzentrierung liefert Möglichkeiten die Realität zu verarbeiten und Sterbebegleitung (palliative care/Palliativversorgung, Hospizarbeit) zu leisten. Kitwood (2008, 123) beschreibt dies als Bedürfnis nach Trost, das bei Demenz besonders groß sei, „wenn eine Person mit einem Gefühl von Verlust ringt, ganz gleich, ob es durch den Tod eines geliebten Menschen, das Versagen von Fähigkeiten oder das Ende eines langgehegten Lebensstils ausgelöst wird." Ein lange andauernder Trennungsprozess ist ein Abschiednehmen auf Zeit und Dauer zugleich sein. Trost sollte gerade dann als ständige Reaktion (anderer) und Begleitung sein. Immer wieder aufs Neue muss ein sinnvoller Ausgleich aller beteiligter Akteure zwischen Wiederherstellung alter (gesunder) Normalität und neuer (kranker) Realität/Normalität gefunden werden. Notwendige Vergegenwärtigungen von Vergangenheit und (potenzieller) Zukunft sollten im Rahmen biographischer Diskurse stattfinden. Dabei müssen Erinnerungen nicht nur Sehnsucht und Trauer auslösen, sondern vermögen Trost zu spenden und glückliche Momente wieder aufleben zu lassen.

Doch gibt es Gründe und Situationen aufgrund derer biographische (verbale) Kommunikation nicht mehr möglich oder nicht das geeignete Mittel zur biographischen Bezugnahme ist. Es bedarf Mitteln, Werkzeugen, Vermittlern – also im eigentlichen Wortsinne: Medien. Biographiearbeit mit Medien bietet sich analog (zur obigen Thematik) für Trauerarbeit an. Insbesondere Bilder, Geräusche, Musik, Videos und Gegenstände können Biographiegeneratoren sein und die Vergangenheit erlebbar in die Gegenwart transportieren. Solche Medien können eine besondere Spiegel-Funktion besitzen, indem sie auf multimedialem Wege verschiedene Reize erzeugen und damit mehrere Sinne „ansprechen". Die emotionale Wirkung z.B. der Musik (von Liedern) ist vielfach belegt. Dies mag helfen, Demenzkranke wie Trauernde gleichsam zu erreichen.

Schon lange gibt es verschiedene Formen und Praktiken medialer Autobiographisierung (Biographiegenerierung), die im vergangenen Jahrhundert noch eine enorme (in der Regel mediale) Expansion erfuhren: exemplarisch das Fotoalbum, Tagebücher, die private Musiksammlung, Familienportraits, (Home-)Videos, sowie ritualisierte Formen wie der (Hochzeits-)Tanz. Auf diese Biographieerzeugnisse kann zurückgegriffen werden, sie können in ritualisiert gewohnter Art präsentiert, aber auch neu arrangiert und kombiniert werden, um zu der neuen Lebenssituation (Demenz, Trauerphase) passend zu erscheinen. Einiges, was zu früheren Zeiten unter kirchlichem Diktat stand und in den Bereich des religiös nicht Akzeptierbaren fiel, findet mittlerweile Einzug in ritualisierte Trauer. So kann etwa ein Foto oder Bildnis des Verstorbenen bei der Beisetzungszeremonie oder am Grab einfachste Grundlage für eine (biographische und mediale) Trauerbewältigung sein. Es wird auch schon mal biographisch relevante (identitätsstiftende) Musik auf einer Trauerfeier eingespielt, oder Fotos und Videosequenzen werden in relativ großem sozialen Rahmen beim Kaffeetrinken nach der Beisetzung demonstriert. Das bewusste „Schwelgen" in biographischen Erinnerungen beim Betrachten von Fotoalben oder privaten Videos über den Sterbenden oder Verstorbenen im ganz privaten Rahmen ist hingegen kein Novum. Es ist jedoch nicht zu jeder Zeit des Trauerprozesses notwendigerweise sinnvoll; ausreichend Raum und Zeit für Stille und Rückzug sollte (nach individuellem Bedarf) ebenfalls gewährleistet sein.

Gerade dem sozialen Umfeld, den Angehörigen bzw. (künftigen) Hinterbliebenen, kann mit biographischer Trauerarbeit eine große Hilfe gestellt werden. Frühzeitig können sie gemeinsam mit dem betroffenen Menschen mit Demenz durch (multi-)mediales Biographiematerial eine Zeitreise in die Vergangenheit unternehmen. Zum einen kann dadurch die Beziehung – in der schwersten Zeit – Stärkung und Festigung finden, zum anderen kann es als Vorbereitung auf den Tod und endgültigen Abschied dienen.[40]

---

[40] So könnte man bei Demenzpatienten zunächst vom „psychischen Tod" sprechen, dem der körperliche erst mit einiger Verzögerung folgt. Beide Phänomene können Trauergefühle auslösen – somit in doppelter Weise.

Durch und in den Massenmedien wird immer wieder das Trauern gezeigt und Trauerempfindungen (beim Konsumenten) erzeugt. „Medial verstärkt kann die Trauer auch andere Menschen als die Nächsten und Freunde betreffen." (Michaels 2007, 7 f.) Wenn diese emotionale Wirkung möglich ist, sollten Medien ebenfalls, wenn auch ohne die Massen, zum therapeutischen Zweck – wie beschrieben – verwendet werden. Medien sind nicht erst seit gestern Bestandteil der Lebenswelt und des sozialen Lebens und sollten deshalb endlich weitläufigen Einzug in die soziale, therapeutische Arbeit in den genannten Feldern und Figurationen halten.

VII. ZUSAMMENFASSUNG

Soziologische Basis der Arbeit sind die zuerst behandelten Themenbereiche „Interaktion und Kommunikation" aus einer primär akteurszentrierten-handlungstheoretischen Sicht. Den Rahmen der interdependenten theoretischen Ausführungen bilden von Max Webers Erkenntnissen ausgehend, die konstruktivistische und phänomenologische Sicht von (insbesondere) Husserl, Schütz, Berger, Luckmann und daran anschließend der Symbolische Interaktionismus (Mead und Blumer).

Dass die Interaktions- und Interdependenzthematik leicht und direkt zur „Identität" überleitet, verdeutlichen etwa die Ansätze von Mead und Brüsemeister. Geleitet von der Vorstellung von der Relation von Subjekt (Akteur) und Gesellschaft, werden neben Rollenmodellen und Identitätskonzepten regelmäßig Individualität versus Sozialität thematisiert. Dadurch entsteht auch die Streitfrage um Kontinuität oder Variabilität der Identität des Selbstes.

Interaktion findet regelmäßig in Form kommunikativen Handelns (Habermas) statt und trägt damit ebenfalls zur Wirklichkeitskonstruktion bei. Kommuniziert wird somit über Symbole bzw. Zeichen (Peirce: Symiotik), die, sofern falsch verstanden oder nicht sinnmäßig ergründbar, Störungen hervorrufen (Watzlawick).

Mead und Hahn sind hier stellvertretend zu nennen und erweitern die Überlegungen zu Identität um die kommunikative sowie biographische Faktoren. Identität wird sozial durch Kommunikation „verhandelt": z.B. als narrative oder biographische Identität. Werden vergangene Identitätsmomente erinnert, so kann von der Biographie als Vergegenwärtigung lebensgeschichtlicher Aspekte (Hahn, Hillmann, Fuchs-Heinritz) die Rede sein. Biographie ist ein Prozess; Zeitlichkeit wird durch Vergegenwärtigung des Vergangenen und durch Bezugnahme „aktueller" Identität auf Zukünftiges relevant. Biographische Kommunikation geschieht regelmäßig als Narration (Erzählung) und damit verbundenen Erinnerungen. Biographie ist damit auch Ausdruck des hinsichtlich der (sozialen) Identität im Lebenslauf wandelnden Subjektes.

Zur Biographiegenerierung, -speicherung und -vermittlung werden Medien verwendet, von klassischen, wie dem Buch, bis zu neuen und multimedialen Medien. Aufgrund dessen können Medien ebenfalls als therapeutisches Hilfsinstrument in der Pflege eingesetzt werden. Sie können Identität und Biographie durch kommunikative Interaktion in Verbindung bringen.

Dies sollte wesentlicher Teil „sozialer Pflege" sein, wie sie auch in Konzepten wie dem personzentrierten Ansatz (Rogers, Kitwood), geleitet von humanistischen Vorstellungen, Ausdruck finden. Bindung (Bowlby), Kontakt (Prouty), Kommunikation und biographische Kenntnis bzw. Reflexion vor dem Hintergrund psychischer Prozesse (Böhm) sind bei der Pflege demenziell erkrankter Personen wichtige Faktoren.

Viele Beeinträchtigungen physischer, psychischer und sozialer Natur im Alter ähneln oder sind gleich denen von Menschen mit Demenz. Die kognitiven Fähigkeiten lassen früher oder später nach; Krankheiten, Einschränkungen und Gebrechen häufen sich oftmals bis zur Multimorbidität. Interaktion, Kommunikation und Kontakt werden in sozialer Hinsicht problematisch; Stigmatisierung und Exklusion können zur Vereinsamung führen.

Dies ist ein Grund für biographische Arbeit mit alten Menschen und solchen mit Demenz, der durch das Streben nach Festigung und Wiederbelebung der Identität ergänzt wird. Biographiearbeit sollte auf Medien verschiedenster Art zurückgreifen und diese möglichst kombiniert (im Sinne von multimedial) einsetzen; Filme sind hier schon eine gute Wahl, wenn Musik und Bilder in Einklang gebracht werden. „Mit allen Sinnen (die Lebensgeschichte) erinnern", ist das Motto; der Kreativität müssen keine Grenzen gesetzt werden.

Entsprechend verhält es sich mit (multi-)medialer Trauerarbeit, die anlässlich des empirischen Projektes zusätzlich zur Biographiearbeit aufgearbeitet wurde. Es kann auch behauptet werden, dass Trauerarbeit Biographiearbeit ist, respektive Biographiearbeit zum Teil Trauerarbeit zu leisten vermag. Trauern erscheint zwar als „natürlicherer" Prozess als Biographisierungen, jedoch sind beide in

VII. Zusammenfassung

besonderen Lebenssituationen für bestimmte Problem- und (innere) Konfliktlösungen adäquat und hilfreich.

Der theoretische Teil ist abschließend als mannigfaltiges Konstrukt zu begreifen, dessen Elemente (Variablen) interdependieren, in Beziehung zu setzen waren; als Gesamtheit leiten die Erkenntnisse zielführend und geeignet als Analysehintergrund in den Empirieteil über.

EMPIRISCHER TEIL

I. Überblick

Während die Zunahme von Forschung und Veröffentlichungen zu den Themen Biographieforschung, Biographiearbeit und Narration (narrative Methodik) als Indiz der Aufmerksamkeit, die diesen in verschiedenen Disziplinen geschenkt wird, gewertet werden kann.Mangelt es (dessen ungeachtet) in der praktischen Pflege und Betreuung (von Menschen mit Demenz) noch vielerorts an methodischen Konzepten, Ideen, Zeit und Mut zur Arbeit mit Biographien sowie am Verständnis dieser. In der häuslichen Pflege fehlt es oftmals ebenso an biographischer Arbeit, wenngleich das Schwelgen in Erinnerungen an bzw. redundante Erzählungen von Früher regelmäßig zum Alltag gehört.

Es wird die Chance vertan, mit kreativen und (multi-)medialen Mitteln den Älteren und im Speziellen Menschen mit Demenz ihr Leben immer wieder vor Augen und Ohren zu führen, Identität zu rekonstruieren bzw. zu festigen und die (biographische) Verzahnung von Vergangenheit, Gegenwart und Zukunft in der sozialen Interaktion und Kommunikation aktiv zu halten.

Das Projekt „Lebensfilme im Bereich Demenz", das Basis des empirischen Teils dieser Arbeit ist, versucht hier modellhaft anzusetzen. Für und mit Menschen mit Demenz und deren sozialem Umfeld (Personal der Pflegeeinrichtung, Angehörige) wird ein Film als audiovisuelles Medium kreiert, das biographische Informationen komprimiert, aber künstlerisch-kreativ zu Verfügung stellt und somit für die biographische und pflegerische Arbeit eingesetzt werden kann.

Die empirische Analyse setzt bei der theoretischen Erörterung an, so dass Themen wie Interaktion, Kommunikation, Besonderheiten der Demenzerkrankung, biographisches Wissen, Biographie- und Trauerarbeit sowie der Medienaspekt Berücksichtigung auf Grundlage der empirischen Erkenntnisse finden.

An mehreren Terminen wurde im Rahmen des Projektes von den sozialen Akteuren (Protagonistinnen, Produzent, Leitungs-, Pflegepersonal, Angehörige und Fotograf) in Interaktion und durch Narration biographisch relevantes Material für die Lebensfilme ergründet und zusammengetragen. Dies wurde vom Verfasser wissenschaftlich begleitet, indem er mit Hilfe der Methoden der qualitativen und quantitativen empirischen Sozialforschung (insbesondere schriftlichen Fragebögen und Beobachtungen) umfangreiche Daten für die anschließende Analyse und „Evaluation" sammelte. Die Ergebnisse werden in Kapitel V eruiert und durch Abbildungen (Diagramme) zusätzlich und unterstützend veranschaulicht.

Zuvor soll jedoch (in Kapitel II) der Hintergrund und Ablauf des zugrunde liegenden Projektes samt beteiligten Akteure vorgestellt und erläutert werden.

Im darauf folgenden Abschnitt III wird umfassend das Forschungskonzept und das angewandte Methodenrepertoire auf Basis wissenschaftstheoretischer Erörterung dargelegt.

Hier schließt sich eine Vorstellung der leitenden Hypothesen und Forschungsannahmen in Kapitel IV an.

II. Projekt „Lebensfilme im Bereich Demenz"

1. Hintergrund

Lebensfilme sind ein von dem Unternehmen LEBENSFILM Köln (Tobias Pollmüller) angebotenes audiovisuelles Medienprodukt filmischen Formats.[1] Vor dem Projekt waren sie insbesondere zur „Erinnerung" (insbesondere als Teil der Trauerarbeit) für Hinterbliebene und als „Erlebnis"-Aufnahme besonderer Ereignisse wie Hochzeiten gedacht.[2]

Durch seine Kontakte und Erfahrungen mit älteren Menschen, dem institutionellen Pflegebereich und den Themen Trauern und Tod entstand bei Tobias Pollmüller von LEBENSFILM Köln die Idee eines Pilot- bzw. Modellprojektes[3]: Das Format Lebensfilme als filmischer Ausdruck „bewegende[n, D.H.M.] und bewegte[n, D.H.M] Momente aus dem Leben eines Menschen"[4] im Demenz-Bereich zu testen und damit nicht nur ein Angebot für Angehörige bzw. Hinterbliebene bereitzustellen, sondern die Pflegearbeit im Sinne der Biographiearbeit zu unterstützen. Während bei den bisherigen „Trauerfilmen" insbesondere die Familie oder Freunde als Hinterbliebene das Publikum und Rezipierende waren, sollte nunmehr die respektive der demenziell Erkrankte zusätzlicher Akteur und Rezipient sein.

---

[1] Ein ähnliches kommerzielles Produkt und Medienformat wird etwa von http://www.biografiefilmstudio.de und http://www.lebensfilme.de angeboten.

[2] Vgl. auch http://www.lebensfilm.de (27.10.09).

[3] Die Projektbezeichnung „Lebensfilme im Bereich Demenz" stammt aus einer frühen Phase des Projektes; später wurde auch von „Lebensfilme und Demenz" gesprochen und geschrieben. Ich beziehe mich, auch mit dem Titel dieser Arbeit, auf die ursprüngliche Projektbezeichnung. „Bereich" ist in Anlehnung an Demenz als weiteren Filmformat- und Tätigkeitsbereich von LEBENSFILM Köln sowie als Bereich der Pflege entstanden. Der Begriff Bereich ist jedoch auch insofern interessant als er suggeriert, dass die Arbeit bzw. das Projekt nur einen Wirklichkeitsausschnitt liefert, *ein* Beispiel, Feld oder eine Figuration, für die biographische Filme bzw. filmische (und genereller: mediale) Biographiearbeit vielversprechend sind.

[4] Vgl. http://www.lebensfilm.de/erinnern.php?subsec=prinzip (27.10.09).

Die „erinnernden" Lebensfilme könnten äquivalent zu dem etablierten Geschäftsbereich der unterstützten Trauerarbeit aus Anlass des Gedenkens bzw. Abschiednehmens zu einem Gemeinschaftserlebnis werden. Als eine Art „Erinnerungsarchiv" könnten sie Menschen mit Demenz aktivieren, die Krankheit (stärker) in den Hintergrund treten lassen und ebenso ein ausgeprägteres Verständnis für die Person und Situation wecken.[5]

Vor diesem Hintergrund lernte Pollmüller die Leiterin des Augustinum Itzel-Sanatoriums in Bonn-Oberkassel in einem Bestattungsunternehmen kennen. Die Projektidee stieß bei der engagierten Einrichtungsleiterin Anne Hartmann auf offene Ohren; der Kontakt wurde intensiviert und die Projektkonzeption mit dem Knowhow des Einrichtungspersonals konkretisiert. Zwei demenziell erkrankte Damen und deren Angehörige konnten in der Folge für die Mitwirkung am Projekt gewonnen werden.

Im weiteren Organisationsverlauf wurde eine wissenschaftliche Begleitung und Aufbereitung des Projektes angestrebt. Über Prof. em. Dr. Dr. Reimer Gronemeyer von der Justus-Liebig-Universität Gießen und den Verein „Aktion Demenz e.V." (Gießen) wurden interessierte Studierende gesucht, die im Rahmen einer wissenschaftlichen Arbeit zur Seite stehen wollten. Hierdurch kam der Kontakt zwischen Tobias Pollmüller, Anne-Beate Kremer-Hartmann und dem Verfasser zustande.

2. Projektpartner

a) LEBENSFILM Köln, Tobias Pollmüller

LEBENSFILM Köln[6] kann als Film- bzw. Medienproduktionsunternehmen sui generis betrachtet werden. Die technische Medien-

---

5 Vgl. dazu http://www.lebensfilm.de/erinnern.php?subsec=demenz&show=hintergrund (27.10.09).

6 Im Internet ist Firma mit Sitz in Köln unter www.lebensfilm.de, www.trauerfilm.de und www.trauerfilme.de zu finden.

2. Projektpartner

produktion ist nur (nebensächlicher) Teil der Arbeit;[7] für die zwei Unternehmensbereiche „Erleben" und „Erinnern"[8] sind das „Drumherum", der konkrete Anlass mit sozialem Hintergrund und persönlichen Kontakten mit den Auftraggebern und Kunden von zentraler Bedeutung. Der Kundenkontakt findet überwiegend in Treffen zur Material- bzw. Medienauswahl mit erinnernden Erzählungen statt. In diesem Rahmen wird oftmals auch über die Interaktion und nicht nur mit dem medialen Endprodukt ein Teil bzw. eine Art Trauer- und Biographiearbeit mit den Kunden geleistet. Das Unternehmen ist somit auch als Dienstleister zu verstehen.

Der Gründer und Unternehmensleiter, Tobias Pollmüller, ist diplomierter Medienpädagoge und Erziehungswissenschaftler.[9]

LEBENSFILM Köln wurde im März 2006 gegründet. Zuvor war er als Produktionsassistent, Marketingleiter, TV-Redakteur und Redaktionsleiter in der Medienbranche tätig. Seit 2008 ist Pollmüller bundesweiter Koordinationsleiter für die Qualifikation von Ehrenamtlichen für das Modellprojekt "Hospiz macht Schule".[10]

b) Itzel-Sanatorium, Anne-Beate Kremer-Hartmann

Das Itzel-Sanatorium[11] liegt im Zentrum von Bonn-Oberkassel, in Rheinnähe. Es ist eine stationäre Pflegeeinrichtung speziell für (ältere) Menschen mit Demenz.[12] Das Haupthaus (eine ältere Villa),

---

[7] Zumindest im Verhältnis bzw. Kontakt mit den Kunden ist dies untergeordnete Hintergrund- bzw. Nebentätigkeit. Sodann findet nur das Endprodukt Aufmerksamkeit.

[8] Vgl. http://www.lebensfilm.de (27.10.09).

[9] Des Weiteren absolvierte er die Studiengänge Psychologie und Informatik für Geistes- und Sozialwissenschaftler.

[10] Vgl. zu alldem (Unternehmen LEBENSFILM und Lebenslauf Tobias Pollmüllers): http://lebensfilm.de/erleben.php?subsec=unternehmen&firstvisit=true (27.10.09).

[11] Das Itzel-Sanatorium ist eingebunden in das Collegium Augustinum. Es wird von einem eingetragenen Verein getragen und ist als selbstständige Sozialgruppe Mitglied im Diakonischen Werk der Evangelischen Kirche Deutschlands. Gefördert – vor allem in finanzieller Hinsicht – wird die Einrichtung auch durch die Julius-Itzel-Stiftung. Vgl. dazu auch weiterführend http://itzel sanatorium.de.

[12] Der Augustinum Verbund und damit ebenfalls das Itzel-Sanatorium widmet sich gemäß dem (dem Verfasser vorliegenden) Leitbild „Menschen, die sich in besonderen Lebensphasen [...] befinden", insbesondere Menschen mit demenzieller Erkrankung. Es ist eine anerkannte stationäre Pflegeeinrichtung - „ein behütetes Haus", was be-

die angrenzenden Gebäude sowie der zugehörige Park vermitteln eine angenehme Atmosphäre. „Hier finden demenziell erkrankte Menschen individuelle und fachliche Hilfe."[13] In der Einrichtung, verteilt auf mehrere Gebäude, leben zur Zeit etwa 60 Menschen (mit Demenz) in Appartements bzw. Einzelzimmern. Dem gegenüber steht eine Personalkapazität von 70 Beschäftigten (Leitungs-, Pflege-, Küchenpersonal, Zivildienstleistende etc.). Die Leitung befindet sich in den Händen von Anne-Beate Kremer-Hartmann (Anne Hartmann).

Das Pflegekonzept basiert auf „Herzlichkeit und Professionalität". Das „Standardangebot" an Hilfe- und Pflegeleistungen der Einrichtungen im Augustinum[14] Verbund umfasse: spielerische Gedächtnisübungen, Orientierung und Aktivierung, Mobilisierung, Tagesstrukturierung, aktive und passive Freizeitgestaltung, Andachten, Grund- und Behandlungspflege und ärztliche Betreuung im eigenen Appartement.[15]

Die Förderung von selbst bestimmtem Wohnen und Leben ist weiteres Ziel:

> „Im Augustinum gibt es keinen Umzug auf eine Pflegestation. Dies gilt selbst bei schwerer Pflegebedürftigkeit. Der Ambulante Pflegedienst Augustinum betreut pflegebedürftige Bewohner in ihrem eigenen Appartement. Sie können also in ihrer vertrauten Umgebung

---

deutet, dass sich die Bewohner „innerhalb des Betriebsgeländes frei bewegen können, die Türen ‚nach draußen' aber zu sind." Es sei denn es liegen keine medizinisch-pflegerischen oder juristischen Gründe vor, die dies rechtfertigen.

[13] Vgl. http://itzel-sanatorium.de/html/itzel_sanatorium.htm (27.10.09).

[14] „Das Augustinum zählt zu den führenden sozialen Dienstleistungsunternehmen in der Bundesrepublik." Die historische Keimzelle ist in der Gründung des „Verein[s, D.H.M.] zur Errichtung eines Schülerheimes" durch Pfarrer Georg Rückert in München im Jahr 1954 zu sehen. Das Unternehmen betreibt 22 Senioren-Wohnstifte in Deutschland mit insgesamt ca. 7.000 Bewohnern. Seit 2000 ist die Augustinum Stiftung „das Dach der Augustinum Gruppe" und wacht über „die Bindung der Arbeit und des Vermögens an den ideellen Zweck des Augustinum". Die Unternehmensführung wird von der gemeinnützigen Augustinum GmbH verantwortet, deren Gesellschafterin die Stiftung ist. Die GmbH führt zentral alle nachgeordneten Tochtergesellschaften, in denen die einzelnen Geschäftsbereiche des Augustinum wie Wohnstifte organisiert sind. Vgl. http://www.augustinum.de/html/unternehmen.htm (27.10.09).

[15] Vgl. http://itzel-sanatorium.de/html/betreuungskonzept.htm (27.10.09).

bleiben und, soweit das im Einzelfall möglich ist, weiterhin am täglichen Leben im Wohnstift teilnehmen, umgeben von Freunden und Bekannten."[16]

3. Beteiligte Akteure

In den Rahmen des Projektes waren unterschiedliche Akteure eingebunden, die für die Datenerhebung und Auswertung gruppiert wurden.

Als Projektpartner und wesentlicher Akteur war zunächst Herr Pollmüller als „Produzent" eingebunden. Er übernahm z.B. regelmäßig die (Gesprächs-)Leitung mit den Akteuren zur Erhebung der biographischen Informationen.

Zur Befragungsgruppe des „Leitungspersonals" gehörten neben Frau Kremer-Hartmann zwei weitere Personen. Hier wurden Akteure aus dem Organisations-, Verwaltungs- und Leitungsbereich zusammengefasst, die weniger fachlichen Bezug zur praktischen Pflegetätigkeit haben.

Die Akteure aus dem Bereich „Pflegepersonal" sind in unterschiedlichen Funktionen im Sozial- und Pflegedienst tätig. Aus methodischen Gründen wurde eine Unterteilung in „allgemeines Pflegepersonal" und „spezielles Pflegepersonal" vorgenommen.[17] Unter allgemeinem Pflegepersonal wurde ein erweiterter Kreis von 16 der rund 60 Pflegekräften der Einrichtung erfasst, die durch einmalige schriftliche Befragung parallel zum sonstigen Projektablauf teilnahmen.[18] Als spezielles Pflegepersonal galten diejenigen, die in das Projekt (intensiver) und in die Runden Tische inkludiert waren, und umfangreiche Kenntnis über und eine besondere Beziehung zu den Protagonistinnen hatten.

---

16 Vgl. http://www.augustinum.de/html/unternehmen.htm (27.10.09).
17 Die „speziellen" Akteure konnten auch an der „allgemeinen" Befragung teilnehmen.
18 Diese Pflegeakteure standen nicht (notwendigerweise) in spezieller (Pflege-)Beziehung zu den Protagonistinnen. Vielmehr sollten durch diese Erhebung allgemeinere Daten einer größeren Personengruppe gewonnen werden.

Der Begriff „Protagonist" wurde für die beiden demenziell erkrankten Bewohnerinnen der Einrichtung verwendet. Diese Begrifflichkeit wurde anderen aus dem Pflegekontext in Frage kommenden wie z.b. „Bewohnerin", „Betroffene", „Demenzkranke" vorgezogen, da sie als „Hauptdarsteller" der filmischen Ergebnisse fungierten und für das Projekt schlichtweg die Hauptpersonen („Protagonistinnen") waren.

Aus persönlichen Gründen der Protagonistin 1 wurde davon Abstand genommen, jemanden der wenigen Hinterbliebenen aus dem (erweiterten) Angehörigenkreis in das Projekt zu inkludieren. Der positive Gesundheitszustand der Akteurin ließ dennoch einen interessanten, erkenntnisreichen Projektablauf zu. Dem gegenüber stand eine Vielzahl von intergenerativer, familialer Akteure der zweiten Protagonistin: die Tochter, der Schwiegersohn, sowie Enkelin mit Ehemann und ihren zwei Töchtern (Urenkelinnen).[19]

Weiterer beteiligter Akteur war der Fotograf Dominik Schmitz, der den Personen der Einrichtung seit seiner Zivildienstzeit und aus voran gegangenen Projekten bekannt ist. Er begleitete die sozialen Interaktionen und Situationen des Projektes immer wieder mit fotografischer Memorierung.[20]

Der Verfasser war ebenfalls als Beobachter und Forscher in die sozialen Situationen auf den „großen Bühnen und Hinterbühnen"[21] des Projektes eingebunden.

---

[19] Da die beiden Urenkelinnen im Kindesalter sind, waren sie zwar bei den Runden Tischen anwesend und interagierten sogar von Zeit zu Zeit mit ihrer Urgroßmutter, der Protagonistin; überwiegend spielten und vergnügten sie sich im Hintergrund und nahmen somit nur indirekt am Projekt teil.

[20] Hierdurch kann das Projekt selbst zum (medial unterstützten) Erinnerungsaspekt der Biographien der Protagonistinnen werden. Weiterhin gibt es damit allgemein eine visuelle (mediale) Fixierung und Bewahrung des Projektes (neben den Fragebögen und den Erinnerungen der Beteiligten). Hierzu weiter unten im Methodik-Abschnitt mehr.

[21] Im Sinne der Semantik Goffmans, die für dieses filmische Projekt durchaus angemessen erscheint. Mit (Vorder-)Bühne sind hier die „offiziellen" Geschehnisse z.B. im Rahmen der Runden Tische und der Präsentationsveranstaltung gemeint, während Hinterbühne die „inoffiziellen" Interaktionen und Situationen vor und im Anschluss an diese sozialen Situationen bezeichnet.

4. Projektverlauf: soziale Situation und Rahmung

Das eigentliche Projekt „Lebensfilme im Bereich Demenz" fand über einen Zeitraum von etwa einem halben Jahr in 2008 – gegliedert in mehrere Phasen – statt (vgl. Abb. 1)[22]. Erste bilaterale Gespräche zwischen Pollmüller und Hartmann fanden bereits zuvor, Anfang 2008 statt.

Vortreffen							
Teilnehmende Beobachtung							

Hauptteil							
Teil A				Teil B			
Fragebögen (Phase 1)	Nicht-teilnehmende Beobachtung	Gruppen-diskussion	Fragebögen (Phase 2)	Fragebögen (Phase 1)	Nicht-teilnehmende Beobachtung	Fragebögen (Phase 2)	Gruppen-diskussion

Film-präsentation		
(Nicht-)teilnehmende Beobachtung	Gruppen-diskussion	Fragebögen (Phase 3)

Abb. 1: Projektteile und -phasen

a) Vom ersten Kontakt bis zur Projektplanung

Die Projektkooperation entstand im Frühsommer 2008. Über die bereits angesprochene Kontaktvermittlung über Verena Rothe von Aktion Demenz e.V. und Prof. em. Dr. Dr. Gronemeyer konnte nach ersten telefonischen und elektronischen Kontakten Mitte Mai 2008 der erste persönliche face-to-face-Kontakt mit den Projektinitiatoren und -verantwortlichen im Itzel-Sanatorium in Bonn-Oberkassel („Vortreffen", „erstes Treffen") stattfinden. Im Rahmen dieses Kennenlernens wurde der grobe Projektablauf geplant.[23] Es wurde die

---

[22] Nicht enthalten ist die parallele, separate Befragung des allgemeinen Pflegepersonals.
[23] Es war jedoch von Anfang an klar, dass Termine eventuell kurzfristig vereinbart werden müssten, um allen beteiligten Akteuren gerecht werden zu können. Außerdem galt es auf die Befindlichkeit und Belange der Protagonistinnen flexibel zu reagieren und sich nicht an ein starres Zeitmanagement halten zu wollen.

wissenschaftliche Forschungsmethodik skizziert und diskutiert. Der Verfasser konnte sich obendrein einen Eindruck von der Pflegeeinrichtung in systemischer bzw. interaktionistischer (bezogen auf die Akteure) und räumlicher Hinsicht verschaffen.

b) Pretest

Nach der Entwicklung der akteurs- bzw. gruppenspezifischen Fragebögen wurden diese in den Wochen nach dem ersten Treffen durch einen Pretest der inhaltlichen (sowie formal-strukturellen) Überprüfung unterzogen.[24] Auf dieser Grundlage fand sodann eine Korrektur und Weiterentwicklung statt, woraus die Fragebögen entstanden, wie sie letztlich für die Befragungen zum Einsatz kamen.

c) „Geschichten beim Spargelessen"

Am Vorabend des Projekthauptteils Mitte Juni 2008 wurde ein gemeinsames Abendessen in der angenehmen Atmosphäre einer Gaststätte unternommen.[25] Im kleinen Rahmen, unter Anwesenheit der Einrichtungsleiterin, des Produzenten, der Protagonistin 1 und des Verfassers, konnte eine möglichst persönlich Ebene gefunden werden, die der Produzent, unterstützt durch die Einrichtungsleiterin, nutzte, um der Protagonistin bereits („sensible") Fragen über ihre Lebensgeschichte (Biographie) zu stellen. Somit hatte der Verfasser schon die Möglichkeit, die Interaktion und Narration zu beobachten und zu analysieren.

d) „Zwei Leben in zwei Tagen": Runde Tische, Fotografenstunden und Diskussionen

Im Laufe des Projektes wurden Bild- und Tonmaterial für die individuellen Lebensfilme für zwei demenziell erkrankte Bewohnerinnen der Einrichtung ausgewählt und ihre biographische Vergangenheit (Identität) in Gesprächen ergründet. Dies geschah vornehmlich an den beiden Hauptterminen im Rahmen „Runder Ti-

---

[24] Für genauere Informationen zum Pretest siehe den nachfolgenden Punkt „Methodik".
[25] Spargel zu essen ist, wie bekannt war, ein Genuss für die Protagonistin, weshalb dies als besonderes, nicht alltägliches Ereignis die passende soziale Rahmung bot.

4. Projektverlauf: soziale Situation und Rahmung

sche", die fotografisch begleitet wurden. Mittels verschiedener Methoden der empirischen Sozialforschung (schriftliche Befragung, Beobachtung, Diskussionsrunden) wurden umfangreiche Daten gewonnen.

Zweck des Treffens war das Sammeln von Biographieinformationen durch Erzählungen, Fotos, Briefe und ähnliche Materialien, sowie die Auswahl von Filmmusik mit den Protagonistinnen (jeweils separat), dem anwesenden Personal und den (soweit vorhanden) Angehörigen – geleitet durch den Produzenten. Damit dienten die „Runden Tische" also der biographischen Narration (Erhebung) und Auswahl biographisch relevanten (insbesondere Bild- und Musik-)Materials.

Am 12. Juni 2008 war der erste Runde Tisch anberaumt. Zunächst wurden die ersten Fragebögen den Anwesenden (Leitungs- und Pflegepersonal, Fotograf, Produzent) vorgelegt. Am Vormittag wurde sodann in kommunikativ-narrativer Interaktion gemeinsam mit und federführend durch Protagonistin 1 ihre Biographie weiter ergründet (Projektteil A). Nach einer Gruppendiskussion zwecks Nachbesprechung (Diskussionsrunde) des Projektverlaufs und der Erfahrungen mit der Protagonistin wurden die Fragebögen (Phase 2) bearbeitet. Im weiteren Verlauf (Nachmittag) wurde aus Rücksichtnahme auf die Anwesenheit der Protagonistin verzichtet. Das biographische Material inklusive passender Hintergrundfilmmusik wurde vertiefend diskutiert und ausgewählt.

Am darauf folgenden Tag fand der Projektteil B mit Protagonistin 2 und ihren Angehörigen statt. Innerhalb von drei (spannenden) Stunden biographischer Narration der Angehörigen wurde gemeinsam mit Leitungs-, Pflegepersonal und dem Produzenten das biographische Material für den Lebensfilm zusammengestellt. Der Verfasser beobachtete dabei wiederum die soziale Interaktion und Situation, während der Fotograf eine Dokumentation vornahm. Die Protagonistin war aufgrund ihrer gesundheitlichen Verfassung nicht kontinuierlich anwesend. Vorab und anschließend wurden von den Beteiligten Daten (mittels der Fragebögen) erhoben. Am Ende des

Tages und dieses Projektteils wurde dieser bewertet und ein Fazit gezogen.

Die Rolle und Aufgabe des Fotografen bestand darin, neues „biographisches" Material zu generieren, das einerseits in die Filme einfließen könnte und andererseits schlichtweg jedem Beteiligten (insbesondere aber den Protagonistinnen) für die Zukunft als Erinnerungsstütze dieser besonderen erlebnisreichen Tage dienen sollte.

e) „Ein Raum voller Erinnerungen"

Ein besonderer Moment des Projektes war ein Besuch im „privaten" Zimmer der Protagonistin 1 am Ende des Rundes Tisches am Vormittag des Projektteils A. Hier erzählte diese weiter aus ihrem Leben. Der Produzent bat um bzw. sammelte ergänzendes Fotomaterial aus dem privaten „Schatz", das die Protagonistin nicht berücksichtigt bzw. zu dem Runden Tisch nicht mitgebracht hatte. Der Verfasser sowie der Fotograf begleiteten und dokumentierten wiederum die Interaktionen. Hierbei konnte nebenbei Einblick die individuell und liebevoll gestalteten privaten Räume gewonnen werden.[26] , die sich nicht deutlicher von der Sterilität und Neutralität anderer Klinik- bzw. Einrichtungsatmosphären hätten abheben können. Der Raum selbst war (typischerweise) eine einzige Biographisierung der Lebensgeschichte (durch Gegenstände, Fotos, Briefe etc.).

f) Filmproduktion und Auswertungsphase

Nach den Hauptterminen standen Wochen der technischen Produktion bzw. Bearbeitung der Filme für den Produzenten und sein Team (LEBENSFILM Köln) an. Im Herbst jenen Jahres waren die biographischen Produkte als filmische Kombination von Fotos, Briefen und anderem Schriftmaterial, Landkarten und Musik fertiggestellt. Auf der Internetseite von LEBENSFILM Köln können seit einiger Zeit und aktuell die beiden Filme angesehen werden.[27]

---

[26] Diese Wohnräume und das Interieur hätten sich nicht eindrucksvoller von der Sterilität und Neutralität anderer Klinik- bzw. Einrichtungsatmosphären abheben können.

4. Projektverlauf: soziale Situation und Rahmung

Ebenfalls begann die erste Auswertungsphase des empirischen Datenmaterials und der Beobachtungen seitens des Verfassers bzw. Forschers. Dies mündete in einem wissenschaftlichen Projektzwischenbericht.

g) Ein Wiedersehen: Filmpräsentationen und Zwischenbericht

Ende November 2008 gab es ein Wiedersehen einer Vielzahl der Beteiligten. Hier wurden beide Projektteile in einer Präsentationsveranstaltung der fertiggestellten Lebensfilme zusammengetragen. In gemütlicher Runde wurden vom Verfasser die Zwischenergebnisse zum Projekt in Form eines Projektzwischenberichtes referiert.

Das Highlight dieses Tages waren jedoch die Lebensfilme der beiden Damen. Hier konnte in Erinnerungen geschwelgt werden, während die wichtigsten Momente des Lebens Revue passierten.

Weiterhin schloss sich an eine Nacherhebung (nach einigen Monaten nach den Hauptterminen) mittels Fragebögen eine nochmalige abschließende Gruppendiskussion zu verschiedensten Impressionen und Aspekten des Projektes an.

h) Wissenschaftliche Vertiefung und „normaler" Pflegealltag

Mit dieser Veranstaltung war das Projekt soweit bzw. vorläufig abgeschlossen. Nun fing wieder der normale oder auch etwas andere und neue Pflegealltag an. Die Lebensfilme sind schließlich als ständiger Wegbegleiter für die Protagonistinnen, das Personal und die Familien gedacht.

Für das Jahr 2009 stand die wissenschaftliche Vertiefung des Projekts im Rahmen der vorliegenden Arbeit an.

In der darauf folgenden Zeit bzw. bis zum heutigen Tage (im Frühjahr 2011) bestand weiterhin reger Kontakt zwischen den Akteuren des Projektes.[28]

---

[27] Siehe dazu: http://www.lebensfilm.de/erinnern.php?subsec=demenz&show=resultat (12.10.2009).

[28] So hält auch der inzwischen (Ende des Jahres 2010) eingetretene Tod der Protagonistin 2 ihre Familie nicht davon ab den Kontakt mit der Institution und ihren Akteuren, die einige Zeit Teil sozialer Umwelt und Heimat waren, aufrecht zu erhalten.

Weitere Filme mit anderen Protagonistinnen wurden, unabhängig von diesem Projekt, seitdem geplant.

Die Erfahrungen in der inzwischen seit dem Projekt verstrichenen Zeit im Itzel-Sanatorium und privat mit den Lebensfilmen sowie deren mögliche (positive) Folgen sind in diese Arbeit nur geringfügig eingeflossen. Eine separate wissenschaftliche Erhebung (im Pflegealltag) inklusive vieler (Einzel-)Gespräche mit den verschiedenen Akteuren wäre hier nötig und sinnvoll (gewesen).

III. Methodik

1. Wissenschaftstheoretischer, soziologischer Hintergrund

Im vorangegangenen Theorieteil dieser Arbeit waren verschiedene soziologische Perspektiven und Annahmen leitend, die ebenfalls als Grundlage und Begründung für die Wahl der empirischen Forschungsmethoden und den Erhebungsrahmen zu sehen sind. Zu nennen sind hier insbesondere der symbolische Interaktionismus, die Ethnomethodologie, die Hermeneutik und die Phänomenologie, die allesamt als Basis qualitativer Forschung gelten (Lamnek 2005, 32 ff.). Kommunikation und Narration bekommen grundsätzlich in Beobachtungs- und Diskussionsverfahren sowie hier zustäzlich in dem Forschungsgegenstand selbst ihre Geltung. Geringe Fallzahlen und die Untersuchung sozialer Interaktion waren Ausdruck von Akteurszentrierung (Interaktion, Handeln) im durchgeführten Projekt. Ein Erkenntnisgewinn durch und trotz Subjektivität und Interpretation ist gerade bei Pilotprojekten „neuer sozialer Phänomene" in „unbekannten" sozialen Figurationen trotz alledem möglich.

Folgt man der allgemein-soziologischen Pluralisierungs- und Individualisierungsthese[1], lässt sich mit qualitativen Methoden besser auf Besonderheiten der Figuration und des Feldes eingehen.

2. Forschungsdesign und Methodenüberblick

Für die Wahl des empirisch-methodischen Instrumentariums galt in diesem durchaus sensiblen Forschungsfeld möglichst behutsam vorzugehen. In Anbetracht der Tatsache, dass jedes Handeln des Forschers eine Intervention[2] der sozialen Figuration bedeuten kann, sollte insbesondere vermieden werden, die beiden demenziell erkrankten Akteurinnen unnötig zu belasten. Des Weiteren sollte ein

---

[1] Vgl. hierzu im methodischen und Lebenslauf-Kontext: Kelle 2008, 66 ff.
[2] Solche Interventionen könnten sogar versehentlich manipulierenden Charakter besitzen.

angenehmer sozialer Rahmen für das Projekt geschaffen bzw. erhalten bleiben. Dies war zum einen Anliegen und Forderung des Produzenten, da dies seiner gewöhnlichen Arbeitsweise und Interaktion im Kontext von LEBENSFILM entspricht. Zum anderen wurde dies als angemessen erachtet, passend zum Leitbild des und der Arbeitsweise im Itzel-Sanatorium/s.

Um den Faktor der sozialen Erwünschtheit und der Datenverfälschung, sowie die Belastung aller Beteiligten nicht zu erhöhen, wurde auf die filmische Dokumentation[3] verzichtet. Von dem Fotografen sollten einige Momente festgehalten werden, die die sozialen Interaktionen – auch zur Erinnerung – exemplarisch abbildeten.

Da der Verfasser als Forscher im vorgefundenen sozialen Feld noch relativ unerfahren war, wurden ausgiebige qualitative Interviews (insbesondere per Leitfaden) mit einzelnen Akteuren als diffizil und problematisch verworfen. Weiterer Ablehnungsgrund war – auch aus Verfassersicht – die zusätzliche zeitliche Arbeitsbelastung für das Personal.

Die „Leitung" der sozialen Interaktionen und Situation sollte überwiegend entsprechenden Akteuren wie dem Produzenten und der Einrichtungsleitung der sozialen Figuration überlassen bleiben.

Nach mehreren Vorbesprechungen stand fest, dass ein Methodenmix qualitativer Verfahren (Triangulation, Multitrait-Multimethod) zweckmäßig wäre. Da die Anzahl der Projektteilnehmer in den jeweiligen (Befragungs-)Gruppen unter N=20 liegen würde, könnten komplexe quantitative Testverfahren und Modelle keinen Erkenntnisgewinn liefern. Die qualitative Forschungsmethodik (Befragung, Gruppendiskussion) wurde zwecks höherer Objektivität und Vergleichbarkeit sowie Zeitersparnis durch standardisierte schriftliche Fragen ergänzt („Between-Method").[4]

Die Fragebögen wurden einem Pretest im entsprechenden sozialen Feld mit entsprechend geeigneten Probanden außerhalb der

---

3 Im Sinne einer verdeckten Beobachtung.

4 Zu den Vorteilen standardisierter schriftlicher (geschlossener) Fragen in Bezug auf höhere Objektivität, Zeit- und Kostenersparnis vgl. etwa Bortz/Döring 2002, 254.

2. Forschungsdesign und Methodenüberblick

konkreten Projektfiguration, unterzogen.[5] Es wurde auf Akteure zurückgegriffen, die vor dem Hintergrund eines entsprechenden familialen Kontextes als „Angehörige" Erfahrungen (mit pflegebedürftigen Menschen) hatten bzw. haben könnten. Außerdem wurden Professionelle aus dem stationären Pflegebereich für den Pretest der Fragebögen für Leitungs- und Pflegepersonal herangezogen. Hierdurch konnten Informationen zur Bearbeitungszeit, zur Verständlichkeit und Akzeptanz der Fragen und Antwortkategorien gewonnen werden, die in eine Überarbeitung der Fragebögen einflossen.

Es sollten zwei „exemplarische" soziale Situationen konstruiert werden, die dem kompletten Projektzyklus unterworfen wären: Projektteil A bezog sich auf die Protagonistin 1 (mit leichter Demenz), Projektteil B auf die zweite Protagonistin (mit fortgeschrittener Demenz). Durch die jeweiligen Besonderheiten bietet sich eine vergleichende Gegenüberstellung der Projektteile und jeweiligen Ergebnisse an.

Es wurde für das Projekt ein integriertes Forschungsdesign gewählt, dass in erster Linie verschiedene qualitative Verfahren und Herangehensweisen an den empirischen Gegenstand, mit ebenfalls quantitativen Erhebungen durch Teile der Fragebögen, kombinierte (Triangulation verschiedener Methoden, Mixed Methods Design).[6]

Im Sinne eines „Phasen-Design" (Creswell 1994, n. Flick 2004, 72) wurden die einzelnen Datenerhebungsverfahren wechselhaft

---

[5] Da die Fragebögen zu einem großen Teil analoge Fragen enthalten, konnten Anmerkungen und die Kritik einer Pretestgruppe auch zu Verbesserungen der Fragen einer anderen Akteursgruppe führen. So wurden die (befragungsgruppenspezifischen) Fragebögen aufgrund der zur Verfügung stehenden Ressourcen jeweils an ein bis drei Personen getestet.

[6] Flick (2004, 9) sieht „Mixed Methods" (Tashakkori/Teddlie 2003), „Integrative Sozialforschung" (Seipel/Rieker 2003) als Beispiele bzw. Synonyme für Triangulation als die Kombination verschiedener (qualitativer und quantitativer) Methoden. „Die Integration qualitativer und quantitativer Methoden in der empirischen Sozialforschung" hat sich ebenfalls Udo Kelle (2008) mit seinem Buch(-titel) zur Aufgabe gemacht. Triangulation wurde von Campbell und Fiske (1959) und Webb et al. (1966) in die Methodendiskussion eingebracht (n. Flick 2004, 11). Denzin (1970; 1989, n. Flick 2004, 13) zufolge Triangulation ein multipler Begriff, wobei in hiesiger Arbeit von einer Triangulation verschiedener Methoden („between-method") auszugehen ist.

durchgeführt.[7] Der Forschungsgegenstand sollte von mindestens zwei Punkten aus betrachtet bzw. konstituiert werden (Flick 2004, 11). Während für einige Variablen des Forschungsinteresses und zum Zweck der Vergleichbarkeit, Objektivität (standardisierte, geschlossene Fragen) vorteilhaft war, sollten andererseits Freiräume für Individualität und Flexibilität[8] (durch individuelle Antworten auf offene Fragen) bestehen. Dies widerspricht nicht dem qualitativen Paradigma, da in der empirischen Sozialforschung vielfach auf die Kombination qualitativer und quantitativer Ansätze verwiesen wird.[9]

„Qualitative Forschungen beschäftigen sich mit Bedingungen, Strategien und Konsequenzen von Prozessen, die von Akteuren initiiert werden und die sich auf Akteure auswirken." (Brüsemeister 2008b, 39) Die sozialen Interaktionen und Situationen konnten durch qualitative Beobachtung ergänzend in ihren Facetten erfasst werden. Ein prinzipieller Erkenntniszuwachs wurde vermutet oder zumindest eine (wechselseitige) Überprüfung der Daten bzw. Ergebnisse wäre möglich.[10]

Dem Projekt lag im Rahmen der Möglichkeiten einer Studienabschlussarbeit außerdem ein Längsschnittdesign (in zwei Projektteilen) zugrunde, da schon zum Haupttermin eine vergleichende Vorher-Nachher-Datenerhebung vorgenommen wurde, die bei dem ca. ein halbes Jahr späteren Präsentationstermin durch erneute Datengewinnung ergänzt wurde.[11] Parallel dazu fand einmalig die Befragung einer größeren Gruppe von Pflegekräften (N=16) statt.

---

7 Vgl. dazu die Erläuterungen zum Projektablauf.
8 Vgl. hierzu etwa Lamnek 2005, 25 f. Offenheit als Prinzip qualitativer Forschung (ebd., 21 f.) kommt hier ebenfalls zum Ausdruck
9 Vgl. dazu etwa Flick 2005, 385 ff.; Mayring 1993, 9 u. 112; Mayring 2001; Lamnek 2005, 291.
10 Im Rahmen einer Definition von Triangulation fordert Flick (2004, 12), dass durch Triangulation ein „prinzipieller Erkenntniszuwachs" möglich sein und erreicht werden sollte. Triangulation könne jedoch ebenfalls der „ein- oder wechselseitigen Überprüfung von Ergebnissen dienen" (ebd., 41 u. 48 f.).
11 Im Ansatz kann hierbei von einem integrierten Paneldesign (Kluge 2001, n. Flick 2004, 73) als Längsschnittstudie (integriertes Längsschnitt-Design) ausgegangen werden.

2. Forschungsdesign und Methodenüberblick

Unter Berücksichtigung von Vorerfahrungen und Vorannahmen bestand ein Auftrag an die wissenschaftliche Forschung im Projektkontext darin, das Projekt in sozialer Hinsicht zu evaluieren. Dem Evaluationsgedanken stand jedoch andererseits die Entdeckung gegenstandsbegründeter Theorien im Feld (Flick 2004, 42) im Sinne der Grounded Theory von Glaser und Strauss (1998)[12] gegenüber. Auch diesbezüglich kann von „Methoden-Mischung" (Triangulation) die Rede sein.

3. Schriftliche Befragung (Fragebögen)

Im Zentrum der Erhebung stand des Weiteren die schriftliche Befragung der verschiedenen Akteursgruppen mit jeweils speziell angepassten standardisierten Fragebögen für unterschiedliche Erhebungszeitpunkte.[13] Die Befragung bestand aus einer Kombination aus offenen und geschlossenen Fragen. Geschlossene Fragen konnten aus nicht zuletzt aus zeitökonomischen Gründen dort eingesetzt werden, wo eine Skalierung (Abstufung) der Antworten zwecks besserer Vergleichbarkeit sinnvoll erschien. Offene Fragen dienten hingegen der Ergänzung und Exploration, wo umfangreich(er)es Feldwissen für geschlossene Fragen nötig gewesen wäre.[14] Die mehrseitigen Fragebögen konnten, wie der Pretest vermuten ließ, jeweils mit einem Zeitaufwand von durchschnittlich etwa 20 Minu-

---

[12] Englische Originalausgabe: „The discovery of grounded theory. Strategies for qualitative research." (1967).

[13] So wurden das Leitungs- und „spezielle" Pflegepersonal, der Produzent sowie die Angehörigen zu Beginn der Runden Tische und der Auswahl des biographischen Materials befragt (Phase 1) und nach Beendigung dieses biographisch-kommunikativen Interaktionsprozesses (Phase 2). Dabei war zum Teil eine Vorher- und Nachher-Betrachtung von Bedeutung. Angehörige waren, wie schon erwähnt, nur bei Protagonistin 2 (Projektteil B) anwesend. Das „allgemeine" Pflegepersonal wurde nur einmal relativ unabhängig vom Projektablauf zu Variablen bzw. Aspekten der Einrichtung, Pflegen und Demenz, den BewohnerInnen und ihrer Mediennutzung befragt. Des Weiteren wurden die erstgenannten Akteure zum späteren Zeitpunkt im Sinne einer Längsschnittanalyse im sozialen Rahmen der Präsentationsveranstaltung der Filme erneut befragt (Phase 3).

[14] Brüsemeister (2008b, 36) meint etwa, dass die Erstellung eines Fragebogens in der quantitativen Forschung sehr viel Wissen voraussetze.

ten bearbeitet werden.[15] Eine Ausnahme bildete hier die ausgiebigere Befragung des „allgemeinen Pflegepersonals".[16]

Offene Fragen waren z.B.: „Was versprechen Sie sich für die Protagonistin 2 von dem Projekt?" oder „Was an dem Projekt hat Ihnen besonders gut gefallen?" Diese dienten auch zur Ergänzung entsprechender geschlossener Fragen, um individuelle Antworten mit unerwartetem Inhalt zu ermöglichen.

Geschlossene Fragen lauteten beispielsweise: „Wie wichtig schätzen Sie biographische Arbeit mit Demenzpatienten in Pflegeeinrichtungen ein?" Die dazugehörige Antwortskala enthielt eine Dimension von sieben Stufen von „sehr unwichtig" bis „sehr wichtig" (inklusive einer mittleren Antwortkategorie).[17] Eine andere geschlossene Frage lautete etwa: „Würden Sie an diesem bzw. einem ähnlichen Projekt wieder teilnehmen?" Hierzu gab es vier Antwortkategorien: „nein, eher nein, eher ja, ja".[18] Andere Fragen waren bewusst zur Polarisierung konstruiert (also ohne mittlere Kategorie). In der Regel gab es die zusätzliche „neutrale" Beantwortungsmög-

---

[15] Die Bearbeitungszeit der 3- bis 6-seitigen Fragebögen hing, von individuellen Faktoren abgesehen, offensichtlich insbesondere davon ab, wie intensiv die offenen Fragen beantwortet wurden. Hierzu unten mehr. Im ersten Projektteil (A) betrug die Bearbeitungszeit der Fragebögen der Phase 1 etwa 30 Minuten. Die Fragen der zweiten Erhebung wurden in maximal 20 Minuten beantwortet. Bezüglich Projektteil B gab es in Phase 1 eine große zeitliche Streuungsbandbreite von 10 (schon in Teil A Beteiligte) bis 35 Minuten (neue Akteure). Die zweiten Fragebögen waren wiederum in 10 bis 20 Minuten zu bearbeiten. In Phase 3 dauerte die Fragenbeantwortung ähnlich lange.

[16] Der entsprechende Fragebogen umfasste 11 Seiten und hätte bei ausgiebiger Beantwortung (der offenen Fragen) sicherlich etwas mehr Zeit – möglicherweise über 45 Minuten – in Anspruch genommen. Ohne der Auswertung schon zu sehr vorzugreifen, war festzustellen, dass von den Befragten des allgemeinen Pflegepersonals regelmäßig Fragen ausgelassen wurden (unbeantwortet) oder nur mit 1, 2 Stichworten Beschäftigung fanden, was vermuten lässt, dass die Fragebögen in durchschnittlich 30 Minuten bearbeitet waren. Da der Forscher dabei nicht anwesend war, fehlt es hier an genauen Informationen, die im Ergebnis jedoch nur von nebensächlicher Bedeutung sind.

[17] Diese Likert-Skalierung sollte durch die relativ feingliedrige Einteilung in 7 Antwortkategorien unter anderem eine detailliertere Analyse ermöglichen und weitestgehend verhindern, dass die mittlere Kategorie angestrebt wird (Tendenz zur Mitte).

[18] Eine dichotome Entscheidung bezüglich „ja" oder „nein" wurde nicht angestrebt, um weniger Antworten in Richtung „weiß nicht" oder „keine Angabe" (Antwortverweigerer) zu drängen.

3. Schriftliche Befragung (Fragebögen)

lichkeit: „keine Angabe", die durchaus in Anspruch genommen wurde.[19]

Die ersten Fragebögen (Phase 1) jeder Probandengruppe waren mit einem Deckblatt als Einleitung in das Projekt und zur Anleitung versehen.[20] Zu Beginn jedes Termins (Phase 1) wurde die erste schriftliche Befragung separat für die entsprechenden Projektteile durchgeführt, welche durch eine schriftliche Nachbefragung jeweils an die biographische Narration bzw. Biographiematerialauswahl („Runde Tische") anschließend (Phase 2) ergänzt wurde.[21] Gegen Ende der Präsentationsveranstaltung wurden nochmals Fragebögen von den Anwesenden bearbeitet (Phase 3).

Parallel fand eine einmalige umfangreichere Befragung eines größeren Kreises von Pflegekräften („allgemeines Pflegepersonal") in der Einrichtung statt. Die Fragebögen waren inhaltlich an die anderen angelehnt, ergänzt durch weiterführende Fragen.[22]

---

[19] Während die Antwortkategorie „keine Angabe" von den direkten bzw. engeren Beteiligten nur sehr selektiv genutzt wurde, wurde ein nicht unerheblicher Teil der offenen Fragen nur kurz oder gar nicht beantwortet. Dies war jedoch teilweise als Option intendiert gewesen, da die offenen Fragen regelmäßig eine Ergänzung der zuvor gestellten geschlossenen Fragen waren. Das allgemeine Pflegepersonal machte hingegen von der Antwort „keine Angabe" recht häufig Gebrauch und strich zusätzlich einige Fragen(-kataloge) durch. Hierauf wird im Kapitel „Empirische Ergebnisse" weiterführend eingegangen.

[20] Die Erläuterungen bezogen sich auf die Systematik der Fragen, die Antwortkategorien geschlossener Fragen, die Zusicherung von Anonymität und kurze Informationen zum Projekt. Weiterhin wurde den Teilnehmerinnen und Teilnehmern mehrmals für die aufgebrachte Zeit und Mitarbeit gedankt.

[21] Siehe dazu die vorherigen Ausführungen zum genauen Projektablauf.

[22] Sämtliche Fragebögen(-vorlagen) und der Arbeit zugrunde liegenden Projektunterlagen sind beim Verfasser archiviert und über diesen verfügbar.

4. (Nicht-)Teilnehmende Beobachtung, Gruppendiskussionen

Schon in der Organisationsphase des Projektes konnte der Verfasser Einblicke in Verhaltensweisen der demenziell erkrankten Menschen und des Personals gewinnen. Diese Feldbeobachtung konnte durch erste Eindrücke der sozialen Interaktionen der Projektbeteiligten, sowie der Unbeteiligten, erweitert werden.

Im Rahmen des schon beschriebenen Spargelessens mit Protagonistin 1 konnten im Sinne teilnehmender Beobachtung Erkenntnisse zur Interaktion, Kommunikation und dem gesundheitlichen Zustand der Hauptakteurin gewonnen werden.[23] Da dieser „lockere" persönliche Rahmen auch dem Zweck der biographischen Narration diente, konnte schon Einblick in Frage- und Erzähltechniken sowie die Biographie gewonnen werden.[24]

An den Haupttermin der Projektteile und im Konkreten bei den Runden Tischen, den Narrationen und der biographischen Materialauswahl für die Lebensfilme trat der Verfasser (Forscher) in den Hintergrund und wurde nicht-teilnehmender Beobachter. Dabei konnte die Rolle von Zeit zu Zeit durch Bezugnahme der übrigen Anwesenden zwischen den Typen „Beobachter-als-Teilnehmer" und vollständiger Beobachter wechseln (Gold 1958, n. Flick 2005, 201). Es wurde jedoch immer wieder versucht, die Aufmerksamkeit auf die soziale Situation und vom beobachtenden Forscher weg zu lenken. So konnten sich im Verlauf des (Hauptteils des) Projektes immer wieder M mit den BewohnerInnen und eventuell ihren Angehörigen, Freunden und Bekannten Modulationen von teilnehmen-

---

23 Hier könnte auch von Hintergrundwissen über Pflege, das Projekt, die Einrichtung und die Protagonistinnen die Rede sein.

24 Der kleine Interaktionsrahmen wurde auch gewählt, um biographische Informationen zu gewinnen, die von der Protagonistin in erweitertem sozialen Interaktionsrahmen als „heikel", „anstößig" und zu intim eingestuft werden könnten. Schließlich soll der Lebensfilm nicht nur „harte" biographische Fakten zum Gegenstand haben, sondern die persönliche Geschichte der Protagonistin erzählen, wie sie erlebt wurde bzw. (heute) gesehen wird. Hier kann durchaus von einem Spannungsverhältnis zwischen Privatem und Öffentlichem die Rede sein. Es sollte letztlich verhindert werden, dass soziale Konventionen und Rollenerwartungen die biographische Narration zu sehr behindern, andererseits wurde selbstverständlich davon Abstand genommen, die Protagonistin durch biographische Informationen und den Film später bloß zu stellen.

4. (Nicht-)Teilnehmende Beobachtung, Gruppendiskussionen 163

der zu nicht-teilnehmender Beobachtung und umgekehrt ergeben.[25] Gleiches galt im Übrigen für die Rolle des Fotografen.

Ziel der methodischen Beobachtung war eine interdisziplinäre Analyse resp. Interpretation der sozialen Interaktionen zusätzlich zur personengebundenen Subjektivität der Befragungsergebnisse.

In der Präsentationsveranstaltung im November 2008, ca. ein halbes Jahr nach den Hauptterminen, wurden die fertigen Filmprodukte in der Einrichtung einem Großteil der zuvor Involvierten präsentiert.[26] Dabei nahm der Verfasser neben der Rolle des Referenten (eines Zwischenberichtes zum Projekt), wiederum die Beobachterrolle ein. Als Zuschauer (Teilnehmer) der Filmpräsentationen konnten Impressionen der Reaktionen der Protagonistinnen und der anderen Akteure gewonnen werden. Dies galt ebenfalls bezogen auf das Resümieren in einer kurzen abschließenden Diskussionsrunde und den Verabschiedungsprozess aller Beteiligten.

Mit Hilfe von Feldnotizen als klassisches Medium der Notizaufzeichnung des Forschers in der qualitativen Forschung (Emerson et al. 1995; Lofland/Lofland 1984; Sanjek 1990, n. Flick 2005, 247) wurden relevant erscheinende Beobachtungen (Verhalten, Äußerungen, Anwesende etc.)[27] ergänzend dokumentiert. Des Weiteren wurde eine Art Forschungstagebuch[28], vor allem den formalen und zeitlichen Ablauf der Projektphasen betreffend, geführt. Dies geschah in handschriftlicher Form und bezog sich Spradley (1980, 69 ff., n. Flick 2005, 249) zufolge auf kondensierte Information in Form von Stichworten, Sätzen über Verhalten und Äußerungen, die auch in Zitaten Niederschrift fanden.

Für eine unverzügliche und möglichst unverfälschte Aufzeichnung war es deshalb von Vorteil überwiegend nicht „wirklicher"

---

[25] Vgl. zu Modulationen der Beobachtung(-srolle): Brüsemeister 2008b, 73 f.

[26] Zu diesem Termin wurde die Anzahl der Personen bewusst und gewollt etwas reduziert. So waren insbesondere weniger Personen des Pflegepersonals anwesend. Ein halbwegs angenehm persönlicher Rahmen sollte für dieses „Spektakel" gewahrt sein. Da die Projektteile A und B hier quasi kombiniert wurden, waren trotzdem rund 15 Personen anwesend.

[27] Die (nicht-)teilnehmende Beobachtung fand also auch als Interaktionsanalyse statt.

[28] Vgl. hierzu etwa Flick 2005, 249.

Teilnehmer, sondern Beobachter zu sein. Die Beteiligten wurden über die Rolle, Arbeit und das Handeln des Forschers informiert; Bedenken diesbezüglich wurden nicht artikuliert. Ergänzend ist die Fotodokumentation während des Projektes bzw. der Runden Tische zu sehen, die auch als bessere Alternative zu einer Videoaufzeichnung der sozialen Interaktionen begriffen wurde.[29]

Eine weitere „Gruppendiskussion" fand (als auf das Projekt bezogene) Gesprächsrunde im Anschluss an diese genannte soziale Situation statt. Die Runden Tische, also die kommunikativen Interaktionen der Projektakteure zur Erarbeitung biographischer Informationen und entsprechenden (Foto-)Materials, könnten ebenfalls und zusätzlich als eine Art Gruppendiskussion gesehen werden. Hierbei übernahm der Verfasser (Forscher) nicht die Leitung. Es wurde vielmehr die spezielle Kompetenz der Einrichtungsleitung und des Produzenten genutzt, die einen Kommunikationsprozess zu Impressionen, Kritik, positiven Aspekten, Resümee und Ausblick hervorriefen und unterstützten. Dadurch konnte sich der Verfasser wiederum auf die Feldforschung und inhaltlichen Aspekte als nichtteilnehmender Beobachter konzentrieren. Im Sinne eines Brainstormings konnten in weiterhin gemütlicher, entspannter Atmosphäre hierbei Bewertungen, Meinungen und sogar Gefühle geäußert werden, die in einem formaleren Kontext womöglich nicht zur Sprache gekommen wären.[30]

---

[29] Von einer filmischen Dokumentation (der sozialen Situation und Interaktionen) des Projektes wurde frühzeitig Abstand genommen, wenngleich dies den Ideen und dem Ansatz des Projektes selbst Rechnung getragen hätte. Es wurde jedoch befürchtet, dass die Interaktionen nicht mehr so „freizügig", spontan und unverfälscht möglich wären, wenn sich die Beteiligten durch eine Kamera beobachtet fühlten. Die Fotos dienten jedoch bis dato weniger der wissenschaftlichen Analyse der Interaktionen als der Memorierung der Geschehnisse für die Beteiligten und als zusätzliches (biographisch relevantes) Material für die Lebensfilme.

[30] Somit können die Gruppendiskussionen – analog zu den Beobachtungen bzw. den zugrunde liegende Situationen – als andere Dimension und Ergänzung der schriftlichen Fragebögen gesehen werden.

5. Datenauswertung

Die Datenauswertung bzw. -analyse erfolgte, entsprechend der Datenerhebung, gleichfalls als Mischung aus quantitativen und qualitativen Verfahren (Triangulation). Dies ist im Sinne einer Ergebnisverknüpfung – beispielsweise nach Flick (2005, 388 ff.) – ebenfalls legitim und entspricht der kombinierten Datenerhebung.

Alle Auswertungen waren aufgrund geringer Fallzahl grundsätzlich mit Hand und/oder Taschenrechner möglich.[31] Die Verarbeitung und Ergebnisarchivierung fand selbstverständlich mit Computer (EDV) statt, wenngleich dies nicht als computerunterstützte (quantitative oder qualitative) Datenanalyse zu begreifen ist.[32]

Wesentlicher Teil der Datenauswertung der geschlossenen und quantitativen Fragen waren univariate statistische Verfahren: Zählverfahren, Häufigkeitsverteilungen und Mittelwerte (Maßzahlen der zentralen Tendenz).[33]

Die Antworten auf offene Fragen mussten (ergebnisorientiert) transkribiert werden.[34] Anschließend wurden sie einer interpretativ-qualitativen und quantitativen Inhaltsanalyse unterzogen und entsprechend (re-)kodiert bzw. kategorisch gruppiert.

Die Erkenntnisse aus den Beobachtungen flossen ergänzend in die Datenauswertung mit ein. Zusätzlich konnten die Feldnotizen inhaltsanalytisch ausgewertet werden.

Jeweils bedurften fehlende und fehlerhafte Angaben („missing values") gesonderter Analyse und Berücksichtigung (entsprechend

---

[31] Zu diesen Hilfsinstrumenten und Methoden der Auswertung (Auszählung) vgl. auch Diekmann 2005, 545 f..

[32] Die handschriftlichen und elektronischen Notizen, beantwortete Fragebögen sowie Datenanalysen samt Ergebnisse sind beim Verfasser archiviert und über diesen verfügbar.

[33] Vgl. dazu Diekmann 2005, 555 ff.

[34] Ergebnisorientiert meint hier, dass sich ein Überblick über die Antworten verschafft wurde und so dann nur diejenigen Antworten aller Befragten (einer Gruppe) transkribiert wurden, die zu einem Erkenntnisgewinn beitragen würden bzw. die inhaltlich überhaupt Niederschlag in der hiesigen Datenauswertung und den Ergebnissen finden sollten. Leitend war also unter anderem eine arbeits- und zeitökonomische Herangehensweise, um den Rahmen der Arbeit nicht zu sprengen.

Diekmann 2005, 547).[35] Eine diesbezügliche Interpretation war zum Teil möglich; zum anderen müssen die Gründe offen bleiben.

Die Ergebnisdarstellung – im Rahmen dieser Arbeit – erfolgt außer in Textform mittels (aufgrund der geringen Fallzahlen leicht nallvollziehbaren) Tabellen sowie Grafiken bzw. Diagrammen (Histogramme, Kreisdiagramme).

---

35 „Keine Angaben" wurden in die Datenaufbereitung entweder bewusst einbezogen oder nicht, was jeweils eine inhaltliche Entscheidung war, die auf Hypothesen zu den Gründen der Antwortverweigerung basierte. Hierauf wird bei den jeweiligen Darstellungen und Analysen hingewiesen.

IV. Hypothesen und Forschungsannahmen

Neben einer Datenerhebung zur Bestandsaufnahme der Rahmenbedingungen des Projektes (Akteure, Einrichtung, Strukturen) waren Forschungsannahmen bezüglich der Lebensfilme im Bereich Demenz leitend, also verschiedene Hypothesen und Ideen zu positiven Wirkungen auf Menschen mit Demenz und deren soziales Umfeld. Einige Thesen entstanden (zusätzlich) – im Sinne der Grounded Theory – während der Projektdurchführung, andere wurden im Verlauf angepasst und korrigiert. Diese forschungsbegleitenden Annahmen genereller und speziellerer Natur können im Rahmen dieser kleinen (qualitativen) Untersuchung keinesfalls repräsentativ beantwortet werden. Folgende Hypothesen waren leitend:

- Lebensfilme helfen Menschen mit Demenz.
- Lebensfilme helfen zu erinnern.
- Lebensfilme werden zu einem Ereignis in der Einrichtung.
- Lebensfilme helfen Angehörigen Abschied zu nehmen und bei ihrer Trauer.
- Lebensfilme sensibilisieren das (Pflege-)Personal hinsichtlich Lebensgeschichte, Verhalten und Situation von BewohnerInnen.
- Lebensfilme sind für die Biographiearbeit in Pflegeeinrichtungen geeignet.
- Die (Multi-)Medialität ist ein wichtiges, positiv wirkendes Moment von Lebensfilmen und Biographiearbeit.

Die empirische Forschungssituation leitete, für den Verfasser teilweise unerwartet, den Blick von einigen Hypothesen weg auf wesentlichere Aspekte.

Jedoch standen die im Theoretischen Teil herausgearbeiteten Themenschwerpunkte als Forschungsannahmen immer im Hintergrund, das heißt: Interaktion, Kommunikation, Biographie, Identität, Medialisierung, Biographie- und Trauerarbeit. Es konnten alle Hypothesen in den Ergebnissen ihren Niederschlag finden. Zusätzlich und im Sinne der Grounded Theory legitimerweise traten jedoch weitere Aspekte hinzu.

V. Empirische Ergebnisse

Nun sollen die für die Thematik der Arbeit relevanten empirischen Ergebnisse aus dem Projektkontext präsentiert und erläutert werden. Dies geschieht zweifelsohne vor dem Hintergrund der und mit inhaltlichem Bezug zu den vorangegangenen theoretischen Ausführungen.[1]

1. Die Protagonistinnen: Leben, Persönlichkeit und Demenz

Die zu Phase 2 der Projektteile anwesenden Akteure des Leitungs- und Pflegepersonals wurden gefragt, in welchem Stadium der demenziellen Erkrankung sich die beiden Protagonistinnen befänden. Dem lag zur besseren Differenzierung eine 7er-Skala von Anfangs- bis Endstadium zugrunde.[2] Abb. 2 und Abb. 3 zeigen die Mittel- bzw. Durchschnittswerte der Befragten(-gruppen).

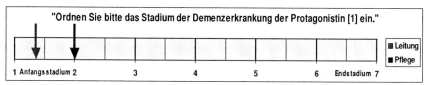

Abb. 2: Einschätzung Demenzstadium Protagonistin 1 (Mittelwert)

Zwei Personen des Leitungspersonals ordneten Protagonistin 1 dem Stadium 1 zu. Drei Befragte (1 Leitungsakteur und 2 Pflegeakteure) kategorisieren die Protagonistin in Stadium 2 ein. Die Divergenz ist vielleicht damit zu begründen, dass die positiver bewertenden Akteure des Leitungspersonals nicht den Überblick über das gesamte Verhaltens- und Problemspektrum der Protagonistin haben und sie eher als fitte Dame auf der Vorderbühne kennen.[3] Es kann

---

[1] Somit ist die inhaltliche Schwerpunktsetzung bei der Analyse des empirischen Gegenstandes (und des Datenmaterials) subjektiv (und) erkenntnisorientiert.

[2] Hierfür und gegen 3 Kategorien wurde sich entsprechend der und im Anschluss an die Diskussion in Kapitel III 3 b des Theorieteils entschieden.

jedenfalls von einer leichten Demenz im Anfangsstadium gesprochen werden (vgl. Abb. 2).[4]

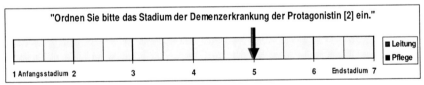

Abb. 3: Einschätzung Demenzstadium Protagonistin 2 (Mittelwert)

Protagonistin 2 wird einheitlich von den drei Befragten dem 5. Krankheitsstadium zugeordnet (vgl. Abb. 3). Sie befindet sich also am Übergang von mittlerer zu schwerer Demenz bzw. im fortgeschrittenen Krankheitsstadium.

Um sich einen besseren Eindruck von den Protagonistinnen, deren Zustand, Charakter und Problemen machen zu können, wurden in der schriftlichen Befragung des „allgemeinen Pflegepersonals", also der nicht weitergehend in das Projekt involvierten Akteure (Pflegekräfte, Ex-Pflegekräfte, Wohnbereichsleiter), entsprechende Daten in offenen Fragen erhoben. Von 16 Befragten machten jeweils vier bzw. fünf Personen weitergehende Angaben zu den Protagonistinnen. Die Antwortenden gehören scheinbar in erster Linie dem engeren sozialen Pflegeumfeld des entsprechenden Wohnbereichs an. Auf die Frage „Wie gut kennen Sie die Protagonistin 1? Wie viel Kontakt haben Sie mit ihr?" antworteten sie also mit „häufig", „täglich", „gut, viel Kontakt", „Pflegealltag" oder Entsprechendem. Rund drei Viertel der Befragten sahen sich scheinbar außerstande, Angaben zu diesen Fragen zu machen.

Protagonistin 1 wurde insbesondere als kontaktfreudig charakterisiert.[5] Sie kenne „jeden vom Pflegepersonal mit Namen". Auch Neugierde bzw. Interesse und Anteilnahme sind Beschreibungen für

---

3   Mit der Bühne ist wiederum das Theatermodell Goffmans angesprochen. Das Pflegepersonal hat somit besseren Einblick in die Hinterbühne. Während die Rollenspielerin auf der Vorderbühne scheinbar darum bemüht ist einen guten Eindruck zu hinterlassen, womöglich in besonderer Weise gegenüber den „Oberen" des Hauses.

4   Das arithmetische Mittel der Antworten des Leitungspersonals beträgt 1,33. Die Pflegekräfte wählten Stadium 2. Der Gesamtmittelwert (Durchschnitt) beträgt also 1,67.

1. Die Protagonistinnen: Leben, Persönlichkeit und Demenz 171

sie: „nimmt Anteil am PP [gemeint ist: Pflegepersonal, D.H.M.], findet oft kein Ende – auch wenn sie merkt, dass PP. in Zeitdruck ist" oder „interessiert sich nicht nur für sich". Sie sei freundlich, offen und habe „meistens eine positive Einstellung zum Alter". Auf die Frage nach Veränderungen in den vergangenen 12 Monaten wurde ihr Gesundheitsbewusstsein („auf das Gewicht achtend") angesprochen. Aus Äußerungen wie „Für mich keine Veränderungen sichtbar" wurde deutlich, dass sich ihr Zustand in dem genannten Zeitraum kaum verändert hat. An gesundheitlichen Problemen und Krankheiten wurden Demenz (vom Alzheimer Typ), Depression und Diabetes genannt.

Die Charakterisierung und Beschreibungen haben Bezug zur biographischen Identität und Vergangenheit der Protagonistin, wie sie berichtet und im Lebensfilm verarbeitet wurden. Die Protagonistin stammt aus „gutem Elternhaus", ihre Eltern können wohl der oberen Mittelschicht des frühen 20. Jahrhunderts, dem Bildungsbürger- und Unternehmertum zugeordnet werden. So kam sie in Kontakt mit vielen Menschen. Einen Teil ihres Lebens – mit ihrem zweiten Mann – verbrachte sie in den USA. Sie war eine hübsche, kluge Frau, die es offensichtlich verstand, mit ihren Reizen, ihren Fähigkeiten und ihrem milieuspezifischen Habitus ihre Ziele zu erreichen um ein glückliches Leben zu führen. Noch heute versucht sie die Leute in ihrem Umfeld auf freundliche, höfliche, aber zielorientierte Weise für sich zu gewinnen. Ihre zumal direkte Art bestimmt ihre kommunikative Interaktion. Sie achtet auf ihren Körper, der ihr noch lange die Basis für intellektuelle Kommunikation bieten soll; dies umso mehr, als dass zu erfahren war, dass sich die Protagonistin vor dem Einzug in das Itzel-Sanatorium in einem ausgeprägteren, verwirrten Demenzzustand befunden habe.

---

5 Frage 20 hierzu lautet: „Bitte versuchen Sie wesentliche Charakterzüge/-merkmale der Protagonistin 1 (positive wie negative) aufzuschreiben." Dass viele Pflegekräfte zur Protagonistin 1, als scheinbar „gute Seele" mit ihrer offenen, kontaktfreudigen Art, keine Angaben machen konnten oder wollten, kann hier verwundern. Vielmehr wurde vom Verfasser erwartet, dass sie bei fast allen Akteure bekannt ist.

Protagonistin 2 wurde als sehr fordernd und Aufmerksamkeit suchend beschrieben.[6] Im Rahmen ihrer Möglichkeiten versuche sie regelmäßig mit lautem Schreien Zuwendung zu erhalten. Dies scheint eine Belastung für das Pflegepersonal zu sein. Es wurde jedoch ebenfalls bekundet, dass sie viel Zuwendung brauche und „wenn sie guter Stimmung ist, reagiert sie mit Lächeln auf ihre Umwelt und [ist, D.H.M.] dankbar". Als Veränderungen in den vergangenen Monaten[7] wurden aufgezählt: „wirkt in sich gekehrter", und „Phasen der Unruhe sind reduziert", wofür wohl auch die „volle Integration" ursächlich sei. Allerdings sei ein „schleichender körperlicher Abbau" zum Beispiel bezüglich des Sehvermögens bemerkbar gewesen. Als Pathologien wurden Demenz, Diabetes und Gastritis aufgezählt.[8]

Das typische Verhalten der Protagonistin 2 lässt sich vor dem bekannten biographischen Hintergrund ebenfalls erklären. Aus den Narrationen der Angehörigen ging hervor, dass die Protagonistin eine durchaus „schwierige Person gewesen" sei, die Gründe hierfür jedoch in ihrer „schwierigen Jugend" liegen könnten, wenngleich sie über diese Zeit niemals viel berichtet hätte. Die Protagonistin spreche des öfteren von Dingen wie „Keller" und „eingeschlossen".[9] Die Angehörigen äußerten in den Gesprächen, dass die Protagonistin schon früher ein „bestimmende", „bevormundende" Art gehabt hätte, sie aber ebenfalls „herzlich" und „liebevoll" gewesen sei. Dieses Interaktionsverhältnis scheint sich inzwischen umgekehrt zu haben. Das manchmal rabiat fordernde Handeln der Protagonistin ist womöglich Ausdruck verdrängter, unbewältigter Kind-

---

[6] Dies geht aus den Antworten auf Frage 26 des Fragebogens zu Protagonistin 2 hervor: „Bitte versuchen Sie wesentliche Charakterzüge/-merkmale der Protagonistin 2 (positive wie negative) aufzuschreiben."

[7] Es kann nicht von einem Zeitraum von 12 Monaten ausgegangen werden, da sich die Protagonistin zum Erhebungszeitpunkt erst ca. 9 Monate in der Einrichtung aufhielt.

[8] Frage 28 wurde analog zu Frage 22 der anderen Protagonistin gestellt: „Beschreiben Sie bitte den Gesundheitszustand der Protagonistin 2. Welche Probleme, Altersschwächen und Krankheiten hat sie?"

[9] Dies kann als Indiz für traumatische Erlebnisse in der (fernen) Vergangenheit gesehen werden.

heits- und Jugenderfahrungen, die sie weiter in Interaktionen mit ihrer Tochter übertrug. Auf die Anwesenheit von Männern reagiere sie hingegen friedlicher. Je intensiver sie laut schreiend Kontakt und Interaktion fordert, desto mehr Ruhe, Einfühlungsvermögen und Zuwendungen scheint sie zu benötigen. Darauf reagiert sie regelmäßig positiv: es scheint ihr gut zu tun und sie zu beruhigen. Also sollten Kontakthäufigkeit, Interaktionsqualität bzw. -inhalt, den Beobachtungen während des Projektes entsprechend, konträr zum Verhalten der Protagonistin erfolgen.[10]

2. Demenz und Pflege: Interaktion und Besonderheiten

Drei offene Fragen an das Leitungs- und Pflegepersonal, sowie den Produzenten zielten auf den Themenbereich „Demenz und Pflege" ab. Die erste Frage lautete: „Inwiefern ist der Umgang mit demenziell erkrankten Personen besonders, also etwas Außergewöhnliches?" Von Akteuren der Pflege wurde die Individualität hervorgehoben: interpersonale Besonderheiten der BewohnerInnen, veränderte Verhaltensweisen, und jede Pflegekraft gehe individuell damit um. Dies sei manchmal anstrengend, habe jedoch seinen Reiz: „Weil jeder Tag anders ist, oft sind noch Ressourcen vorhanden. Spannend zu erleben!" Der „hohen Anforderung" stehen „viele Gefühle" und „Zuneigung" bei intensivem Kontakt gegenüber. Für die Patientinnen und Patienten seien Zuneigung, Aufmerksamkeit und „Struktur im Tagesablauf" wichtige Momente. Ein Akteur des speziellen Pflegepersonals fasst dies so zusammen und ergänzt noch den Aspekt der Zeitlichkeit:

„Die erkrankten Menschen/ Bewohner leben oftmals in der Vergangenheit, erleben besondere Ereignisse noch mal z.B. Krieg, Gefangenschaft, Ehekrisen, Verlusterfahrungen. Da sich als PP [gemeint

---

[10] Das heißt: je lauter und aufgeregter sie ist, desto leiser, sanfter und ruhiger sollte das Handeln anderer Akteure sein. Außerdem sollte ein solches Verhalten nicht dazu veranlassen, genervt den Kontakt zu verringern, sondern gerade frühzeitig zu mehr Interaktion führen.

ist: Pflegepersonal, D.H.M.] immer wieder darauf einzustellen ist, sehr interessant, fordernd + schwierig."

Dies kann wiederum als Verweis auf die grundlegenden Einsichten Böhms begriffen werden. Von Seiten des Leitungspersonals wurde die „ungefilterte Rückmeldung" und „direkte echte ungefilterte Rückgabe von Gefühlen" unterstrichen. Das Positive und Außergewöhnliche beschreibt der Produzent aus seiner (nicht- pflegerischen) Sicht wie folgt: „Trotz der Erkrankung immer wieder den Geist aufblitzen zu sehen, das besondere ‚Leuchten' in jedem Menschen über Krankheitsbilder hinweg zu spüren."

Die zweite Frage sollte Besonderheiten der Situation und Pflege *schwer* dementer Menschen herausarbeiten: „Was ist dann das Besondere im Umgang mit schwer demenziell erkrankten Personen?" Laut dem Pflegepersonal ist es zentral den individuellen Zugang und Kontakt zu jedem Betroffenen zu finden (Exploration), und dies dann in weiteren Interaktionen zu berücksichtigen. Fürsorge und Nähe seien im Umgang wichtig; Bedürfnisse und die Personen selbst müssen wahrgenommen werden. Von einer Leitungsperson wurde dies beschrieben als „Empathie, den Menschen in seiner Persönlichkeit respektieren. Ihn in seinen Bedürfnissen erkennen." Weiterhin ist laut dem Leitungspersonal „Offenheit, Freundlichkeit, Zuhören, Erahnen, Zuwendung" in Interaktionen mit schwer Erkrankten wichtig. Die Wirkung und Einschätzung der eigenen Situation des Pflegepersonals ist divergierend: „Starke (psychische) Belastung" stehen offensichtlich der Abwechslung und „Highlight Situationen" gegenüber. Das Verhalten in dieser Phase sei geprägt durch „starke Emotionalität (keine Emotionskontrolle)" und dem Streben nach einer „sicheren Bindung", deshalb müsse man die Bewohnerin bzw. den Bewohner „mögen, sie machen einem nichts vor. Man weiß sofort, ob man einen Draht zueinander hat." Das alles zeigt in vielerlei Hinsicht, wie wichtig soziale Beziehungen und Interaktionen sind, wobei auf kommunikatives Handeln nicht ausdrücklich hingewiesen wurde.

Die dritte Frage zielte nochmals in Richtung einer Handlungsempfehlung für die Pflege von Demenzerkrankten: „Was denken

Sie, was besonders wichtig bei der Pflege und im Umgang mit Personen mit Demenz ist?" Hierauf wurden Ruhe und Geduld, Respekt bzw. Wertschätzung, Freundlichkeit und Höflichkeit, sowie Fürsorge und Nähe („Bezugspflege", „emotionale Begegnung") von dem Pflegepersonal genannt. Durch „Biografiegespräche Erinnerungen wecken" wurde zweimal genannt. Durch Kontinuität und dem Entsprechen von Wünschen können Ängste vermieden und Sicherheit vermittelt werden. Pflegehandlungen müssen zudem immer erklärt werden. Das Leitungspersonal sieht die Relevanz ausreichender Zeit, „validierende[r, D.H.M.] Gesprächsführung" und Empathie, um Wünsche und Bedürfnisse zu erkennen. Dabei können „humorvolle Seiten" und Situationen helfen. Eine Befragungsperson weist noch auf die Bedeutung von „Wissen über die Krankheit ‚Demenz' und gutes biographisches Wissen über die betroffene Person" hin.

Die Bedeutung von Kommunikation, wie sie im Theorieteil herausgearbeitet wurde, wurde von allen Befragten in dieser Form noch nicht gesehen. Indirekt bedeutet Nähe Zuwendung und das Ergründen von Wünschen oftmals kommunikatives Handeln. Das „Fühlen" und „Spüren" der Bedürfnisse wurde jedoch ausdrücklich für relevanter gehalten. Deshalb soll an dieser Stelle noch darauf hingewiesen werden, dass Kommunikation gerade bei verbal inaktiven BewohnerInnen Bedeutung zukommen sollte. Inhaltlich-thematisch sollte dabei auf Identität und Biographie Bezug genommen werden.

3. Biographien und Biographiearbeit in der Einrichtung

Da die Themen Biographie und Lebensgeschichte im Projekt leitend waren, sollte sich ein Überblick über die Erhebung und Verarbeitung von, sowie „therapeutische" Arbeit mit entsprechenden Informationen in der Pflegeeinrichtung verschafft werden.

Dass zumindest von Seiten der Einrichtungsleitung zu diesem Thema großes Interesse besteht, wurde in mehreren Gesprächen und durch das Verhalten und das Engagement während der Runden

Tische deutlich. So mag es kaum verwundern, dass die drei am Projekt (Teil A) beteiligten Akteure des Leitungspersonals auf die Frage nach ihrem Interesse an Lebensgeschichten von Bewohnern alle mit der maximalen Wertung „viel Interesse" antworteten.

Weitere Informationen sollten aus den Antworten der 16 Befragten des allgemeinen Pflegepersonals gewonnen werden. Hierbei ging es um einen Vergleich des allgemeinen Wissensstandes über alle BewohnerInnen[11] mit jenem über deren Lebensgeschichten (vgl. Abb. 4 u. Abb. 5). Es sollte untersucht werden, ob biographisches Wissen gegenüber anderen Informationen zu den BewohnerInnen[12] womöglich nachrangig behandelt wird oder noch nicht genügend Aufmerksamkeit im Pflegealltag erhält.

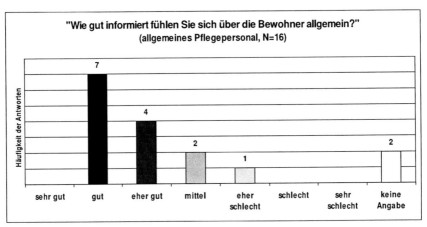

Abb. 4: Allgemeiner Wissensstand über BewohnerInnen

Die Mehrheit der Befragten meint, sie habe in beiden Bereichen gute oder eher gute Kenntnisse (vgl. Abb. 4 u. Abb. 5).

Niemand fühlte sich sehr schlecht oder schlecht informiert. Nicht vorgenommene Antworten („keine Angabe") sind offensichtlich dem Umstand geschuldet, dass einigen Befragten aus den Formulierungen nicht klar wurde, dass sich die Fragen auf die Ge-

---

[11] Man könnte es ebenfalls als „Wissen über den Durchschnittsbewohner" bezeichnen.
[12] Andere „Informationen" konnten etwa sein: Krankheiten und Behandlung, emotionaler Zustand, Vorlieben beim Essen und Trinken oder besondere Gewohnheiten.

3. Biographien und Biographiearbeit in der Einrichtung 177

samtheit der BewohnerInnen bezogen. Sie glaubten irrtümlich, es handele sich um Fragen ausschließlich auf die beiden Protagonistinnen bezogen.[13] Deshalb sind auch die übrigen Antworten unter dem Vorbehalt zu interpretieren, dass die Befragten sich eventuell nur auf die Protagonistinnen bezogen. Die überwiegende Mehrheit der Antworten erweckt diesen Eindruck jedoch nicht.[14]

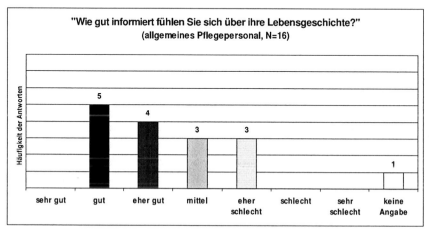

Abb. 5: Wissensstand über Lebensgeschichten der BewohnerInnen

Sieht man die Antwortkategorien analog zu einer Notenskala (von 1 = sehr gut bis 7 = sehr schlecht) und lässt die Antworten „keine Angabe" außer Acht, so können zwecks Vergleich arithmetische Mittelwerte gebildet werden. Der allgemeine Informationsstand der Befragten erreicht einen Bewertungsmittelwert von gerundet 2,8. Das Wissen um die Lebensgeschichten wurde im Mittel

---

[13] Dies wurde im Konkreten dadurch deutlich, dass ein gesamter bzw. der Fragenkomplex durchgestrichen wurde oder jeweils „keine Angabe" angekreuzt wurde. Weiterhin wurde in einem Fall der Hinweis „andere Station" und in einem anderen Fall „nicht in diesem Haus" ergänzt.

[14] Hier gilt noch zu berücksichtigen, dass bei den obigen Fragen zu Verhalten und Charakter der Protagonistinnen in den selben Fragebögen ersichtlich wurde, dass nur 5 Akteure Angaben tätigten und regelmäßigen Umgang mit den beiden Damen haben. Von den übrigen 11 Befragten haben also 2 die Fragen offensichtlich fehl verstanden. Insgesamt spricht also viel dafür, dass mindestens zwei Drittel der 16 Pflegekräfte ihre Antworten gemäß der Forscherintention auf „alle BewohnerInnen" bezogen.

mit rund 3,3 und damit um eine halbe Note schlechter bewertet. Beide sind somit im Bereich „eher gut" angesiedelt.

Wenngleich hier keine statistisch abgesicherte Interpretation der Datenlage geliefert werden kann, gibt es doch zumindest Indizien dafür, dass biographisches Wissen über BewohnerInnen noch ausbaufähig ist, da einige Akteure des Pflegepersonals den Eindruck von sich haben, dass sie über andere Aspekte mehr Informationen haben. Wenn biographisches Wissen jedoch als relevant für eine individuelle, identitätsgenerierende bzw. -stärkende Pflege erachtet wird und als Basis von Interaktion und kommunikativem Anschluss dienen soll, müssen Methoden und Wege gefunden werden, dieses Wissen zu stärken.

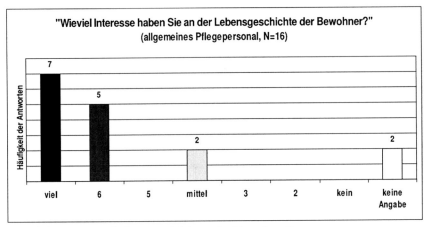

Abb. 6: Interesse an Lebensgeschichten der BewohnerInnen

Das allgemeine Pflegepersonal wurde ebenfalls nach dessen Interesse an den Lebensgeschichten von BewohnerInnen gefragt (vgl. Abb. 6). Wenngleich die Antworten nicht so positiv ausfallen, wie die des Leitungspersonals,[15] spricht ein Mittelwert von 6,2 auf der 7er-Skala (von viel=7 bis kein=1) doch dafür,[16] dass ein ziemlich

---

[15] Dazu im folgenden Gliederungspunkt mehr.
[16] Keine Angaben wurden hier wieder außen vor gelassen.

3. Biographien und Biographiearbeit in der Einrichtung 179

ausgeprägtes Interesse an den individuellen Biographien besteht, ohne die genauen Gründe zu kennen.

Aus anderen Antworten und den Beobachtungen während des Projektes ging hervor, dass das Personal sehr bemüht zu sein scheint und das Interesse an den Menschen und deren Geschichten umso größer ist, je weniger fortgeschritten die Demenzerkrankung und je interaktionsfähiger die Akteure sind.

Biographische Wissen ist jedoch ein multiples Konstrukt, dass von System, Interaktionen und weiteren Faktoren abhängt. Neben dem Interesse galt es festzustellen wie intensiv die Pflegekräfte versuchen „Neues über das Leben und die Lebensgeschichte der Bewohner zu erfahren", also wie groß ihre „intrisische Motivation" bzw. ihr Bemühen um biographisches Wissen ist (vgl. Abb. 7).[17]

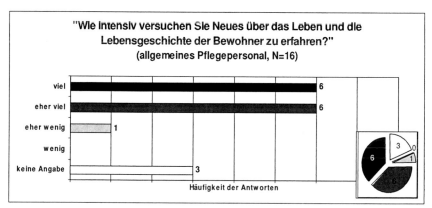

Abb. 7: Intrinsische Motivation zur Aneignung biographischen Wissens

12 von 16 Befragten scheinen sich viel oder eher viel um biographische Informationen zu bemühen (vgl. Abb. 7), wofür die Gründe vielfältig sein können und bei dieser Erhebung nicht erfragt wurden. Die Motivation zu nicht nur rein pflegerischer Interaktion und zu persönlichem Kontakt liegt bei dem Personal offensichtlich vor.

---

[17] Siehe den genauen Text der Frage 40 des Fragebogens 1 für das allgemeine Pflegepersonal in Abb. 7.

Die Menschen (mit Demenz) können damit besser als Akteure und nicht nur als Kranke oder Objekt der Pflege begriffen werden.

Dem gegenüber steht „extrinsische Motivation" durch das Leitungspersonal und sonstige Vorgesetzte. Es wurde erfragt, inwiefern diese das Pflegepersonal dazu anhalten, sich mit „nicht-pflegerischen Aspekten der Bewohner zu beschäftigen".[18]

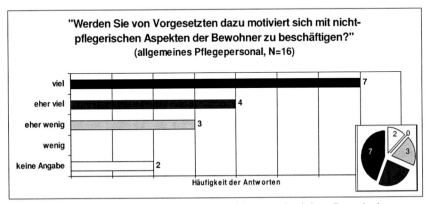

Abb. 8: Extrinsische Motivation zur Beschäftigung mit nicht-pflegerischen Aspekten

11 von 14 Antworteten (exklusive 2-mal „keine Angabe") gaben an, viel und eher viel dazu angehalten zu werden (vgl. Abb. 8). Dies entspricht der Relevanz, die das Leitungspersonal den nicht-pflegerischen Aspekten zukommen lässt. In einer entsprechenden Frage an die Leitung gaben alle drei Befragten an, dem Pflegepersonal Impulse in diese Richtung zu geben.[19] Die Antworten des Pflegepersonals zeigen ebenfalls, dass sich nicht alle Akteure entsprechend motiviert fühlen. Da diese aber – wie bereits festgestellt – ein Interesse haben, kann im Rahmen der Einrichtungsressourcen durch die (Bereichs-)Leitung mehr Unterstützung erfolgen.

---

[18] Vgl. die genaue Fragestellung zu Frage 41 des Projektfragebogens 1 für das allgemeine Pflegepersonal in Abb. 8. Diese Frage „nicht-pflegerische Aspekte" sollte vor allem auf biographische Aspekte und Informationen im weiteren Sinne abzielen, also unter Umständen auch auf die Interaktion mit Angehörigen oder ähnliches. Inwiefern dies valide war, muss offen bleiben.

[19] Dem lag eine 4er-Skala zugrunde. Alle Antworten erhielten die höchste Bewertung.

3. Biographien und Biographiearbeit in der Einrichtung

Aus Sicht der Pflegekräfte ergibt sich ein ambivalentes Bild zum Zeitkontingent für nicht-pflegerische Interaktionen mit BewohnerInnen (vgl. Abb. 9).

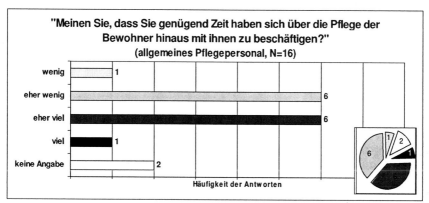

Abb. 9: Zeit für nicht-pflegerische Interaktion

Die eine Hälfte meint, eher ausreichend Zeit zur Verfügung zu haben, während die andere Hälfte sich offensichtlich mehr Zeit wünscht (vgl. Abb. 9). Dies ist Ausdruck eines vielfachen Politikums in der Pflege: mangelnde Ressourcen. Jedoch erweckte die konkrete Pflegeeinrichtung einen anderen Eindruck: hier wird „moderne" Pflege überwiegend praktiziert. Für die Gesamtheit des Pflegepersonals als auch für jeden Akteur individuell sollte überlegt werden, wie, wann und wo mehr Zeit für Interaktion und Kommunikation möglich ist, auch parallel zum pflegerischen Handeln.

Der Blick aller Akteure muss von der reinen Pflege weg gerichtet werden; dies kann höchstens die Basis sein, wie oben gezeigt. Im Itzel-Sanatorium ist die Motivation und das Potenzial dazu vorhanden: im System, in den Strukturen, in den Örtlichkeiten und bei den Akteuren. Schließlich meinen fast alle Akteure, dass „biographische Arbeit mit Demenzpatienten in Pflegeeinrichtungen" „sehr wichtig" (maximale Wertung auf 7er-Skala) sei: alle 3 befragten

Leitungspersonen, alle 3 des speziellen Pflegepersonals (Teil A und B) und 14 der „allgemeinen" Pflegekräfte.[20]

Lebensfilme scheinen für die Biographiearbeit in Pflegeeinrichtungen, obwohl noch keine genaueren Längsschnittdaten vorliegen, geeignet zu sein; zumindest bietet der audiovisuelle Ansatz Vorteile und Potenzial, das auch in andere, ähnliche (und eventuell weniger aufwändige) Formate für die und in der Biographiearbeit übertragbar ist.

4. Wissen über Protagonistinnen

Es wurden verschiedene Daten zum Themenfeld Informations- bzw. Wissensstand über die Protagonistinnen erhoben. Nach den Erzählungen aus den Lebensgeschichten der Protagonistinnen und der Materialauswahl für die Lebensfilme (Phase 2) wurde die Frage gestellt, wie informiert sich die Beteiligten über die Protagonistinnen (allgemein) fühlen. Zugrunde lag eine Skala von 1=sehr schlecht bis 7=sehr gut. Diese Ergebnisse wurden solchen einer erneuten Befragung nach den Filmpräsentationen, ein halbes Jahr später (Phase 3) gegenüber gestellt.

Den Abbildungen 10 und 11 lässt sich entnehmen, dass sämtliche Akteure[21], die sich nicht schon in Phase 2 sehr gut informiert fühlten in Phase 3 ihren allgemeinen Kenntnisstand über die Protagonistinnen nochmals verbessern konnten. Eine Korrelation mit den in den Lebensfilmen visualisierten biographischen Informationen oder eine weitergehende Sensibilisierung für und die Beschäftigung mit den Biographien in der Zwischenzeit kann hier vermutet werden.

---

20 Vom allgemeinen Pflegepersonal kreuzte nur ein/e Befragte/r die Kategorie 5 (von 7 = sehr wichtig und 1 = sehr unwichtig) an – eine Person beantwortete die Frage nicht.

21 Zur Vergleichbarkeit wurden diejenigen berücksichtigt, die in beiden Phasen anwesend waren und an der Befragung teilnahmen.

4. Wissen über Protagonistinnen

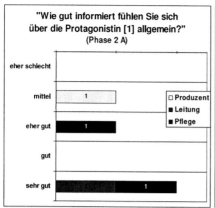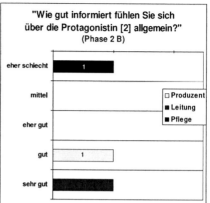

Abb. 10: Wissen über Protagonistin 1 und 2 (Phase 2)

Bildet man das arithmetische Mittel der Bewertungen (aus Abb. 10 und Abb. 11), so zeigt sich bezüglich Protagonistin 1 eine Verbesserung von 2,25 auf 1 und hinsichtlich Protagonistin 2 eine Verbesserung von 2,67 auf 1,33. Die bedeutet im Durchschnitt jeweils einen um etwas über eine Note (Bewertungsstufe) besseren subjektiven Wissensstand über die Protagonistinnen.

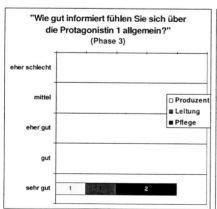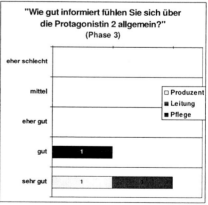

Abb. 11: Wissens über Protagonistin 1 und 2 (Phase 3)

Erstaunlich ist dies vor dem Hintergrund, dass Biographiearbeit in der Einrichtung gemäß den Aussagen des Personals schon vor dem Projekt einen hohen Stellenwert hatte und es sich bei den Projektakteuren überwiegend um engere Kontaktpersonen der Protagonistinnen handelte, die doch recht gut informiert sind oder sein sollten. Die Lebensfilme und Projektaktivitäten scheinen also hilfreich gewesen zu sein, um Neues, insbesondere über die Protagonistinnen, zu erfahren. Es ist des Weiteren zu konstatieren, dass hinsichtlich *beider* Protagonistinnen in ihren unterschiedlichen gesundheitlichen und sozialen Situationen der Informationsgrad zu erhöhen war (vgl. Abb. 10 und Abb. 11).[22] Dies ergab sich aus verschiedenen Antworten auf offene Fragen und wurde ebenfalls in kurzen Gesprächen bzw. Resümees artikuliert. Wie oben schon erwähnt, waren ebenfalls Angehörige positiv überrascht, was und wie sie Neues aus der Lebensgeschichte erfahren hatten oder zumindest eine neue Sichtweise präsentiert bekamen. Beide Akteursgruppen profitierten also.

In beiden Phasen wurde ebenfalls nach dem Wissen über die Lebensgeschichte (Biographie) der Protagonistinnen gefragt. Der biographische Informationsstand war bei allen Akteuren entweder schlechter oder gleich dem allgemeinen Wissensstand über die Protagonistinnen. Dies bedeutet analog zu obigen Ausführungen zu dem biographischen Wissen der Pflegeakteure über die Gesamtheit der Bewohner, dass zu pflegerischen und sonstigen personenbezogenen Aspekten regelmäßig mehr Informationen vorliegen. Wichtig erschien, Indizien dafür zu erhalten, ob die Akteure durch das Projekt neue biographische Informationen erhielten, die ihnen zukünftig im Pflegealltag hilfreich sein könnten. Im Kontext der Präsentationsveranstaltung wurde, wie bereits dargelegt, nur der allgemeine Wissensstand („wie gut informiert fühlen Sie sich allgemein") erneut erfragt. Da im Laufe des Projektes jedoch insbesondere oder sogar ausschließlich eine Zunahme biographisch relevanten Wissens stattgefunden haben kann, kann das zusätzliche (bessere) Wissen überwiegend als biographischer Natur gewertet werden.

---

22 Protagonistin 1 erzählt selbst des öfteren aus ihrem Leben, hat hingegen nicht das soziale Umfeld in Form von Angehörigen, die dem Personal viele weitere biographische Informationen liefern können. Bei Protagonistin 2 war es gegensätzlich: biographisches Wissen war nur bzw. primär über familiale Akteure zu gewonnen .

4. Wissen über Protagonistinnen

Im Rahmen des Projektes und der Präsentation erinnerte Protagonistin 1 selbst ihr biographisches Wissen, konnte es vielleicht aus einer neuen Perspektive sehen und sich ihrer (narrativen) Identität bewusster werden. Die Fragen während der Runden Tische stellten eine ausgiebige, konzentrierte Biographiearbeit dar. Somit ließe sich behaupten: Lebensfilme helfen zu erinnern. Erinnern halfen die Projektsituation, aber auch die Filme insbesondere den Angehörigen, die zum Teil ausdrücklich bekundeten, dass sie das Leben der demenziell Erkrankten nie so (intensiv) erfahren und erlebt hätten; vieles sei neu gewesen.

Am Ende der Präsentationsveranstaltung wurde des Weiteren gefragt, wie viel Zeit sich die bzw. der Befragte vor dem Projekt und seit dem Projekt genommen habe, um „irgendwie etwas von der Lebensgeschichte von Bewohner/innen zu erfahren?" Hier ergab sich eine uneinheitliche Tendenz: während einige Akteure angaben, etwas mehr Zeit zu investieren, behaupteten andere sich seit bzw. nach dem Projekt weniger Zeit zu nehmen. An dem Interesse der Lebensgeschichten der BewohnerInnen hat sich jedoch über das Projekt bei den tiefergehend Beteiligten scheinbar nichts geändert. Die Befragten gaben in Phase 2 und 3 an, viel Interesse[23] diesbezüglich zu haben. Hierbei handelte es sich selbstverständlich ohnehin um die interessierten Akteure.

5. Kontakt- und interaktionsförderliche Aspekte

Wichtig erschien es, vor allem von den Pflegebediensteten aber auch von den anderen Akteuren eine Einschätzung zu erhalten, ob sie das Projekt (in Phase 2) bzw. die Interaktion und biographische Informationen „hilfreich für den künftigen Umgang" mit den Patientinnen fanden (vgl. Abb. 12).

---

[23] „Viel Interesse" meint in diesem Fall die Kategorien 7 und 6 der 7er-Skala gruppiert; Kategorie 1 war bezeichnet mit „kein Interesse".

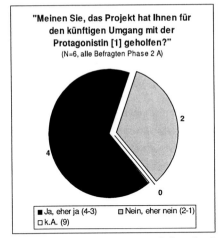 

Abb. 12: Kontakt- und Interaktionsförderung durch Projekt (Phase 2)

Hinsichtlich der zweiten Protagonistin meinen 6 der Befragten, dass sich das im Projekt Erlebte wahrscheinlich positiv auf den Umgang auswirken werde. Einer der Angehörigen konnte oder wollte keine Angaben machen (vgl. Abb. 12). In Bezug auf die erste Protagonistin sind 4 Befragte der Ansicht, das Projekt sei hilfreich für den künftigen Umgang gewesen; 2 aus den Reihen der Leitung oder der Pflege glauben dies nicht (vgl. Abb. 12). Dies muss aber eher so gedeutet werden, dass sie den Umgang mit der Protagonistin schon vor dem Projekt als gut bis sehr gut bewerteten und sich deshalb keine Verbesserungen versprechen.

In der Einrichtung und während des Projektes war kontinuierlich eine starke Personzentrierung zu beobachten. Das Personal kümmerte sich mit allen Kräften um die BewohnerInnen. Die Fürsorge, das Kümmern und die Bemühungen scheinen allgegenwärtig zu sein. Demzufolge sind Antworten dahingehend wenig verwunderlich, dass der erste Haupttermin in eine „positive Stimmung", „liebevolle konzentrierte Begleitung" und ein „offenes Gespräch" eingebettet gewesen sei.

Mit einer Ausnahme meinten die vier in Phase 3 befragten Akteure (Produzent, Leitungs- und Pflegepersonal), dass die Filmpräsentation bzw. der erneute Projekttermin ihnen nochmals für den Umgang mit Protagonistin 1 und 2 geholfen habe.[24] Die Befragten (Produzent und Personal) äußerten ebenfalls, dass dieser Termin den Angehörigen ihres Erachtens nach nochmal „etwas für den zukünftigen Umgang mit der Protagonistin 2 gebracht" habe. Diese Ansicht unterstützen die Angehörigen mit ihren Angaben: „ja", „eher ja" (vgl. Abb. 13). Von allen werden also nochmal kontakt- und interaktionsförderliche Aspekte vermutet.[25]

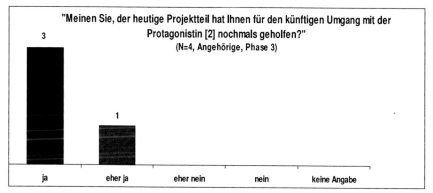

Abb. 13: Kontakt- und Interaktionsförderung durch Präsentationsveranstaltung

Die Angehörigen hätten sich zudem schon in ihrem Interaktionsverhalten im Vergleich von Phase 1 (Beginn) zu Phase 3 (Ende des Projektes) verändert. Bei der Mehrheit der Angehörigen seien schon Veränderungen bzw. (ungewohnte) Variationen in ihrem Verhalten gegenüber der Protagonistin (zumindest im Rahmen der Filmpräsentation) bemerkbar gewesen, meinten die übrigen Befragten. Die

---

[24] Diese Meinungen äußerten sie durch die höchste Wertung auf einer 4er-Skala. Eine Pflegekraft (der Protagonistin 1) meinte hingegen, dass ihr dies im Umgang mit der (anderen) Protagonistin 2 eher nicht mehr geholfen hätte. Auch der Fotograf meinte zusätzlich, dass der Termin für ihn und in Bezug auf die Protagonistinnen nochmals interaktionsfördernd gewesen sei. Da er zuvor an der Befragung nicht teilgenommen hatte, wird er hier mangels Vergleichbarkeit zu Phase 2 nur am Rande erwähnt.

[25] Gerade in Bezug auf Protagonistin 2 und deren Angehörige sind dies interessante Erkenntnisse. Während Protagonistin 1 ohnehin aus ihrem Leben erzählt und erzählen kann, befinden sich Protagonistin 2 und ihr enges Umfeld in einer schwierigeren, wohl demenztypischen Situation.

Angehörigen selbst bewerteten dies ambivalent und waren nur zum Teil dieser Ansicht (vgl. Abb. 14).

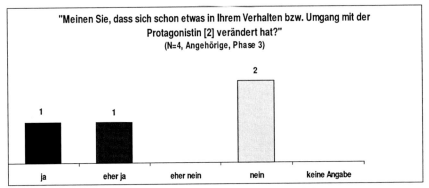

Abb. 14: Zwischenzeitliche Verhaltensänderung in Interaktionen

Diese Meinungen lassen jedoch hoffen und erwarten, dass durch das Projekt „interaktionsfördernde" Wirkungen eintreten, dass also etwa unter Beachtung psychobiographischer Informationen Kontakt und Interaktion noch personzentrierter stattfinden werden. Jede Bewohnerin und jeder Bewohner sollte als ganz individuell gesehen werden. Hintergrundwissen kann Verständnis für die soziale Lage und Handlungen bringen, so dass ein (neuer) Kontaktzugang zu dem Akteur gefunden werden kann. Interaktion und Kommunikation müssen leitend in der Pflege sein; die Akteure scheinen auch Freude und Interesse daran zu haben. So können persönlicher Kontakt und Nähe gestärkt werden. Wird die soziale Beziehung bzw. das eigene Interaktionsverhalten jedoch schon (zuvor) positiv bewertet, fallen auch die Prognosen zu Veränderungen bei zukünftigen Interaktionen deutlich zurückhaltender aus, wie die Interpretation entsprechender schriftlicher Antworten vor dem Hintergrund der Beobachtungen der Interaktionen zeigte. Lebensfilme sensibilisieren jedenfalls das (Pflege-)Personal für die Lebensgeschichte, Situation und das Verhalten der Demenzerkrankten, wie im Folgenden noch deutlicher werden wird. Ebenfalls kann das (Pflege-)Personal bei jeder erneuten Vorführung des Lebensfilms Neues ent-

5. Kontakt- und interaktionsförderliche Aspekte

decken, mehr aus dem Leben, sowie über die biographische Identität erfahren und für die Pflege nutzen.

6. Auswirkungen auf Protagonistinnen

Die Befragten wurden gebeten Einschätzungen abzugeben, ob das Projekt positive Auswirkungen auf die Protagonistinnen schon hatte oder haben könnte. Positive Wirkungen des Projektes auf die sehr aktive Protagonistin 1 werden von 5 der 6 Befragten erwartet (vgl. Abb. 15). Die 6. Person gab an, sich nach dem Hauptteil noch keine Meinung bilden zu können. Jedenfalls habe aber die Aufmerksamkeit für ihre Person und ihre (Lebens-)Geschichte ihr vermutlich gut getan. Das Meinungsbild hinsichtlich der zweiten Protagonistin mit fortgeschrittener Demenz ist divergent: Vier Befragte meinten, dass Projekt habe ihr (eher) geholfen, zwei meinten hingegen, es habe ihr (eher) nicht geholfen; ein Akteur wollte „keine Angabe" tätigen (vgl. Abb. 15). Den Beteiligten fiel auf, dass das Wiedersehen von Teilen ihres Lebens auf Fotografien als „Impuls" wirkte. Sie habe die Bilder „mit Interesse" verfolgt, äußerte ein Angehöriger. Auch für den Verfasser waren viele Momente und Reaktionen als „Ausbruch aus der Demenzkrankheit" wahrzunehmen.

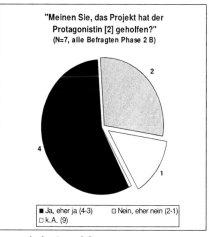

Abb. 15: Positive Auswirkungen auf Protagonistin 1 und 2

Mit dieser Frage ließen sich nur subjektive Einschätzungen und Impressionen aus den sozialen Situationen erfassen. Aus Sicht des Verfassers waren die Beobachtungen doppelt ambivalent. Protagonistin 1 befand sich in einem solch erfreulichen psychischen und gesundheitlichen Zustand, dass in dieser Hinsicht kaum Verbesserungen zu erwarten sind. Aufgrund ihrer Interaktionsmöglichkeiten waren die Projekttage jedoch eine positive Abwechslung, gar ein Event für sie. Es konnte während des Spargelessens und des Haupttermins beobachtet werden, wie sie ihre „Hauptrolle" genoss. Sie stand im Fokus, ihr wurde aufmerksam zugehört, und sie konnte Einfluss auf die anderen Akteure und die Situation nehmen. Sie erhielt noch mehr als sonst eine identifizierende Rolle, ihre Biographie und Vergangenheit war etwas Wichtiges. Möglicherweise werden diese Erfahrungen und der Film biographische Anker in einem fortgeschrittenen Demenzstadium sein.

Protagonistin 2 wirkte zunächst verwirrt und überwiegend teilnahmslos, sozusagen demenztypisch. Die Beobachtungen unterstützen einerseits die Antworten der Befragten dahingehend, dass man von den kommunikativen Interaktionen und den Bildern keine dauerhaften Wunder in Richtung Zustandsverbesserung erwarten darf; andererseits reagierte die Protagonistin immer wieder auf Impulse. Sie verlangte beispielsweise nach einem Kakao oder nahm zu einigen ihr präsentierten Fotos Stellung. Sie zeigte ihre heitere Art indem sie sogar kurze Episoden erzählte, die zu allgemeiner Heiterkeit beitrugen. Als ein/e Angehörige/r von Erlebnissen mit der Protagonistin erzählte und sagte, sie habe sie „immer in Schutz genommen", erwidert die Protagonistin selbst: „Du sollst dich net[26] unterkriegen lassen!" Zu einem anderen Zeitpunkt im Rahmen des Runden Tisches beginnen die Angehörigen ein Karnevalslied zu singen und fordern die Protagonistin zur Mitwirkung auf, worauf diese antwortet: „Ich kann net singe'." Dies waren für den Verfasser kleine, prägnante Beweise, wie prägende Identitäts- und Biographiemomente in der Demenz anschlussfähig sind. Deshalb erschien es nur passend, ihre Interaktionen mit ihrer „Karnevals-Vergangen-

---

[26] Umgangssprachlich für „nicht".

heit" im Lebensfilmzu belegen. Es wurde des Weiteren berichtet, dass die Gründe für das regelmäßige Schreien der Protagonistin in schrecklichen Kindheitserlebnissen liegen könnten.[27]

Beiden Protagonistinnen ist es während der Projektdurchführung zumindest gut ergangen. Bei potenzieller Überlastung wurde jedoch beispielsweise mit (eingeplanten) Unterbrechungen reagiert.[28]

In Phase 3 wurden die Beteiligten befragt, ob sich durch das Projekt schon „etwas bei bzw. für die" Protagonistinnen geändert habe, z.B. deren Verhalten, Krankheit etc. Protagonistin 1 habe Anerkennung erlebt und sich durch bzw. in dem Film „vielschichtig dargestellt". Sie habe sich offensichtlich „wichtig gefühlt", wollte aber zwischenzeitlich nicht mehr über ihre „Geschichte" berichten. Somit seien kleine Veränderungen schon erkennbar; ein großer Effekt zu diesem Zeitpunkt gleichwohl nicht feststellbar.[29] Hinsichtlich Protagonistin 2 seien bis dato keine Veränderungen feststellbar gewesen. Am Tag der Präsentation reagierte sie (äußerlich) nur wenig auf den Lebensfilm und nahm womöglich nicht viel war. Effekte seien tagesformabhängig, so die Einschätzung des Personals; für eine genauere Analyse und Bewertung müsse noch viel Zeit vergehen, in der z.B. der Film immer wieder gezeigt werde.

7. Projekt als Event im Pflegealltag

Das Projekt stellte zweifelsohne einen Einschnitt in den Pflegealltag dar. Unbekannte Wege zu begehen, etwas Neues und Anderes zu machen, schien den Projektbeteiligten zu gefallen. Entsprechend

---

[27] Hier kann auf die theoretischen Ausführungen zum psychobiographischen Pflegemodell und zu den Interaktionsstufen nach Böhm verwiesen werden. Gerade die Protagonistin 2 scheint des öfteren mit der Bewältigung ihrer biographischen Vergangenheit beschäftigt zu sein; teilweise befindet sie sich dabei (z.B. in Form des Schreiens und Weinens) offenbar in kleinkindähnlichen Zuständen.

[28] Die Protagonistin 2 wurde somit von Pflegekräften zwischendurch (in ihrem Rollstuhl) hinausgefahren, und auch ein Teil der Angehörigen unternahm zwischenzeitlich einen Spaziergang mit ihr in der Garten-/Parkanlage.

[29] Da es der Protagonistin gesundheitlich und in Bezug auf die Demenz schon vor dem Projekt gut erging, verblüfft dies nicht.

Watzlawicks Ausführungen kann von einer Interpunktion im (Pflege- oder Besuchs-)Alltag die Rede sein; routinierte Abläufe können mit „anderen Augen" betrachtet werden. Nicht alltäglich war es, Hauptperson eines Filmes zu werden bzw. zu sein und an der Produktion mitzuwirken. Die Runden Tische fanden in „gemütlicher Atmosphäre" statt, wenngleich sie von einigen Akteure ebenfalls als teilweise anstrengende Stunden empfunden wurden. Nicht nur für die direkten Projektbeteiligten waren es Erlebnisse und besondere Ereignisse, die als Gesamt-Event Erinnerungen generierten; auch andere Akteure in und außerhalb der Einrichtung erfuhren in der Folgezeit von dem Projekt.

Interessant erschien es, von den Beteiligten ein Meinungsbild zu erhalten, ob „besondere, außergewöhnliche gemeinsame Aktionen bzw. Veranstaltungen" in der Pflege wichtig sind, oder ob eine durchgängige Routine erstrebenswerter ist (vgl. Abb. 16). Im Rahmen solcher Events, zu denen neben dem Lebensfilm-Projekt ebenso Feste und Feierlichkeiten zu zählen sind, kann neue Interaktion und Kommunikation zwischen Bewohnern, Angehörigen, Personal und weiteren Akteuren entstehen. Besondere soziale Situationen werden somit Bestandteil biographischer Erinnerungen.

Es zeigt sich, dass insbesondere die direkten Projektbeteiligten – das Leitungs- und spezielle Pflegepersonal – gemeinsame besondere, außergewöhnliche Veranstaltungen mit einer Ausnahme als „sehr wichtig" empfinden (vgl. Abb. 16). Die Meinungen der übrigen befragten Pflegekräfte variieren wiederum. 9 von 16 lassen Events eine hohe Bedeutung (Kategorien 7 und 6) zukommen, während 6 der Befragten diese für eher normal wichtig halten (Kategorien 5 und 4) und offensichtlich anderen Aspekten in der Pflege höhere Gewichtung geben (vgl. Abb. 16).[30]

---

30 Mutmaßlich wurde Pflegemaßnahmen im engeren Sinne, Aspekten der Biographiearbeit o.ä. mehr Bedeutung beigemessen. „Außergewöhnliche Veranstaltungen" wie jährliche Fest könnten auch gerade als etwas nicht-alltägliches begriffen werden; weshalb die Relevanz im Sinne der Frage eher gering bewertet wurde. So könnten beispielsweise Themenabende oder Sonntagsveranstaltungen gemeinsam mit Angehörigen, Ehrenamtlichen und speziellen externen Akteuren einen regelmäßigen „Eventcharakter" mit Abwechslung bewirken.

7. Projekt als Event im Pflegealltag

Das Projekt und die Lebensfilme wurden also – hypothesenbestätigend – zu einem Ereignis in der Einrichtung, das überwiegend positiv bewertet und für wichtig bis sehr wichtig erachtet wurde.

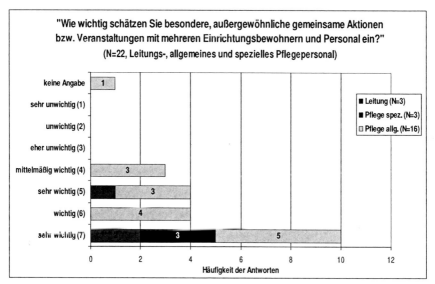

Abb. 16: Bedeutung von Events in Pflegeeinrichtung

Will man für alle Beteiligten einen Nutzen aus solchen Veranstaltungen ziehen, ist noch mehr Erklärungs- und Überzeugungsarbeit seitens des Leitungspersonals nötig. Hierbei könnte vermittelt werden, dass ein lockerer, angenehmer Rahmen für Demenzpatienten und die Pflege allgemein nicht nur Spaß bedeuten, sondern ebenfalls Kommunikationsanschlüsse in verschiedener Hinsicht (auch für die Biographiearbeit) bieten und persönliche Kontakte intensiviert werden können.

8. Trauerarbeit: Erinnern, Trauern und Verabschieden

Wie bereits erwähnt, ist eine Grundidee zu dem Format Lebensfilm(seitens des Produzenten) Hinterbliebenen bei ihrer Trauerbewältigung nach einem Todesfall oder schon zuvor in der letzten Lebensphase z.B. bei schwerer Krankheit, Koma oder ähnlichem zu helfen. Gerade die Demenzerkrankung verlangt unter anderem bei jeder Verschlechterung des Gesundheitszustandes und der Interaktionsmöglichkeiten ein phasenhaftes Abschiednehmen, so dass akzeptiert wird, dass die nahestehende Person nicht mehr diejenige ist, die sie einst war.

Entsprechende Antworten im Rahmen der Befragung der Angehörigen (in Phase 2 und 3) und vor allem die Beobachtungen lassen auf eine Trauerarbeitsfunktion der Lebensfilme (und der Interaktionen im Rahmen der Runden Tische) schließen. So meint etwa eine Angehörige, dass das Projekt Zukunft bei der Arbeit mit Menschen mit schweren Erkrankungen in Krankenhäusern haben könnte. Die Lebensgeschichte genauer kennen zu lernen oder „noch mal über das Leben" der erkrankten Angehörigen nachzudenken waren Wirkungen des Lebensfilm-Projektes, die die Angehörigen beschrieben. Bei der Filmpräsentation bekam eine/r der Angehörigen die Erkenntnis: „Wie schnell ein Leben sein oder vorbei sein kann." Die Tochter der Protagonistin 2 formulierte als zusätzliche Anmerkung im letzten Fragebogen: „Ich werde mir den Film oft anschauen. Wenn meine Mutter nicht mehr unter uns ist, habe ich eine schöne Scheibe Erinnerung." Solche Erinnerungsmomente werden kaum ohne ein Wehmutsgefühl, ein Gefühl des Vermissens und der Trauer möglich sein – zumindest sofern noch zeitliche Nähe zum Tod besteht.

Von Seiten des Personals wurde während des Projektes (in den Fragebögen) mehrmals bzw. häufig geäußert, dass sie glauben, dass den Angehörigen mit dem Projekt wahrscheinlich noch am meisten geholfen wird.[31] Eine Pflegekraft hob sogar konkret den Aspekt der Trauerbewältigung durch Vorangeführen des gesamten (nicht nur des kranken Abschnitts) des Lebens hervor.

Wenngleich die Beobachtungen während der Runden Tische und der Filmpräsentation einige Anhaltspunkte lieferten, dass der Trau-

---

31 Dies ist bezogen auf die Antworten zu Frage 11 des Fragebogens für das allgemeine Pflegepersonal. Über das konkrete Projekt hinausgehend wurde ebenfalls gemutmaßt, dass neben den Familienmitgliedern Freunden und Bekannten mit Lebensfilmen und ähnlichen Projekten geholfen werden könne.

eraspekt am ehesten bei den Angehörigen zur Geltung kommt, schienen die Erinnerungen ebenfalls bei der ansonsten recht beherrschten Protagonistin 1 ähnliche Gefühle auszulösen. Melancholisch oder auch mit einem Lächeln wurde der verstorbene Partner oder ein sonstiger geliebter, nahe stehender Mensch wieder ins Gedächtnis gerufen. Die Protagonistin sprach in den Runden etwa von Erinnerungen, die ihr niemand nehmen könne, so z.B. auch: „Jeden Abend dank ich dem lieben Gott [...] bin zufrieden [...] danke, dass ich Sie alle kennen gelernt habe."

Im Rahmen der Narrationen konnten sich die Angehörigen zugleich schon Verstorbener oder ihrer Kindheit erinnern, wie etwa: Angehöriger „war schon sehr beliebt [...] war schon klasse" und „bei dem konnte ich mich immer ausheulen". Zwei nahe stehende Angehörige verstarben früh, innerhalb eines halben Jahres. Ein Unfall, die Demenzerkrankung und Unterbringung der Protagonistin 2 in Pflegeenrichtungen waren für einige Angehörige offensichtlich nicht leicht zu verkraften bzw. psychisch zu verarbeiten, wie aus den Erzählungen hervorging. Das Itzel-Sanatorium wäre schon eine Situationsverbesserung und eine Art Erlösung gewesen. Deshalb sagte ein Akteur des Pflegepersonals zu ihnen (während des Runden Tisches): „Sie haben keine Schuld!" Eine/r aus den Reihen der Angehörigen artikulierte wenig später: „Loslassen geht ein bisschen besser [...] es wird besser [...]."

Dass die Angehörigen angeregt wurden, nochmals über das Leben ihrer pflegebedürftigen Verwandten nachzudenken, ist ein weiterer Nebeneffekt. In der narrativen, aber auch zuschauenden sozialen Situation konnten Gefühle und Emotionen geweckt werden. Die Verwandte kann entweder wieder positiver, gesünder, „normaler" wahrgenommen werden, oder es kann sich „endlich" mit einer nicht mehr verbesserungsfähigen Situation abgefunden werden.

Ein Trauern zu Lebzeiten kann zukünftige Kontakte entspannen helfen.[32] Es können die Grundsteine für ein erstes Abschiednehmen

---

[32] Das „Trauern zu Lebzeiten" kann eine Interpunktion sein, um aus eingefahrenen Verhaltensmustern auszubrechen und neue Perspektiven einzunehmen.

von der geliebten oder weniger gemochten nahe stehenden Person gelegt werden.

Dies können nur Eindrücke zu „psychotherapeutischen" und Trauer bewältigenden Momenten bzw. Effekten der sozialen Interaktionsrunden während des Projektes sein. Das Verarbeiten und Abschiednehmen wird vermutlich eher im nicht öffentlichen bzw. kleinen, familiären Rahmen bei vielen weiteren „Lebensfilm-Stunden" stattfinden und vor allem in der palliativen Phase. Jedoch können Lebensfilme Angehörigen bei ihrer Trauer und beim Abschiednehmen helfen. Sie können dabei helfen, die Demenzerkrankung als „Außenstehende" besser (psychisch) zu bewältigen.

9. Mediennutzung und (multi-)mediale Biographiearbeit

Es wurden Fragen gestellt, die auf die Mediennutzung abzielten. Um das Projekt und Instrument Lebensfilm in den Einrichtungskontext einordnen zu können, wurde sich weiterhin nach Medien erkundigt, die „in der Einrichtung bei der bzw. für die Biographiearbeit (mit Bewohnern) allgemein genutzt" werden. Die generalisierten Fragen machten insofern Probleme, als das den Befragten nicht klar wurde, was unter „Medien" zu verstehen war und sie sodann teilweise einen sehr weiten Medienbegriff zugrunde legten. Es wurden „Formblätter" und „Papier" ebenso wie „Fernsehen" oder das „persönliche Gespräch" genannt. Intendiert waren eher „klassische" Medien wie Radio, Bücher, Fernsehen, Computer etc. Nichts desto weniger waren die Antworten aufschlussreich, interpretierbar.

Davon abgegrenzt war die Frage nach Medien der Memorierung und Archivierung biographischer Information zu den BewohnerInnen gedacht. Auf diese Frage wurde jedoch nur von einer Person des allgemeinen Pflegepersonals eingegangen. Ein Grund könnte sein, dass eine theoretische Differenzierung von (medialer) Archivierung und Verwendung bzw. Arbeit mit biographischen Informationen,[33] den Strukturen der bzw. dem Denken in der Einrichtung

---

[33] Diese theoretische Differenzierung ist keinesfalls zwingend notwendig. Es wurde sich jedoch ein Erkenntnisgewinn davon versprochen. Weiterhin sollten unterschiedliche

nicht entspricht. Diesbezüglich soll sensibilisiert werden, so dass eine weitergehende Professionalisierung von Biographisierung und Biographiearbeit (in der Institution) stattfindet.

Computer und Telefon werden in der Einrichtung (während der Arbeit) von den Befragten des Leitungspersonals am häufigsten gebraucht. Im privaten Bereich werden vor allem Bücher („Lesen"), Radio und Fernseher genutzt, auch das Telefon wurde einmal von dem Leitungspersonal genannt (vgl. Abb. 17).

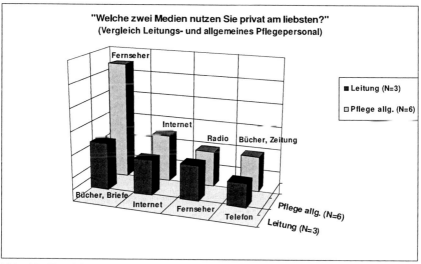

Abb. 17: Vergleich privater Mediennutzung und -priorität

6 Akteure (von 16) des allgemeinen Pflegepersonals antworten auf die offene Frage nach den im Privatbereich genutzten Medien.[34] Sie benutzen den Fernseher im Privaten wesentlich häufiger, das Internet (Computer) landet auf Platz 2, gefolgt von Radio und Büchern bzw. Zeitungen (Printmedien) (vgl. Abb. 17).[35]

---

mediale Möglichkeiten bereichs- bzw. zweckspezifisch aufgezeigt werden.

[34] Die übrigen 10 Akteure tätigten keine Angaben. Grund dafür könnte vielleicht sein, dass diese Frage gegen Ende des relativ langen Fragebogens gestellt wurde oder zu privat erschien.

[35] Die Antworten zu den offenen Fragen zu den privat genutzten Medien sollten nach Priorität bzw. Häufigkeit der Nutzung entweder dem ersten oder zweiten Antwortfeld

Grundlage der Biographiearbeit in der Einrichtung sind nach den Angaben des Leitungspersonals Biographiebögen (Biographieakten) und Formblätter – also handschriftlich Festgehaltenes.[36] Mit diesen Wissensquellen besteht Biographiearbeit dann aus Gesprächen bzw. dem persönlichen Kontakt mit den BewohnerInnen; Bilder werden dabei unterstützend herangezogen.[37] Dies deckt sich überwiegend mit den Antworten der Akteure des allgemeinen Pflegepersonals. Eine Divergenz zwischen privatem Mediennutzungsverhalten und professionellem Einsatz von Medien während der Arbeit bzw. für die Pflege ergab sich ebenfalls aus den Angaben des allgemeinen Pflegepersonals. Auf die Frage nach Medien bei bzw. für die Biographiearbeit wurde von den Pflegekräften ebenfalls am häufigsten das Medium Biographiebögen/-akte bzw. die Biographie selbst genannt. Weitere Nennung als „Medien" fanden: Angehörige, Fotos, Zeitung, Fernsehen und Radio. Medien kommt jedoch für die Biographiearbeit und ebenfalls für die „Aufzeichnung von Biographien" im Verhältnis zur privaten Nutzung wenig Bedeutung zu.

So können z.B. über Radio und Zeitung biographische Anschlüsse gefunden werden; diese Medien dienen jedoch nicht der Memorierung individueller biographischer Daten. Hingegen dienen Biographieakten auf Basis entsprechender Fragebögen (insbesondere an die Angehörigen) als Wissensquelle und können indirekt bei der Biographiearbeit eingesetzt werden. Direktes Medium der Arbeit mit BewohnerInnen sollten sie jedoch nicht sein. Hierfür bieten sich Fotos, Briefe, (private) Videos und alltägliche Gegenstände[38] wie der Lieblingskugelschreiber, ein geliebtes Kleidungsstück, der Ehering oder privates Mobiliar an.

---

zugeordnet werden. Dies scheint so verstanden worden zu sein. Dem entsprechend wurden für Abb. 17 die Antworten erster Priorität doppelt gezählt bzw. gewertet.

36 (Muster-)Exemplare von im Itzel-Sanatorium verwendeten Biographiebögen lagen dem Verfasser zur Kenntnis vor.

37 Diese Erkenntnisse wurden ebenfalls aus der Befragung der drei Akteure des Leitungspersonals während des Projektteils A gewonnen.

38 Vgl. zu Gebrauchsgegenständen des alltäglichen Lebens Fink 2007, 27; Schroll-Decker und Gerber 2007, 34.

9. Mediennutzung und (multi-)mediale Biographiearbeit

Die professionelle Mediennutzung kann also als „rückständig" und ausbaufähig bezeichnet werden, wenn gerade im Bereich der Biographiearbeit Schriftstücke wie der Biographiebogen Gebrauch finden. Hier könnten die vorhandenen Informationen in andere bzw. neue Medien transferiert werden. Sogar die BewohnerInnen werden in ihrem Leben schon mediensozialisiert worden sein; sie werden neben Printmedien und Fotos überwiegend einen Bezug zu Radio und Fernsehen haben. Wie das Projekt und die Lebensfilme gezeigt haben, wird es nur positiv bewertet, durch „bewegte" Bilder und filmische Aufbereitung Fotos, Schriftstücke und verbale Informationen neu zu erleben. Während der Computer für das Leitungspersonal noch übliches Arbeitsmittel ist, ist die berufliche Nutzung für das Pflegepersonal in der Einrichtung schon ungewohnter. Da aber, wie oben ausgeführt, für alle Akteure durch das Ansprechen visueller und auditiver Sinne Vorteile zu erwarten sind, wäre eine umfangreiche multimediale Nutzung erstrebenswert. Somit scheint die Hypothese sich zu bestätigen, dass die (Multi-)Medialität ein wichtiges, positiv wirkendes Moment von Lebensfilmen und Biographiearbeit ist.

Gerade auch für die Aufzeichnung von Biographien und bei der Beschäftigung des Personals mit diesen könnten mittels Computer auf relativ simple Weise multimediale Akten und Lebensgeschichten angelegt werden. Weiterhin können durch unterschiedliche Sinnesimpulse die Erinnerungen der demenziell Erkrankten verbessert werden, und sie damit aktiviert werden. Erster Schritt ist: Informationen und Wissen erlebbarer, erfahrbarer und erlebnisreicher (inszenatorisch) zur Verfügung zu stellen. Dies scheint positive Effekte bei den Pflegekräften, den Angehörigen und den BewohnerInnen zu haben. Die Hemmschwelle scheint geringer zu sein, als man erwarten könnte. Jedoch sollten immer „personzentrierte" Wege gefunden werden, so dass neue Medien als vorteilhaft akzeptiert werden und mit ihnen auch wirklich gearbeitet wird. Junge, technisch und medial versierte Akteure des (Pflege-)Personals könnten hier eine leitende, helfende und vorbildliche Rolle einnehmen, unterstützt und gefördert durch die Einrichtungsleitung.

10. Projektresümee: Erwartungen und Zufriedenheit

Drei Fragen in Phase 1 an das an den Runden Tischen beteiligte Personal der Einrichtung zielten auf ihre Erwartungen an das Projekt ab. Es ging darum, was sie sich 1. für Einrichtung und Personal, 2. für die erste Protagonistin und 3. für die zweite Protagonistin von dem Projekt versprachen. Zusätzlich wurden ihre Motive für die Teilnahme an dem Projekt erfragt, die im Groben mit beruflicher Veranlassung durch die Vorgesetzten und mit persönlichem Interesse an dem Projekt und den Biographien zusammenzufassen sind.

Die Leitungsakteure erwarteten sich insbesondere ein gesteigertes Interesse des (Pflege-)Personals an BewohnerInnen und ihren Lebensgeschichten, ein besseres Verständnis und eine neue Perspektive, so z.B.: „Vergessene Menschen ‚aufblühen zu lassen' und in schöner Erinnerung zu halten. Das Leben lebendig werden zu lassen." Der Protagonistin würde es gut tun, im Mittelpunkt zu stehen, Aufmerksamkeit, Anerkennung und Zuneigung zu erhalten. Der Produzent erwartete und erhoffte zudem ein „positives Projekterlebnis" und „das Erstellen von etwas ‚das bleibt'". Von allen waren die Erwartungen in Bezug auf Protagonistin 2 „gering" und unklar: wahrnehmen, erinnern, gutes Gefühl und Ritualbildung. Das Pflegepersonal erwartete in Form bleibender Erinnerungen mehr über die BewohnerInnen zu erfahren und dass damit auch ein besseres Verstehen der Menschen mit ihrer Krankheit möglich sei. Eine Pflegekraft erhofft sich, „dass es mehr genutzt wird, für mehr Bewohner."

Die empirischen Ergebnisse aus der schriftlichen Befragung unterstützen die Eindrücke aus den Beobachtungen. Die Projektteilnehmer wirkten überaus interessiert, gut gelaunt und zufrieden. Die Projektteile (A und B) mit beiden Protagonistinnen wurden von den Beteiligten (in Phase 2) durchgängig positiv bewertet. Das Projekt bzw. die Haupttermine haben den Befragten mehr als gut (Kategorie 6 und 7) gefallen (vgl. Abb. 18 u. Abb. 19). Eine/r der Angehörigen bewertete hingegen den Projekthauptteil B mit „weniger als gut" (im Bereich 1 bis 5 der 7er-Skala) (vgl. Abb. 19).

10. Projektresümee: Erwartungen und Zufriedenheit

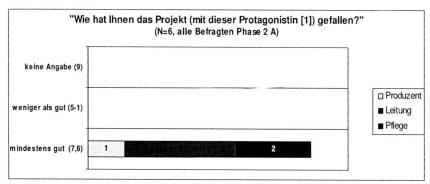

Abb. 18: Zufriedenheit mit Projektteil A (Phase 2)

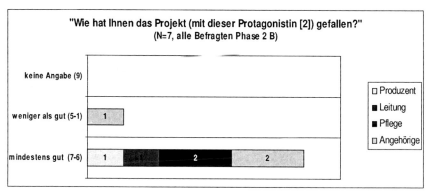

Abb. 19: Zufriedenheit mit Projektteil B (Phase 2)

In offenen Fragen wurde auch um ein Fazit zu den jeweiligen Projektteilen gebeten und es wurde erhoben, was den Beteiligten „besonders gut gefallen hat". Viele der Antworten des Produzenten, des Leitungs- und Pflegepersonals sowie der Angehörigen gingen in eine Richtung: Es gab viel Neues zu lernen und zu erfahren – und dies insbesondere über die Protagonistinnen. Die „Atmosphäre" und die „positive Stimmung" während der Runden Tische und der Materialauswahl wurden mehrmals genannt. Der Projektteil B (mit Protagonistin 2 und deren Angehörigen) fiel noch durch ein „lebendiges Miteinander" in einer offenen Gesprächsweise, durch „Begeisterung" und „Einfühlung" auf.

Die Zufriedenheit lässt ich durch die Beobachtungen der Interaktionen insbesondere während der Runden Tische stützen. Gerade die Angehörigen und Protagonistinnen erweckten den Eindruck, dass ihnen die Projektsituation gefallen habe und dass sie dieser etwas Positives abgewinnen konnten. Es gab jedoch auch Momente, in denen Beteiligte sehr nachdenklich, müde wurden oder sich mit einem „weinenden Auge" an frühere Erlebnisse erinnerten. Letztlich schienen sie jedoch auch dies positiv zu sehen.

Im Anschluss an die Präsentationsveranstaltung wurde wiederum erfragt, wie das Projekt und was gefallen habe. Allen 9 Befragten[39] hatte dieser Projektteil „sehr gut" (maximale Bewertung auf Skala) gefallen. Das „Leben in Bildern zu sehen" und dazu die „Musik", waren Aspekte, die von den Angehörigen nochmals hervorgehoben wurden. Die Lebensfilme an sich standen im Zentrum der Aufmerksamkeit und wurden gelobt. Alle Beteiligten gaben deshalb auch den Lebensfilmen die höchste Wertung, sie fanden sie „sehr gut".

Weniger zufrieden war ein Teil der Projektakteure mit den Fragebögen. Dies dürfte nur zu einem geringen Teil eine primär inhaltliche Kritik gewesen sein. Vielmehr schienen viele überfordert. Schon nach 10 Minuten Bearbeitungszeit der ersten Fragebögen wurde der subjektiv empfundene zu hohe Aufwand artikuliert: „Ist ihrer [der Fragebogen, D.H.M] auch so lang?" Durch die offenen Fragen wurde jedoch den Beteiligten ein Entscheidungsfreiraum gelassen, wie intensiv und zeitaufwändig sie den Fragebogen bearbeiten wollten, was in den unterschiedlichen Bearbeitungszeiten deutlich wurde (vgl. oben). Herauskristallisierte sich, dass die Akteure mit weniger zeitaufwändigen oder womöglich anderen interaktiven qualitativen Verfahren zufriedener gewesen wären. Die Gründe für die Entscheidung für Fragebögen als eher quantitativem Instrument wurden jedoch bereits erörtert. Mit den inzwischen und

---

[39] Darunter befanden sich 4 Angehörige, 3 Personen des Personals, der Produzent und der Fotograf.

durch das Projekt – auch inhaltlich – gewonnenen Erkenntnissen könnte in Zukunft ein anderer Methodenmix gewählt werden.

Deutlich wurde jedoch nebenbei, dass Interaktion und verbale Kommunikation den Akteuren ein angenehmeres Mittel sind, während „verwaltungsmäßige Schreibarbeit" als Last empfunden wird. Diese Erkenntnis kann auf den Bereich der Biographiearbeit und -memorierung übertragen und dort berücksichtigt werden, so dass Instrumente zu entwickeln sind, die *allen* Beteiligten nützen, Interesse und Freude wecken, und nicht belastend wirken.

Das Resümee kann also lauten: Lebensfilme helfen Menschen mit Demenz auf vielfältige Art und Weise direkt und indirekt, weil sie auch anderen Akteuren helfen.

VI. ZUSAMMENFASSUNG

Das Projekt „Lebensfilme im Bereich Demenz" fand 2008 als Kooperation zwischen LEBENSFILM Köln, dem Augustinum Itzel-Sanatorium in Bonn-Oberkassel und dem Verfasser als wissenschaftlichem Begleiter (Universität Gießen) statt. Zwei Lebensfilme als audiovisuelles Portrait zweier an Demenz erkrankter Frauen (Protagonistinnen) wurden in dieser Zeit produziert. Die Grundlage dafür waren Treffen mit verschiedenen weiteren Akteuren (Produzent, Leitungs- und Pflegepersonal, Angehörige, Fotograf und Verfasser) und die Erarbeitung und Auswahl biographischer Informationen und biographischen Materials. Diese „Runden Tische" sowie andere soziale Situationen (wie das Spargelessen, der Besuch in den privaten Räumen und die Präsentationsveranstaltung) wurden durch Beobachtungen des Verfassers (in Rolle des Forschers) und schriftlicher Befragung zur Datengewinnung begleitet.

Nach der Datenauswertung können die Ergebnisse überwiegend als die Hypothesen bestätigend bezeichnet werden. Das (biographische) Wissen über die Protagonistinnen konnte erweitert werden. Aufgrund eines besseren Verständnisses des Lebens (Biographie) und der Situation der Protagonistinnen sind interaktionsförderliche Resultate zu erwarten und schon eingetreten, insbesondere bei den Angehörigen und den Pflegekräften. Größere positive Effekte seitens der beiden Hauptpersonen haben sich weniger gezeigt, trotzdem sei das Projekt auch für sie (zumindest indirekt) hilfreich gewesen. Die sozialen Interaktionen und Situationen hatten weiterhin Eventcharakter; sie waren ein besonderes Ereignis, das kurzzeitig (und womöglich auch andauernd) die Flucht aus dem Pflegealltag ermöglichte. Normalisierungen traten ein und durch das Gewinnen neuer Perspektiven auf andere Akteure und Handlungen (durch den Lebensfilm) konnte neben Biographie- auch Trauerarbeit geleistet werden. Die filmischen Medien dienen dem Erinnern und (die soziale Rahmung und Interaktionen) der Vergegenwärtigung vergangener Identität(-smerkmale).

Die Biographisierung und Biographiearbeit mit den BewohnerInnen und deren Angehörigen (Freunden, Bekannten) ist vor dem Hintergrund des Intcresses der überwiegenden Mehrheit der befragten Akteure in der konkreten Einrichtung noch ausbaufähig.

Den Erwartungen an das Projekt wurde insofern entsprochen, als dass allen (befragten) Akteuren das Projekt spätestens nach der Präsentationsveranstaltung sehr gut gefallen hatte – sie waren insgesamt sehr zufrieden, wenngleich die schriftliche Befragung bzw. Datenerhebung bei einigen Beteiligten eher als störend empfunden wurde. Das (wissenschaftliche) Instrumentarium und die Methoden sind insofern jedoch noch verbesserungsfähig.

FAZIT UND AUSBLICK

Ziel des Projektes war es dem Bereich Demenz in der Pflege einen neuen medienbiographischen Zugang für die Arbeit mit betroffenen und sonstigen alten Menschen aufzuzeigen.

Die im Theorieteil herausgearbeiteten Themenschwerpunkte – Kommunikation, Interaktion, Identität, Biographie, Medialisierung, Biographie- und Trauerarbeit – lagen als Forschungsannahmen zugrunde und offerierten sich empirisch während der Projektes.

Waschen und Füttern als Beispiele der Pflege im engeren Sinne sollten mit biographischer Interaktion und Kommunikation verknüpft werden. Dies kann die „Sozialisierung" der Pflege bedeuten.

Biographische Arbeit sollte also flächendeckend, häuslich wie stationär, größere Aufmerksamkeit erhalten. Mindestens in allen Einrichtungen für Ältere und Menschen mit Demenz ist Biograpiearbeit sinnvoll, und dies nicht nach „herkömmlichem, vormedialem Schema F". Umfangreicher, zielgerichteter und sinnvoller Medieneinsatz gepaart mit Kreativität und dem Blick für das Künstlerische (und Schöne) werden dabei Erfolge bewirken können. „Erfolg" soll meinen: humanistische Interaktion, interessierte Kommunikation, Freude und Zufriedenheit sowie Erinnerung und Aktivierung; kurzum: die Verbesserung der sozialen Situation und damit der geistigen und körperlichen Verfassung bei allen Akteuren.

Bezogen auf das konkrete empirische Projekt können positive Erwartungen hinsichtlich des (künftigen) Umgangs aller beteiligter Akteure mit den Protagonistinnen geäußert werden. Die Wirkung der Präsentation der Filme kann durch Wiederholung (jederzeit) noch verstärkt werden. Dies sollte mit Menschen mit Demenz gerade im fortgeschrittenem Stadium (wie der zweiten Protagonistin) Gegenstand in Praxis und Forschung sein. Fotos und Filme wirkten bei den beteiligten Akteuren stimulierend und aktivierend, und sorgten für anschlussfähige Kommunikation – teilweise sehr (positive) emotionaler Interaktion (Kontakt). Schreien, gewalttätige Reaktionen und weinerliche Emotionsausbrüche dürfen keinesfalls zur

Regel und für unabänderlich erklärt sowie rein medizinisch behandelt werden.

Bereits in der Auswertungsphase des Projekts ließ sich erkennen, dass das Projekt im Sinne der Forschungsannahmen positive Effekte hatte, wenngleich die gesamten Auswirkungen noch nicht ersichtlich sind. Einige positive Effekte werden womöglich gar nicht oder nur geringer als erwartet feststellbar. „Lebensfilme im Bereich Demenz" kann bzw. können summa summarum ein positives Fazit erhalten. Viele Erkenntnisse können als Indiz dafür gelten, dass Lebensfilme und deren soziale (Produktions-)Rahmung Menschen mit Demenz und deren sozialem Umfeld helfen können. Mediale Biographiearbeit ist dem Pflegebereich (Demenzkranker) somit in Art der Lebensfilme oder in angelehnter Weise zu empfehlen.

Für die Zukunft erscheint es spannend, wie sich die Protagonistin 1, ebenso wie die Einrichtung und das Personal weiterentwickeln. Eine weitergehende Untersuchung mit neuer Datengewinnung kann zu einem weiteren Erkenntnisgewinn über Biographie- und Trauerarbeit beitragen. Eine Film- bzw. Videoanalyse zu dem visuell-biographischen Format und den sozialen Situationen könnte dem Feld ebenfalls weitere Erkenntnisse liefern.

Wenngleich für das Projekt der stationäre Pflegerahmen mit professionellen Akteuren gewählt wurde, soll noch darauf hingewiesen werden, dass die Ideen und Erkenntnisse ebenfalls im häuslich-ambulanten Pflegebereich Berücksichtigung finden können. Denn ein Großteil älterer Menschen wird zu Hause gepflegt. Mit dem Wissen der (pflegenden) Angehörigen um die Lebensgeschichte kann gerade hier (unprofessionelle) mediale Biographiearbeit Erfolge bei allen Akteuren erzielen; Potenzial ist vorhanden.

Für all dies sollten das Projekt und diese wissenschaftliche Arbeit expressis verbis sensibilisieren. Vielleicht wird multimediale Biographiearbeit schon bald aus der Pflege und anderen Bereichen nicht mehr wegzudenken sein.

Abbildungsverzeichnis

Abb. 1: Projektteile und -phasen..149

Abb. 2: Einschätzung Demenzstadium Protagonistin 1 (Mittelwert)....169

Abb. 3: Einschätzung Demenzstadium Protagonistin 2 (Mittelwert)....170

Abb. 4: Allgemeiner Wissensstand über BewohnerInnen.......................176

Abb. 5: Wissensstand über Lebensgeschichten der BewohnerInnen 177

Abb. 6: Interesse an Lebensgeschichten der BewohnerInnen.................178

Abb. 7: Intrinsische Motivation zur Aneignung biographischen Wissens...179

Abb. 8: Extrinsische Motivation zur Beschäftigung mit nicht-pflegerischen Aspekten..180

Abb. 9: Zeit für nicht-pflegerische Interaktion.......................................181

Abb. 10: Wissen über Protagonistin 1 und 2 (Phase 2)...........................183

Abb. 11: Wissens über Protagonistin 1 und 2 (Phase 3).........................183

Abb. 12: Kontakt- und Interaktionsförderung durch Projekt (Phase 2).186

Abb. 13: Kontakt- und Interaktionsförderung durch Präsentationsveranstaltung..187

Abb. 14: Zwischenzeitliche Verhaltensänderung in Interaktionen........188

Abb. 15: Positive Auswirkungen auf Protagonistin 1 und 2..................189

Abb. 16: Bedeutung von Events in Pflegeeinrichtung...........................193

Abb. 17: Vergleich privater Mediennutzung und -priorität....................197

Abb. 18: Zufriedenheit mit Projektteil A (Phase 2)................................201

Abb. 19. Zufriedenheit mit Projektteil B (Phase 2)................................201

Literatur

Abels, Heinz (2006): Identität. Über die Entstehung des Gedankens, dass der Mensch ein Individuum ist, den nicht leicht zu verwirklichenden Anspruch auf Individualität und die Tatsache, dass Identität in Zeiten der Individualisierung von der Hand in den Mund lebt, Wiesbaden: VS.

Abels, Heinz (2007): Interaktion, Identität, Präsentation. Kleine Einführung in interpretative Theorien der Soziologie, 4. Aufl., Wiesbaden: VS.

Alheit, Peter (2003): Identität oder "Biographizität". Beiträge der neueren sozial- und erziehungswissenschaftlichen Biographieforschung zu einem Konzept der Identitätsentwicklung. In: Hilarion G. Petzold (Hrsg.), Lebensgeschichten erzählen, Biographiearbeit, narrative Therapie, Identität; Sonderausgabe der Zeitschrift Integrative Therapie, Paderborn: Junfermann, S. 6–25.

Altenmüller, Eckart (2005): Musik - die Sprache der Gefühle. Neurobiologische Grundlagen emotionaler Musikwahrnehmung. In: Ralf Schnell (Hrsg.), Wahrnehmung - Kognition - Ästhetik, Neurobiologie und Medienwissenschaften, Bielefeld: Transcript, S. 139–156.

Amrhein, Ludwig (2008): Drehbücher des Alter(n)s. Die soziale Konstruktion von Modellen und Formen der Lebensführung und -stilisierung älterer Menschen, Wiesbaden: VS.

Assmann, Aleida (2001): Das Kryptogramm des Lebenstextes. In: Cornelia Bohn/ Herbert Willems (Hrsg.), Sinngeneratoren, Fremd- und Selbstthematisierung in soziologisch-historischer Perspektive, Konstanz: UVK, S. 217–230.

Assmann, Jan (1992): Das kulturelle Gedächtnis. Schrift Erinnerung und politische Identität in frühen Hochkulturen, München: Beck.

Assmann, Jan (2000): Der Tod als Thema der Kulturtheorie. Todesbilder und Totenriten im alten Ägypten, 1. Aufl., Frankfurt a.M.: Suhrkamp.

Assmann, Jan/ Maciejewski, Franz/ Michaels, Axel (Hrsg., 2007): Der Abschied von den Toten. Trauerrituale im Kulturvergleich, 2. Aufl., Göttingen: Wallstein.

Austin, John L. (1972): Zur Theorie der Sprechakte, Stuttgart: Reclam.

Backes, Gertrud/ Clemens, Wolfgang (2003): Lebensphase Alter. Eine Einführung in die sozialwissenschaftliche Alternsforschung, 2.Aufl., Weinheim: Juventa.

Bake, Kristina (2005): Geschlechtsspezifisches Altern in einem Lebensalter-Zyklus von Tobias Stimmer und Jojann Fischart. In: Heike Hartung (Hrsg.), Alter und Geschlecht, Repräsentationen, Geschichten und Theorien des Alter(n)s, Bielefeld: Transcript, S. 113–133.

Becker, Howard P. (1956): Man in reciprocity. Introductory Lectures on Culture, Society and Personality, New York: Praeger.

Behrens-Cobet, Heidi/ Reichling, Norbert (1997): Biographische Kommunikation. Lebensgeschichten im Repertoire der Erwachsenenbildung, Neuwied: Luchterhand.

Berger, Peter L./ Luckmann, Thomas (1966): The social construction of reality. A treatise in the sociology of knowledge, Garden City/ New York: Doubleday.

Berk, Laura E. (2005): Entwicklungspsychologie, 3. Aufl., München: Pearson Studium.

Bickel, Horst (1996): Pflegebedürftigkeit im Alter: Ergebnisse einer populationsbezogenen retrospektiven Längsschnittstudie. Das Gesundheitswesen, 58, S. 56–62.

Blumer, Herbert (1973): Der methodologische Standort des Symbolischen Interaktionismus. In: Arbeitsgruppe Bielefelder Soziologen (Hrsg.), Alltagswissen, Interaktion und gesellschaftliche Wirklichkeit, Symbolischer Interaktionismus und Ethnomethodologie, 1. Aufl., Reinbek bei Hamburg: Rowohlt, S. 80–146.

Böhm, Erwin (2004a): Psychobiographisches Pflegemodell nach Böhm. Band I: Grundlagen, 3. Aufl., Wien: Maudrich.

Böhm, Erwin (2004b): Psychobiographisches Pflegemodell nach Böhm. Band II: Arbeitsbuch, 3. Aufl., Wien: Maudrich.

Bohrer, Karl H. (1996): Der Abschied. Theorie der Trauer, 1. Aufl., Frankfurt a.M.: Suhrkamp.

Bortz, Jürgen/ Döring, Nicola (2002): Forschungsmethoden und Evaluation. Für Human- und Sozialwissenschaftler, 3. Aufl., Berlin/ Heidelberg: Springer.

Breitscheidel, Markus (2005): Abgezockt und totgepflegt. Alltag in deutschen Pflegeheimen, Berlin: Econ.

Bremen, Klaus/ Greb, Ulrich (Hrsg., 2007): Kunststücke Demenz. Ideen - Konzepte - Erfahrungen, 1. Aufl., Essen: Klartext.

Bremer-Roth, Friederike et al. (2006): In guten Händen. Altenpflege 2, 1. Aufl., Berlin: Cornelsen.

Brüsemeister, Thomas (1998): Lernen durch Leiden. Biographien zwischen Perspektivlosigkeit, Empörung und Lernen, Wiesbaden: Deutscher Universitäts-Verlag.

Brüsemeister, Thomas (2008a): Mikrosoziologie. Biografie - Leiden - Lernen, Münster: Monsenstein und Vannerdat.

Brüsemeister, Thomas (2008b): Qualitative Forschung. Ein Überblick, 2. Aufl., Wiesbaden: VS.

Bude, Heinz (1999): Lebenskonstruktionen als Gegenstand der Biographieforschung. In: Gerd Jüttemann (Hrsg.), Biographische Methoden in den Humanwissenschaften, Weinheim: Beltz, S. 247–258.

Bundesministerium für Familie, Senioren Frauen und Jugend (2002): Vierter Bericht zur Lage der älteren Generation in der Bundesrepublik Deutschland. Risiken, Lebensqualität und Versorgung Hochaltriger unter der Berücksichtigung demenzieller Erkrankungen, Bonn: Bundesministerium für Familie, Senioren Frauen und Jugend (zit.: Vierter Altenbericht, S.).

Bundesministerium für Familie und Senioren (1993): Erster Altenbericht. Die Lebenssituation älterer Menschen in Deutschland, Bonn: Bundesministerium für Familie und Senioren (zit.: Erster Altenbericht, S.).

Burr, Vivien (1995): An introduction to social constructionism, London/ New York: Routledge.

Cloerkes, Günther (2007): Soziologie der Behinderten. Eine Einführung, 3. Aufl., Heidelberg: Universitätsverlag Winter.

Coleman, James S. (1991): Grundlagen der Sozialtheorie. Band 1: Handlungen und Handlungssysteme, 3 Bände, München: Oldenbourg.

Dahrendorf, Ralf (2006): Homo Sociologicus. Ein Versuch zur Geschichte, Bedeutung und Kritik der Kategorie der sozialen Rolle, 16. Aufl., Wiesbaden: VS.

Dausien, Bettina (2006): Repräsentation und Konstruktion. Lebensgeschichte und Biographie in der empirischen Geschlechterforschung. In: Sabine Brombach (Hrsg.), LebensBilder, Leben und Subjektivität in neueren Ansätzen der Gender Studies, Bielefeld: Transcript, S. 179–211.

Deutsche Alzheimer Gesellschaft (Hrsg., 2008): Stationäre Versorgung von Demenzkranken. Leitfaden für den Umgang mit demenzkranken Menschen, Berlin: Deutsche Alzheimer Gesellschaft.

Diekmann, Andreas (2005): Empirische Sozialforschung. Grundlagen Methoden Anwendungen, 13. Aufl., Reinbek bei Hamburg: Rowohlt.

Durkheim, Emile (1972): Erziehung und Soziologie, 1. Aufl., Düsseldorf: Pädag. Verl. Schwann.

Ekman, Paul (2007): Gefühle lesen. Wie Sie Emotionen erkennen und richtig interpretieren, Heidelberg: Spektrum Akademischer.

Elias, Norbert (2004): Was ist Soziologie?, 10. Aufl., Weinheim: Juventa.

Elsas, Christoph (2008): Annäherungen an eine historische Religionsphänomenologie von Todesbildern und -riten. In: Christoph Elsas (Hrsg.), Sterben, Tod und Trauer in den Religionen und Kulturen der Welt, Gemeinsamkeiten und Besonderheiten in Theorie und Praxis, 2. Aufl., Hamburg-Schenefeld: EB, S. 7–48.

Elsas, Christoph (Hrsg., 2008): Sterben, Tod und Trauer in den Religionen und Kulturen der Welt. Gemeinsamkeiten und Besonderheiten in Theorie und Praxis, 2. Aufl., Hamburg-Schenefeld: EB.

Fangerau, Heiner et al. (Hrsg., 2007): Alterskulturen und Potentiale des Alter(n)s, Berlin: Akademie.

Faßler, Manfred (2000): Künstliche Umwelten und Identität. In: Robert Hettlage/ Ludgera Vogt (Hrsg.), Identitäten in der modernen Welt, Wiesbaden: VS, S. 181–199.

Ferring, Dieter (Hrsg., 2008): Soziokulturelle Konstruktion des Alters. Transdisziplinäre Perspektiven, Würzburg: Königshausen & Neumann.

Fink, Verena (2007): In Gemeinschaft. Altenpflege, 32 (4), S. 26–28.

Fischer, Wolfram (2004): Fallrekonstruktion im professionellen Kontext: Biographische Diagnostik, Interaktionsanalyse und Intervention. In: Andreas Hanses (Hrsg.), Biographie und Soziale Arbeit, Institutionelle und biographische Konstruktionen von Wirklichkeit, Baltmannsweiler: Schneider Verlag Hohengehren, S. 62–87.

Flick, Uwe (2004): Triangulation. Eine Einführung, 1. Aufl., Wiesbaden: VS.

Flick, Uwe (2005): Qualitative Sozialforschung. Eine Einführung, 3. Aufl., Reinbek bei Hamburg: Rowohlt Taschenbuch.

Förstl, Hans (2001): Diagnose und Therapie der Alzheimer Demenz. In: Horst Bickel (Hrsg.), Demenz- und Pflegebedürftigkeit, Beiträge zum gemeinsamen Symposium von Klinik und Poliklinik für Psychiatrie und Psychotherapie der TU München und Medizinischer Dienst der Krankenversicherung in Bayern, München 20. November 1999, Berlin: Deutsche Alzheimer Gesellschaft, S. 9–20.

Forstmeier, Simon/ Maercker, Andreas (2008): Probleme des Alterns, Göttingen: Hogrefe.

Foucault, Michel (1977): Die Ordnung des Diskurses. Inauguralvorlesung am Collège de France 2. Dezember 1970, Frankfurt a.M.: Ullstein.

Freter, Hans-Jürgen (2008): Einleitung. In: Deutsche Alzheimer Gesellschaft (Hrsg.), Stationäre Versorgung von Demenzkranken, Leitfaden für den Umgang mit demenzkranken Menschen, Berlin: Deutsche Alzheimer Gesellschaft, S. 11–26.

Freud, Sigmund (1975): Studienausgabe. Band 3: Psychologie des Unbewußten, Frankfurt a.M.: S. Fischer.

Freud, Sigmund (1975): Trauer und Melancholie. In: Sigmund Freud, Studienausgabe, Band 3: Psychologie des Unbewußten, Frankfurt a.M.: S. Fischer, S. 193–212.

Friedell, Egon (2008): Kulturgeschichte der Neuzeit. Die Krisis der europäischen Seele von der schwarzen Pest bis zum Ersten Weltkrieg, 2. Aufl. der Sonderausg., München: Beck.

Friedrich, Gila (2008): Identität - ein geschichtsloses Konstrukt. Pädagogische Überlegungen zum Identitätsbegriff einer technisierten und zunehmend digitalisierten Kultur, Berlin: Lit.

Fuchs-Heinritz, Werner (2005): Biographische Forschung. Eine Einführung in Praxis und Methoden, 3., überarb. Aufl., Wiesbaden: VS.

Gaedt, Christian (2003): Biographie und Identität. Spuren der Anderen in der Individualität. In: Hilarion G. Petzold (Hrsg.), Lebensgeschichten erzählen, Biographiearbeit, narrative Therapie, Identität; Sonderausgabe der Zeitschrift Integrative Therapie, Paderborn: Junfermann, S. 54–62.

Gerhardt, Uta (1984): Typenkonstruktionen bei Patientenkarrieren. In: Martin Kohli/ Günther Robert (Hrsg.), Biographie und soziale Wirklichkeit, Neue Beiträge und Forschungsperspektiven, Stuttgart: Metzler, S. 53–77.

Glaser, Barney G./ Strauss, Anselm L. (1998): Grounded Theory. Strategien qualitativer Forschung, Bern: Huber.

Glockzin-Bever, Sigrid (2008): Bestattung in der heutigen Gesellschaft als christliches Ritual. Eine evangelische Perspektive. In: Christoph Elsas (Hrsg.), Sterben, Tod und Trauer in den Religionen und Kulturen der Welt, Gemeinsamkeiten und Besonderheiten in Theorie und Praxis, 2. Aufl., Hamburg-Schenefeld: EB, S. 313–329.

Göbel, Markus (2007): Kommunikation. In: Werner Fuchs-Heinritz et al. (Hrsg.), Lexikon zur Soziologie, 4. Aufl., Wiesbaden: VS, S. 343.

Goffman, Erving (1967): Stigma. Über Techniken der Bewältigung beschädigter Identität, Frankfurt a.M.: Suhrkamp.

Goffman, Erving (2007): Wir alle spielen Theater. Die Selbstdarstellung im Alltag, 5. Aufl., München: Piper.

Griese, Birgit/ Grieshop, Hedwig R. (2007): Biographische Fallarbeit. Theorie, Methode und Praxisrelevanz, Wiesbaden: VS.

Gronemeyer, Reimer (2004): Kampf der Generationen, 1. Aufl., München: DVA.

Gürtler, Klaus et al. (2003): Schwankungen der kognitiven Leistungsfähigkeit geronto-psychiatrischer Patienten im Tagesverlauf. In: Deutsche Alzheimer Gesellschaft (Hrsg.), Gemeinsam handeln, Referate auf dem 3. Kongress der Deutschen Alzheimer Gesellschaft Friedrichshafen, 12. - 14. September 2002, Berlin: Deutsche Alzheimer Gesellschaft, S. 67–76.

Habermas, Jürgen (1971): Vorbereitende Bemerkungen zu einer Theorie der kommunikativen Kompetenz. In: Jürgen Habermas/ Niklas Luhmann (Hrsg.), Theorie der Gesellschaft oder Sozialtechnologie, Was leistet die Systemforschung?, Frankfurt a.m.: Suhrkamp, S. 101–141.

Habermas, Jürgen (1976): Moralentwicklung und Ich-Identität. In: Jürgen Habermas, Zur Rekonstruktion des Historischen Materialismus, 2. Aufl., Frankfurt a.m.: Suhrkamp, S. 63–91.

Habermas, Jürgen (1981): Theorie des kommunikativen Handelns. Handlungsrationalität und gesellschaftliche Rationalisierung, 1. Aufl., Frankfurt a. M.: Suhrkamp.

Habermas, Jürgen/ Luhmann, Niklas (Hrsg., 1971): Theorie der Gesellschaft oder Sozialtechnologie. Was leistet die Systemforschung?, Frankfurt a.m.: Suhrkamp.

Hahn, Alois (1974): Religion und der Verlust der Sinngebung. Identitätsprobleme in der modernen Gesellschaft, Frankfurt a.m.: Herder & Herder.

Hahn, Alois (2000): Konstruktionen des Selbst, der Welt und der Geschichte. Aufsätze zur Kultursoziologie, 1. Aufl., Frankfurt a.m.: Suhrkamp.

Hahn, Alois (2003): Erinnerung und Prognose. Zur Vergegenwärtigung von Vergangenheit und Zukunft, Opladen: Leske + Budrich.

Hamberger, Mechthild (2005): Mit Musik Demenzkranke begleiten. Informationen und Tipps, 2. Aufl., Berlin: Deutsche Alzheimer Gesellschaft.

Haveman, Meindert (2000): Freizeit im Alter. Grundlagen und empirische Forschungsergebnisse. In: Bundesvereinigung Lebenshilfe für Menschen mit Geistiger Behinderung e.V. (Hrsg.), Persönlichkeit und Hilfe im Alter, Zum Alterungsprozeß bei Menschen mit geistiger Behinderung, 2. Aufl., Marburg: Lebenshilfe, S. 164–179.

Heinemann-Knoch, Marianne/ Knoch, Tina/ Korte, Elke (2006): Hilfe- und Pflegearrangements älterer Menschen in Privathaushalten. In: Ulrich Schneekloth/ Hans-Werner Wahl (Hrsg.), Selbständigkeit und Hilfebedarf bei älteren Menschen in Privathaushalten, Pflegearrangements, Demenz, Versorgungsangebote, Stuttgart: Kohlhammer, S. 146–171.

Hermes, Gisela/ Rohrmann, Eckhard (2006): Einleitung. In: Gisela Hermes/ Eckhard Rohrmann (Hrsg.), "Nichts über uns - ohne uns!", Disability Studies als neuer Ansatz emanzipatorischer und interdisziplinärer Forschung über Behinderung, 1. Aufl., Neu-Ulm: AG SPAK Bücher, S. 7–11.

Heuser, Isabella/ Wolfgang Maier (2006): Altersbedingte Leiden – kein Schicksal. In: Fritz Hohagen/ Thomas Nesseler (Hrsg.), Wenn Geist und Seele streiken - Handbuch psychische Gesundheit, München: Südwest Verlag, S. 294–301.

Hillmann, Karl-Heinz/ Hartfiel, Günter (1994): Wörterbuch der Soziologie, 4. Aufl., Stuttgart: Kröner.

Hoffmann, Bernward (2009): Medien und Biografie: "Sie sind ein Stück von Deinem Leben". In: Christina Hölzle/ Irma Jansen (Hrsg.), Ressourcenorientierte Biografiearbeit, Grundlagen - Zielgruppen - Kreative Methoden, 1. Aufl., Wiesbaden: VS, S. 273–278.

Holmes, Jeremy (2006): John Bowlby und die Bindungstheorie, 2. Aufl., München: Reinhardt.

Hölzle, Christina/ Jansen, Irma (Hrsg., 2009): Ressourcenorientierte Biografiearbeit. Grundlagen - Zielgruppen - Kreative Methoden, 1. Aufl., Wiesbaden: VS.

Hurrelmann, Klaus (2002): Einführung in die Sozialisationstheorie, 8. Aufl., Weinheim: Beltz.

Jansen, Irma (2009): Biografie im Kontext sozialwissenschaftlicher Forschung und im Handlungsfeld pädagogischer Biografiearbeit. In: Christina Hölzle/ Irma Jansen (Hrsg.), Ressourcenorientierte Biografiearbeit, Grundlagen - Zielgruppen - Kreative Methoden, 1. Aufl., Wiesbaden: VS, S. 17–30.

Jeltsch-Schudel, Barbara (2008): Identität und Behinderung. Biographische Reflexionen erwachsener Personen mit einer Seh-, Hör- oder Körperbehinderung, 1. Aufl., Oberhausen: Athena.

Joas, Hans (2000): George Herbert Mead. In: Dirk Kaesler/ Ludgera Vogt (Hrsg.), Hauptwerke der Soziologie, Stuttgart: Kröner, S. 297–302.

Jörissen, Benjamin (2000): Identität und Selbst. Systematische, begriffsgeschichtliche und kritische Aspekte, Berlin: Logos.

Jungwirth, Ingrid (2007): Zum Identitätsdiskurs in den Sozialwissenschaften. Eine postkolonial und queer informierte Kritik an George H. Mead, Erik H. Erikson und Erving Goffman, Bielefeld: Transcript.

Kanowski, Siegfried (1991): Gesundheit und Krankheit im Alter. In: Wolf D. Oswald et al. (Hrsg.), Gerontologie, medizinische, psychologische und sozialwissenschaftliche Grundbegriffe, 2. Aufl., Stuttgart: Kohlhammer, S. 227–232.

Kast, Verena (1999): Trauern. Phasen und Chancen des psychischen Prozesses, 20. Aufl., Stuttgart, Zürich: Kreuz.

Kaufmann, Jean-Claude (2005): Die Erfindung des Ich. Eine Theorie der Identität, Konstanz: UVK.

Keller, Reiner (2008): Wissenssoziologische Diskursanalyse. Grundlegung eines Forschungsprogramms, 2. Aufl., Wiesbaden: VS.

Keupp, Heiner/ Ahbe, Thomas/ Gmür, Wolfgang (1999): Identitätskonstruktionen. Das Patchwork der Identitäten in der Spätmoderne, 1. Aufl., Reinbek bei Hamburg: Rowohlt Taschenbuch.

Kiewitt, Karsten (2005): Musikbiografie und Alzheimer-Demenz. Zur Wirkung der Rezeption biografisch relevanter Musik auf das emotionale Erleben von Alzheimer-Betroffenen, Hamburg: Kovac.

Kitwood, Tom M. (2008): Demenz. Der person-zentrierte Ansatz im Umgang mit verwirrten Menschen, 5. Aufl., Bern: Huber.

Klima, Rolf (2007a): Ego - Alter. In: Werner Fuchs-Heinritz et al. (Hrsg.), Lexikon zur Soziologie, 4. Aufl., Wiesbaden: VS, S. 150.

Klima, Rolf (2007b): Identitätsverlust. In: Werner Fuchs-Heinritz et al. (Hrsg.), Lexikon zur Soziologie, 4. Aufl., Wiesbaden: VS, S. 284.

Klima, Rolf (2007c): Subjekt. In: Werner Fuchs-Heinritz et al. (Hrsg.), Lexikon zur Soziologie, 4. Aufl., Wiesbaden: VS, S. 642.

Knoblauch, Hubert (2000): Erving Goffman. In: Dirk Kaesler/ Ludgera Vogt (Hrsg.), Hauptwerke der Soziologie, Stuttgart: Kröner, S. 162–176.

Knoblauch, Hubert/ Schnettler, Bernt (2004): Vom sinnhaften Aufbau zur kommunikativen Konstruktion. In: Manfred Gabriel (Hrsg.), Paradigmen der akteurszentrierten Soziologie, 1. Aufl., Wiesbaden: VS, S. 121–137.

Kostrzewa, Stephan (2008): Palliative Pflege von Menschen mit Demenz. Dr. med. Mabuse, 33 (172), S. 24–27.

Krappmann, Lothar (2005): Soziologische Dimensionen der Identität. Strukturelle Bedingungen für die Teilnahme an Interaktionsprozessen, 10. Aufl., Stuttgart: Klett-Cotta.

Kraul, Margret/ Marotzki, Winfried (Hrsg., 2002): Biographische Arbeit. Perspektiven erziehungswissenschaftlicher Biographieforschung, Opladen: Leske + Budrich.

Kriz, Jürgen (2004): Personzentrierte Systemtheorie - Grundfragen und Kernaspekte. In: Arist von Schlippe/ Willy C. Kriz (Hrsg.), Personzentrierung und Systemtheorie, Perspektiven für psychotherapeutisches Handeln, Göttingen: Vandenhoeck & Ruprecht, S. 13–67.

Krücken, Georg (2006): "Wissensgesellschaft": Wissen, Technik, Bildung. In: Ute Volkmann/ Uwe Schimank (Hrsg.), Soziologische Gegenwartsdiagnosen II, Vergleichende Sekundäranalysen, Wiesbaden: VS, S. 69–86.

Kübler-Ross, Elisabeth (1989): Über den Tod und das Leben danach, 10. Aufl., Güllesheim: Silberschnur.

Kunow, Rüdiger (2005): »Ins Graue«. Zur kulturellen Konstruktion von Altern und Alter. In: Heike Hartung (Hrsg.), Alter und Geschlecht, Repräsentationen, Geschichten und Theorien des Alter(n)s, Bielefeld: Transcript, S. 21–43.

Kurz, Alexander (2001): Symptomatik und Verlauf von Demenzkrankheiten. In: Horst Bickel (Hrsg.), Demenz- und Pflegebedürftigkeit, Beiträge zum gemeinsamen Symposium von Klinik und Poliklinik für Psychiatrie und Psychotherapie der TU München und Medizinischer Dienst der Krankenversicherung in Bayern, München 20. November 1999, Berlin: Deutsche Alzheimer Gesellschaft, S. 21–32.

Kurz, Alexander (2007): Das Wichtigste über die Alzheimer-Krankheit. Ein kompakter Ratgeber, 12. Aufl., Berlin: Deutsche Alzheimer Gesellschaft.

Küsters, Ivonne (2007): Identität, narrative. In: Werner Fuchs-Heinritz et al. (Hrsg.), Lexikon zur Soziologie, 4. Aufl., Wiesbaden: VS, S. 283.

Lamnek, Siegfried (2008): Qualitative Sozialforschung. Lehrbuch, 4. Aufl., Weinheim: Beltz.

Lärm, Mechthild/ Schillhuber, Fritz (2008): Pflege und Betreuung. In: Deutsche Alzheimer Gesellschaft (Hrsg.), Stationäre Versorgung von Demenzkranken, Leitfaden für den Umgang mit demenzkranken Menschen, Berlin: Deutsche Alzheimer Gesellschaft, S. 27–68.

Lehr, Ursula (1989): Kompetenz im Alter. Beiträge aus der gerontologischen Forschung und Praxis. In: Christoph Rott/ Frank Oswald (Hrsg.), Kompetenz im Alter, Beiträge zur III. Gerontologischen Woche, Vaduz: Liechtenstein Verl., S. 1–14.

Lehr, Ursula (2003): Psychologie des Alterns, 10., korrigierte Aufl., Wiebelsheim: Quelle & Meyer.

Lehr, Ursula M./ Niederfranke, Annette (1991): Altersbilder und Altersstereotypen. In: Wolf D. Oswald et al. (Hrsg.), Gerontologie, medizinische, psychologische und sozialwissenschaftliche Grundbegriffe, 2. Aufl., Stuttgart: Kohlhammer, S. 38–46.

Liang, Yong (2004): Das traditionelle chinesische Konzept des Alters und Alterns. In: Elisabeth Herrmann-Otto (Hrsg.), Die Kultur des Alterns von der Antike bis zur Gegenwart, St. Ingbert: Röhrig, S. 79–98.

Lindmeier, Christian (2004): Biografiearbeit mit geistig behinderten Menschen. Ein Praxisbuch für Einzel- und Gruppenarbeit, 1. Aufl., Weinheim: Juventa.

Lohauß, Peter (1995): Moderne Identität und Gesellschaft. Theorien und Konzepte, Opladen: Leske + Budrich.

Luchterhand, Charlene/ Murphy, Nancy (2001): Wenn Menschen mit geistiger Behinderung trauern. Vorschläge zur Unterstützung, Weinheim: Beltz.

Luckmann, Thomas (1979): Phänomenologie und Soziologie. In: Walter M. Sprondel/ Richard Grathoff (Hrsg.), Alfred Schütz und die Idee des Alltags in den Sozialwissenschaften, Stuttgart: Enke, S. 196–206.

Luckmann, Thomas (1986): Grundformen der gesellschaftlichen Vermittlung des Wissens: Kommunikative Gattungen. In: Friedhelm Neidhardt/ M. R. Lepsius/ René König (Hrsg.), Kultur und Gesellschaft. Sonderheft Kölner Zeitschrift für Soziologie und Sozialpsychologie, Sonderheft Nr. 27, Opladen: Westdeutscher Verlag, S. 191–211.

Luckmann, Thomas (1988): Kommunikative Gattungen im kommunikativen "Haushalt" einer Gesellschaft. In: Gisela Smolka-Koerdt/ Peter M. Spangenberg/ Dagmar Tillmann-Bartylla (Hrsg.), Der Ursprung von Literatur, Medien Rollen Kommunikationssituationen zwischen 1450 und 1650, München: Fink, S. 279–288.

Luckmann, Thomas (1992): Theorie des sozialen Handelns, Berlin: de Gruyter.

Luhmann, Niklas (1993): Individuum, Individualität, Individualismus. In: Niklas Luhmann, Gesellschaftsstruktur und Semantik, Studien zur Wissenssoziologie der modernen Gesellschaft, Frankfurt a.M.: Suhrkamp, S. 149–258.

Luhmann, Niklas (1995): Was ist Kommunikation. In: Niklas Luhmann, Die Soziologie und der Mensch, Opladen: Westdeutscher Verlag, S. 113–124.

Luhmann, Niklas (1998): Die Gesellschaft der Gesellschaft, Frankfurt a.M.: Suhrkamp.

Lüke, Katja (2006): Von der Attraktivität "normal" zu sein. Zur Identitätsarbeit körperbehinderter Menschen. In: Gisela Hermes/ Eckhard Rohrmann (Hrsg.), "Nichts über uns - ohne uns!", Disability Studies als neuer Ansatz emanzipatorischer und interdisziplinärer Forschung über Behinderung, 1. Aufl., Neu-Ulm: AG SPAK Bücher, S. 128–139.

Maciejewski, Franz (2007): Trauer ohne Riten - Riten ohne Trauer. Deutsche Volkstrauer nach 1945. In: Jan Assmann/ Franz Maciejewski/ Axel Michaels (Hrsg.), Der Abschied von den Toten, Trauerrituale im Kulturvergleich, 2. Aufl., Göttingen: Wallstein, S. 245–266.

Malsch, Thomas (2005): Kommunikationsanschlüsse. Zur soziologischen Differenz von realer und künstlicher Sozialität, 1. Aufl., Wiesbaden: VS.

Mayntz, Renate (2000): Individuelles Handeln und gesellschaftliche Ereignisse. Zur Mikro-Makro-Problematik in den Sozialwissenschaften. In: Max-Planck-Gesellschaft (Hrsg.), Wie entstehen neue Qualitäten in komplexen Sytemen?, Göttingen: Vandenhoeck & Ruprecht, S. 95–104.

Mayntz, Renate/ Scharpf, Fritz W. (1995): Der Ansatz des akteurszentrierten Institutionalismus. In: Renate Mayntz/ Fritz W. Scharpf (Hrsg.), Gesellschaftliche Selbstregelung und politische Steuerung, Frankfurt a.M.: Campus, S. 39–72.

Mayring, Philipp (1993): Einführung in die qualitative Sozialforschung. Eine Anleitung zu qualitativem Denken, 2. Aufl., Weinheim: Beltz PVU.

Mayring, Philipp (2001): Kombination und Integration qualitativer und quantitativer Analyse (31 Absätze). Forum Qualitative Sozialforschung7 Forum: Qualitative Social Research, 2 (1). http://nbn-resolving.de/urn:nbn:de:0114-fqs010162.

Mead, George H. (1980a): Die Genesis der Identität und die soziale Kontrolle (1925). In: George H. Mead, Gesammelte Aufsätze Herausgegeben von Hans Joas, Frankfurt a.M.: Suhrkamp, S. 299–328.

Mead, George H. (1980b): Die soziale Identität (1913). In: George H. Mead, Gesammelte Aufsätze Herausgegeben von Hans Joas, Frankfurt a.M.: Suhrkamp, S. 241–249.

Meißner, Jörg (2005): Alter im Blick. Demografische Veränderungen im Spiegel der Werbung. In: Heike Hartung (Hrsg.), Alter und Geschlecht, Repräsentationen, Geschichten und Theorien des Alter(n)s, Bielefeld: Transcript, S. 155–175.

Meyer, Christine (2008): Altern und Zeit. Der Einfluss des demographischen Wandels auf Zeitstrukturen, Wiesbaden: VS.

Michaels, Axel (2007): Trauer und rituelle Trauer. In: Jan Assmann/ Franz Maciejewski/ Axel Michaels (Hrsg.), Der Abschied von den Toten, Trauerrituale im Kulturvergleich, 2. Aufl., Göttingen: Wallstein, S. 7–15.

Müller-Hergl, Christian (2008): Demenz zwischen Angst und Wohlbefinden: Positive Personenarbeit und das Verfahren des Dementia Care Mapping. In: Peter Tackenberg/ Angelika Abt-Zegelin (Hrsg.), Demenz und Pflege, Eine interdisziplinäre Betrachtung, 5. Aufl., Frankfurt a.M.: Mabuse, S. 248–262.

Narr, Hannelore (1976): Soziale Probleme des Alters. Altenhilfe - Altenheim, Stuttgart: Kohlhammer.

Ochsmann, Randolph (1991): Todesfurcht und ihre Auswirkungen. Wenn die eigene Sterblichkeit bewußt wird … In: Randolph Ochsmann (Hrsg.), Lebens-Ende, Über Tod und Sterben in Kultur und Gesellschaft, Heidelberg: Asanger, S. 119–136.

Olbich, Erhard (1991): Ansichten über Altern im historischen Wandel. In: Wolf D. Oswald/ Ursula M. Lehr (Hrsg.), Altern, Veränderung und Bewältigung, 1. Aufl., Bern: Huber, S. 11–27.

Opaschowski, Horst W. (2004): Der Generationenpakt. Das soziale Netz der Zukunft, Darmstadt: Primus.

Piechotta, Gudrun (Hrsg., 2008): Das Vergessen erleben. Lebensgeschichten von Menschen mit einer demenziellen Erkrankung, Frankfurt am Main: Mabuse.

Piechotta, Gudrun (2008): Einleitung. In: Gudrun Piechotta (Hrsg.), Das Vergessen erleben, Lebensgeschichten von Menschen mit einer demenziellen Erkrankung, Frankfurt am Main: Mabuse, S. 12–18.

Pohl, Rüdiger (2007): Das autobiographische Gedächtnis. Die Psychologie unserer Lebensgeschichte, Stuttgart: Kohlhammer.

Pörtner, Marlis (2005): Alt sein ist anders. Personenzentierte Betreuung von alten Menschen, Stuttgart: Klett-Cotta.

Prahl, Hans-Werner/ Schroeter, Klaus R. (1996): Soziologie des Alterns. Eine Einführung, Paderborn: Schöningh.

Prouty, Garry (1998): Die Grundlagen der Prä-Therapie. In: Garry Prouty/ Dion van Werde/Marlis Pörtner (Hrsg.), Prä-Therapie, Stuttgart: Klett-Cotta, S. 17–83.

Rammstedt, Otthein (2007): Kommunikation. In: Werner Fuchs-Heinritz et al. (Hrsg.), Lexikon zur Soziologie, 4. Aufl., Wiesbaden: VS, S. 343.

Reck, Siegfried (1996): Schlüsselbegriffe der Kommunikationsanalyse, Weinheim: Deutscher Studie.

Rehberger, Rainer (2004): Angst zu trauern. Trauerabwehr in Bindungstheorie und psychotherapeutischer Praxis, Stuttgart: Klett-Cotta.

Reimann, Helga/ Reimann, Horst (1983): Das Alter. Einführung in die Gerontologie, 2. Aufl., Stuttgart: Enke.

Reimann, Helga/ Reimann, Horst (1994): Das Alter. Einführung in die Gerontologie, 3. Aufl., Stuttgart: Enke.

Riemann, Fritz/ Kleespies, Wolfgang (2005): Die Kunst des Alterns. Reifen und Loslassen, 3., überarb. Aufl., München: Reinhardt.

Rogers, Carl R. (1981): Der neue Mensch, Stuttgart: Klett-Cotta.

Rogers, Carl R. (1983): Entwicklung und gegenwärtiger Stand meiner Ansichten über zwischenmenschliche Beziehungen. In: Carl R. Rogers (Hrsg.), Die klientenzentrierte Gesprächspsychotherapie, 4. Aufl., Frankfurt a.M.: Fischer, S. 11–24.

Rogers, Carl R. (2007): Die nicht-direktive Beratung, 12. Aufl., Frankfurt a.M.: Fischer.

Rosenmayr, Leopold (1978): Einleitung. In: Leopold Rosenmayr (Hrsg.), Die menschlichen Lebensalter, Kontinuität und Krisen, München: Piper, S. 11–20.

Rosenthal, Gabriele (2005): Die Biographie im Kontext der Familien- und Gesellschaftsgeschichte. In: Bettina Völter et al. (Hrsg.), Biographieforschung im Diskurs, 1. Aufl., Wiesbaden: VS, S. 46–64.

Rost, Wolfgang (2005): Emotionen. Elixiere des Lebens, 2. Aufl., Berlin/ Heidelberg: Springer Medizin.

Ruhe, Hans Georg (2007): Methoden der Biografiearbeit. Lebensspuren entdecken und verstehen, 3. Aufl., Weinheim, München: Juventa.

Sahner, Heinz (2005): Alter als soziale Konstruktion. Alternsprobleme heute: Ursachen und Konsequenzen. Martin-Luther-Universität Halle-Wittenberg (Forschungsberichte des Instituts für Soziologie). http://www.soziologie.unihalle.de/publikationen/pdf/0502.pdf (22.10.2009).

Sander, Kirsten (2003): Biographie und Interaktion. Lebensgeschichten im institutionellen Rahmen eines Altenheims, Bremen: Universitätsbuchhandlung.

Schäfer, Karl-Hermann (2005): Kommunikation und Interaktion. Grundbegriffe einer Pädagogik des Pragmatismus, 1. Aufl., Wiesbaden: VS.

Schäufele, Martina et al. (2006): Betreuung von demenziell erkrankten Menschen in Privathaushalten: Potenziale und Grenzen. In: Ulrich Schneekloth/ Hans-Werner Wahl (Hrsg.), Selbständigkeit und Hilfebedarf bei älteren Menschen in Privathaushalten, Pflegearrangements, Demenz, Versorgungsangebote, Stuttgart: Kohlhammer, S. 103–145.

Schimank, Uwe (2000): Handeln und Strukturen. Einführung in die akteurtheoretische Soziologie, Weinheim, München: Juventa

Schimank, Uwe (2004): Der akteurszentrierte Institutionalismus. In: Manfred Gabriel (Hrsg.), Paradigmen der akteurszentrierten Soziologie, 1. Aufl., Wiesbaden: VS, S. 287–301.

Schmidtke, Klaus (2006): Demenzen. Untersuchung und Behandlung in der Facharztpraxis und Gedächtnissprechstunde, Stuttgart: Kohlhammer.

Schneekloth, Ulrich/ Wahl, Hans-Werner (2006): Möglichkeiten und Grenzen selbständiger Lebensführung in Privathaushalten im Lichte der Ergebnisse von MuG III. In: Ulrich Schneekloth/ Hans-Werner Wahl (Hrsg.), Selbständigkeit und Hilfebedarf bei älteren Menschen in Privathaushalten, Pflegearrangements, Demenz, Versorgungsangebote, Stuttgart: Kohlhammer, S. 229–242.

Schneekloth, Ulrich/ Wahl, Hans-Werner (Hrsg., 2006): Selbständigkeit und Hilfebedarf bei älteren Menschen in Privathaushalten. Pflegearrangements, Demenz, Versorgungsangebote, Stuttgart: Kohlhammer.

Schröder, Stefan G. (2008): Medizinische Grundlagen der Demenz. In: Peter Tackenberg/ Angelika Abt-Zegelin (Hrsg.), Demenz und Pflege, Eine interdisziplinäre Betrachtung, 5. Aufl., Frankfurt a.M.: Mabuse, S. 24–39.

Schroer, Markus (2001): Das Individuum der Gesellschaft. Synchrone und diachrone Theorieperspektiven, 1. Aufl., Frankfurt a.M.: Suhrkamp.

Schroll-Decker, Irmgard/ Gerber, Gabriele (2007): Vorm Radio. Altenpflege, 32 (4), S. 34–36.

Schütz, Alfred (1971): Gesammelte Aufsätze. Band 1. Das Problem der sozialen Wirklichkeit, Den Haag: Nijhoff.

Schütz, Alfred/ Luckmann, Thomas (1984): Strukturen der Lebenswelt, 1. Aufl., 2 Bände, Frankfurt am Main: Suhrkamp.

Schwanitz, Dietrich (2001): Biographische Doppelgänger oder: Das authentische Selbst auf der Flucht vor der reflexiven Soziologisierung. In: Cornelia Bohn/ Herbert Willems (Hrsg.), Sinngeneratoren, Fremd- und Selbstthematisierung in soziologisch-historischer Perspektive, Konstanz: UVK, S. 231–248.

Searle, John R. (1973): Sprechakte. Ein sprachphilosophischer Essay, Frankfurt a. M.: Suhrkamp.

Siegert, Sonja/ Wolf, Anne (2008): "Was heißt Barrierefreiheit für Menschen mit Demenz?". Ein Gespräch mit Reimer Gronemeyer. Dr. med. Mabuse, 33 (172), S. 35–37.

Simmel, Georg (1900): Philosophie des Geldes, Leipzig: Duncker & Humblot.

Solhdju, Katrin (2008): "Ich bin ICHSELBST, NUR ICHSELBST", sagt der Krebs. Für eine radikal empiristische Wissenspraxis im Anschluss an Gustav Theodor Fechner und William James. In: Jörg Dünne/ Christian Moser (Hrsg.), Automedialität, Subjektkonstitution in Schrift, Bild und neuen Medien, Paderborn: Fink, S. 391–409.

Spiegel, Yorick (1973): Der Prozeß des Trauerns. Analyse und Beratung, 6. Aufl., München: Kaiser.

Staudinger, Ursula M. (2003): Das Alter(n). Gestalterische Verantwortung für den Einzelnen und die Gesellschaft. Aus Politik und Zeitgeschichte (B 20), S. 35–42.

Staudinger, Ursula M. (2007): Was ist das Alter(n) der Persönlichkeit. Eine Antwort aus verhaltenswissenschaftlicher Sicht. In: Ursula M. Staudinger/ Heinz Häfner (Hrsg.), Was ist Alter(n)?, Neue Antworten auf eine scheinbar einfache Frage, Berlin: Springer, S. 83–96.

Stechl, Elisabeth et al. (2007): Subjektive Wahrnehmung und Bewältigung der Demenz im Frühstadium - SUWADEM. In: Deutsche Alzheimer Gesellschaft (Hrsg.), Demenz - eine Herausforderung für das 21. Jahrhundert, 100 Jahre Alzheimer-Krankheit, Berlin: Deutsche Alzheimer Gesellschaft, S. 223–229.

Stegbauer, Christian (2002): Reziprozität. Einführung in soziale Formen der Gegenseitigkeit, 1. Aufl., Wiesbaden: Westdeutscher Verlag.

Stuhlmann, Wilhelm (2007): Arbeit in der Pflege nach dem Bindungskonzept. In: Deutsche Alzheimer Gesellschaft (Hrsg.), Demenz - eine Herausforderung für das 21. Jahrhundert, 100 Jahre Alzheimer-Krankheit, Berlin: Deutsche Alzheimer Gesellschaft, S. 27–35.

Tews, Hans P. (1993): Neue und alte Aspekte des Strukturwandels des Alters. In: Gerhard Naegele/ Hans P. Tews (Hrsg.), Lebenslagen im Strukturwandel des Alters, Alternde Gesellschaft - Folgen für die Politik, Opladen: Westdeutscher Verlag, S. 15–42.

Theunissen, Georg (2000): Alte Menschen mit geistiger Behinderung und Demenz. Handlungsmöglichkeiten aus pädagogischer Sicht. In: Bundesvereinigung Lebenshilfe für Menschen mit Geistiger Behinderung e.V. (Hrsg.), Persönlichkeit und Hilfe im Alter, Zum Alterungsprozeß bei Menschen mit geistiger Behinderung, 2. Aufl., Marburg: Lebenshilfe, S. 54–92.

Thieme, Frank (2008): Alter(n) in der alternden Gesellschaft. Eine soziologische Einführung in die Wissenschaft vom Alter(n), Wiesbaden: VS.

Thimm, Caja (2000): Alter - Sprache - Geschlecht. Sprach- und kommunikationswissenschaftliche Perspektiven auf das höhere Lebensalter, Frankfurt a.M.: Campus.

Thomae, Hans (1991): Gerontologie. Die interdisziplinäre Wissenschaft vom Altern. In: Wolf D. Oswald/ Ursula M. Lehr (Hrsg.), Altern, Veränderung und Bewältigung, 1. Aufl., Bern: Huber, S. 185–191.

Tölle, Rainer (1999): Biographie und Kranken-Geschichte in der Psychiatrie. In: Gerd Jüttemann (Hrsg.), Biographische Methoden in den Humanwissenschaften, Weinheim: Beltz, S. 98–110.

Treibel, Annette (2000): Einführung in soziologische Theorien der Gegenwart, 5. Aufl., Opladen: Leske + Budrich.

Uhlmann, Petra/ Uhlmann, Michael (2007): Was bleibt... Menschen mit Demenz. Porträts und Geschichten von Betroffenen, 2. Aufl., Frankfurt a.M.: Mabuse.

van Werde, Dion/ Morton, Ian (2002): Die Bedeutung von Proutys Prä-Therapie für die Demenzpflege. In: Ian Morton (Hrsg.), Die Würde wahren, Personenzentrierte Ansätze in der Betreuung von Menschen mit Demenz, Stuttgart: Klett-Cotta, S. 189–221.

Voss-Eiser, Mechthild (1992): Hilfe und Selbsthilfe für verwaiste Eltern und trauernde Geschwister. In: Johann C. Student (Hrsg.), Im Himmel welken keine Blumen, Kinder begegnen dem Tod, Freiburg i. Br.: Herder, S. 162–180.

Wagner, Hans-Josef (1993): Strukturen des Subjekts. Eine Studie im Anschluß an George Herbert Mead, Opladen: Westdeutscher Verlag.

Wahl, Hans-Werner/ Heyl, Vera (2004): Gerontologie - Einführung und Geschichte, 1. Aufl., Stuttgart: Kohlhammer.

Wahl, Hans-Werner/ Schneekloth, Ulrich (2006): Hintergrund und Positionierung des Projekts MuG III. In: Ulrich Schneekloth/ Hans-Werner Wahl (Hrsg.), Selbständigkeit und Hilfebedarf bei älteren Menschen in Privathaushalten, Pflegearrangements, Demenz, Versorgungsangebote, Stuttgart: Kohlhammer, S. 13–54.

Walter, Tony (1997): The revival of death, 2. Aufl., London: Routledge.

Watzlawick, Paul/ Beavin, Janet H./ Jackson, Don D. (2007): Menschliche Kommunikation. Formen, Störungen, Paradoxien, 11. Aufl., Bern: Huber.

Weber, Max (1984): Soziologische Grundbegriffe, 6. Aufl., Tübingen: Mohr.

Weber, Max (2006): Wirtschaft und Gesellschaft, Paderborn: Voltmedia.

Wickel, Hans H. (2009): Biografiearbeit mit dementiell erkrankten Menschen. In: Christina Hölzle/ Irma Jansen (Hrsg.), Ressourcenorientierte Biografiearbeit, Grundlagen - Zielgruppen - Kreative Methoden, 1. Aufl., Wiesbaden: VS, S. 254–269.

Willems, Herbert (1999): Institutionelle Selbstthematisierungen und Identitätsbildungen im Modernisierungsprozeß. In: Herbert Willems/ Alois Hahn (Hrsg.), Identität und Moderne, 1. Aufl., Frankfurt a.M.: Suhrkamp, S. 62–101.

Willems, Herbert (2008): Diskurse. In: Herbert Willems (Hrsg.), Lehr(er)buch Soziologie, Für die pädagogischen und soziologischen Studiengänge (Band 1): VS, S. 147–164.

Willems, Herbert/ Hahn, Alois (1999): Einleitung. Modernisierung, soziale Differenzierung und Identitätsbildung. In: Herbert Willems/ Alois Hahn (Hrsg.), Identität und Moderne, 1. Aufl., Frankfurt a.M.: Suhrkamp.

Willems, Herbert/ Hahn, Alois (Hrsg., 1999): Identität und Moderne, 1. Aufl., Frankfurt a.M.: Suhrkamp.

Willems, Herbert/ Kautt, York (2002): Theatralität des Alters. Theoretische und empirisch-analytische Überlegungen zur sozialen Konstruktion des Alters in der Werbung. In: Ursula Dallinger/ Klaus R. Schroeter (Hrsg.), Theoretische Beiträge zur Alternssoziologie, Opladen: Leske + Budrich, S. 81–112.

Willems, Herbert/ Kautt, York (2003): Theatralität der Werbung. Theorie und Analyse massenmedialer Wirklichkeit: zur kulturellen Konstruktion von Identitäten, Berlin/ New York: de Gruyter.

Winkel, Heidemarie (2002): "Trauer ist doch ein großes Gefühl ...". Zur biographiegenerierenden Funktion von Verlusterfahrungen und der Codierung von Trauerkommunikation, Konstanz: UVK.

Winkel, Heidemarie (2008): Trauer als Biografiegenerator (42 Absätze). Forum Qualitative Sozialforschung/ Forum: Qualitative Social Research, 9 (1, Art. 50). http://nbn-resolving.de/urn:nbn:de:0114-fqs0801501.

Wißmann, Peter (2008): Es geht um Lebensqualität. Menschen mit schwerer Demenz aus Herausforderung für Pflege und Betreuung. Dr. med. Mabuse, 33 (172), S. 40–43.

Witterstätter, Kurt (2003): Soziologie für die Altenarbeit - Soziale Gerontologie, 13. Aufl., Freiburg i. Br.: Lambertus.

Wojnar, Jan (2001): Demenz und Pflegebedürftigkeit aus der Sicht von stationären Pflegeeinrichtungen. In: Horst Bickel (Hrsg.), Demenz- und Pflegebedürftigkeit, Beiträge zum gemeinsamen Symposium von Klinik und Poliklinik für Psychiatrie und Psychotherapie der TU München und Medizinischer Dienst der Krankenversicherung in Bayern, München 20. November 1999, Berlin: Deutsche Alzheimer Gesellschaft, S. 63–77.

Wojnar, Jan (2003): Lebensqualität Demenzkranker (QoLD). In: Deutsche Alzheimer Gesellschaft (Hrsg.), Gemeinsam handeln, Referate auf dem 3. Kongress der Deutschen Alzheimer Gesellschaft Friedrichshafen, 12. - 14. September 2002, Berlin: Deutsche Alzheimer Gesellschaft, S. 149–156.

Wolf, Beate/ Haubold, Thomas (2009): Daran erinnere ich mich gern! Ein Bilder-Buch für die Biografiearbeit, Hannover: Schlüter.

Zima, Peter V. (2000): Theorie des Subjekts. Subjektivität und Identität zwischen Moderne und Postmoderne, 2. Aufl., Tübingen: Francke.

Zimbardo, Philip/ Gerrig, Richard (2004): Psychologie, 16. Aufl., München: Pearson Studium.

Internetquellen

http://itzel-sanatorium.de

http://www.augustinum.de

http://www.biografiefilmstudio.de

http://www.lebensfilme.de

http://www.lebensfilm.de

Demenz
hrsg. von Reimer Gronemeyer, Gabriele Kreutzner und Verena Rothe

Dörte Anderson
Demenz und Überleitung zwischen Krankenhaus und Pflegeeinrichtung
Eine gesundheitswissenschaftliche Analyse
Das Thema dieser Studie ist das Überleitungsmanagement zwischen Pflegeheim und Krankenhaus bei Menschen mit Demenz. Es geht darum, die Notwendigkeit der Einweisung, die Auswirkungen des Transfers ins Krankenhaus, des Krankenhausaufenthaltes und der Rückverlegung zu untersuchen. Auf Basis empirisch-qualitativer Daten analysiert die Autorin diese Vorgänge und ihre Folgen für die Betroffenen und die beteiligten Institutionen in gesundheitsökonomischer und organisationstheoretischer Hinsicht. Als Ergebnis werden prozessorganisatorische und pflegepraktische Handlungsempfehlungen formuliert.
Bd. 1, 2010, 256 S., 24,90 €, br., ISBN 978-3-643-10870-8

LIT Verlag Berlin – Münster – Wien – Zürich – London
Auslieferung Deutschland / Österreich / Schweiz: siehe Impressumsseite